21世纪高职高专规划教材·经贸类通用系列

管理学基础

主　编　刘　艳
副主编　李力峰

中国人民大学出版社
·北京·

前　言

管理是人类基本的活动之一，它广泛存在于现实社会生活之中，并成为一切组织活动中必不可少的组成部分，人们不管从事何种职业，无论职位高低，每天都在进行有意识或无意识的管理活动。管理学是系统研究管理活动的基本规律和一般方法的科学。管理学是为适应现代社会化大生产的需要而产生的，研究在现有的条件下，如何通过合理地组织和配置人、财、物等因素来提高生产力的水平。

本书作者结合管理学学科的发展及高职高专教学的规律，根据多年的教学经验，力图在编写中体现自己的特色：在各章开始前设有学习要点，使学生在课前就对为什么学、学什么有清晰的认识和了解；在编写中以案例导入内容，增加背景资料，增强学生对所学部分的兴趣和理解；各章均附有小结，便于学生对本章主要内容的掌握；各章知识讲解之后都附有思考与练习，用来检验和巩固学生对知识的掌握，其中特地设有案例分析，进一步加深学生对理论知识的理解，锻炼和提高其分析问题、解决问题的能力。

本书由沈阳职业技术学院刘艳主编，李力峰副主编。全书分为管理基础篇、管理职能篇和管理应用篇，管理基础篇主要介绍了管理、管理者、管理学以及管理理论的形成与发展；管理职能篇主要介绍管理的四大职能，即计划、组织、领导、控制；管理应用篇主要包括决策、激励、沟通、人员配备。在本书的编写过程中，直接和间接地参阅了国内外大量的相关著作、教材、案例及网络资源，在此向相关作者表示由衷的感谢。

由于编者水平有限，本书难免存在一些不足和遗漏之处，恳请专家、学者及广大读者批评指正，以便改进与完善。

编　者

2016 年 3 月

CONTENTS

目 录

第一篇 管理基础篇

第二篇 管理职能篇

第三篇　管理应用篇

第一篇　管理基础篇

第一章
管理与管理者

学习要点

◇ 理解管理的概念、特征、性质
◇ 掌握管理的职能、管理系统及其构成要素
◇ 掌握管理者的概念、分类
◇ 理解管理者的角色、应具备的素质和基本技能
◇ 掌握管理学的概念、研究内容及特点
◇ 了解管理学学习研究的方法及重要意义

引入案例

新任车间主任的困惑

陈伟虹是某矿业公司露天矿机维修车间的一位维修钳工，技工学校毕业，今年38岁。他干劲大、手艺高、肯负责、人缘好。车间主任李明视他为骨干，常让他代替自己去矿上或公司开干部会，大家都说李主任的接班人非他莫属。

一天早上，他正赶上白班，忽然听说李主任心脏病犯了，已经住进职工医院。晚上传来噩耗，李主任在医院与世长辞。大家都很悲痛，纷纷去向李师母表示悼念和慰问。

次日一早，分管人事的周副矿长来电话，让陈伟虹临时代理车间主任，以免车间工作受到影响。周副矿长还特别强调，车间正在抢修的一台装载机是矿上等着要用的急活。陈伟虹答应星期四中午前一定修好交用。

星期三上午，周副矿长把陈伟虹叫去，正式通知他，公司已任命他继任车间主任一职，并表示了祝贺和期望。陈伟虹匆匆赶回车间，参加抢修那台装载机。由于任务重，他不放心，又跟着夜班工人继续干到晚上九点钟，再三叮嘱夜班班长抓紧工作后才回家休息。

星期四早上，陈伟虹到班特别早，发现矿上又有四辆自卸式载重卡车送来待修，而那台装载机还未修好。陈伟虹急忙把车间白班工人召到一起，说明任务的紧迫性，希望大家群策群力，尽快完成任务。

陈伟虹略感松了一口气，就上备品库去检查库存是否足以应付这批抢修任务。这时，露天采掘队发来短信，说他们的一台主力设备——32吨自卸卡车在现场抛锚，要求派人去抢修。陈伟虹清楚眼下每个人手头的活又多又紧，就自己背起工具箱下露采现场去抢修了。

待他修好那台自卸卡车回到车间时，已经快中午了。他发现车间里乱糟糟的一片：四辆待修自卸车有三辆在停工待料，忙问是怎么回事。工人们说已故李主任定下规矩，备件要主任签字才能领取。这时，矿上又有两台故障车送来待修。陈伟虹办完接车手续，周副矿长又来电话催要装载机了。听说还未修好，周副矿长明显不快，说这将给矿上带来很大损失。刚接完手机，公司常务副总经理又来电话，让陈伟虹马上去总部出席干部紧急会议。

本来陈伟虹对自己被提升为车间主任还挺高兴，对当好主任也信心十足。现在他开始担心，对能否胜任车间主任一职变得没有什么把握了。

资料来源：胡建宏：《管理学原理与实务》，北京，清华大学出版社，2009。

案例提示：管理是一项非常复杂的工作，企业管理者往往面临着工作繁重、活动琐碎、时间紧迫、责任重大的情况。如何做好管理工作，是摆在管理者面前的一道难题。在现代社会，管理工作对企业的经营至关重要。学会管理的基础知识，掌握管理的基本技能，逐步培养管理的能力和素质，是做好管理工作、提高管理效率的基础和前提。

管理活动作为人类最重要的一项活动，广泛存在于现实社会的生活之中，无论是国家、企业，还是军队、医院、学校等，任何组织都离不开管理，管理是一切组织活动中必不可少的重要组成部分。

第一节　管　理

一、管理的概念

由于管理活动的广泛性和复杂性以及研究的侧重点不同，人们对管理的概念有不同的理解。从字面上看，管理可以简单地理解为“管辖”和“处理”，即对一定范围内的人和事务进行安排和处理。但是这种字面上的解释是不可能严格地表达出管理本身所具有的完整含义的。

关于管理的定义，至今没有得到公认和统一。长期以来，许多中外学者从不同的研究角度出发，对管理作出了不同的解释。

（1）美国著名管理学家哈罗德·孔茨（Harold Koontz）认为，“管理就是设计和保持一种良好的环境，使人在群体里高效率地完成既定目标”。

（2）法国著名管理学家亨利·法约尔（Henri Fayol）认为，“管理就是计划、组织、指挥、协调和控制”。

（3）美国管理学家，决策学派的代表人物，诺贝尔经济学奖得主赫伯特·西蒙（H. Simon）认为，“管理就是决策”。

（4）美国管理学者斯蒂芬·罗宾斯（S. P. Robbins）认为，“管理是指同别人一起，或通过别人使活动完成得更有效的过程”。

（5）美国著名管理学家、哈佛大学管理学教授彼得·德鲁克（Peter F. Drucker）认为，“管理是一种以绩效责任为基础的专业职能”。

（6）我国管理学者周三多等认为，“管理是社会组织中，为了实现预期的目标，以人为中心进行的协调活动”。

（7）我国学者杨文士、张雁认为，“管理是一定组织中的管理者，通过实施计划、组织、人员配备、指导与领导、控制等职能来协调他人的活动，使别人同自己一起实现既定目标的活动过程”。

（8）我国学者芮明杰认为，“管理是对组织的资源进行有效整合以达成组织既定目标与责任的动态创造性活动。计划、组织、指挥、协调和控制等行为活动是有效整合资源所必需的活动，故而它们可以归入管理的范畴之内，但它们仅仅是帮助有效整合资源的部分手段或方式，因而它们本身并不等于管理，管理的核心在于对现实资源的有效整合”。

综上所述观点，我们可以给出管理的概念：管理，是指在一定的社会组织中，为了实现预期目标，以人为中心，通过计划、组织、领导、控制等职能活动，对组织的各种资源进行有效的配置和协调的过程。

这个定义包含了以下几个基本观点：

（1）管理的主要目的是实现预期的目标。整个管理活动，就是围绕实现组织目标而进行的一系列社会活动。世界上既不存在无目标的管理，也不可能实现无管理的目标。离开了目标讲管理就是空谈。

（2）管理必须在一定的组织中进行。各种各样的组织都不会无缘无故地产生，当个人的目标仅仅凭借自己的努力无法实现的时候，往往需要寻找他人合作，这就形成了组织。组织一经出现，个人目标就变成了组织目标。组织内各成员的观念、行动不可能自发地一致，因此一个组织细致的专业化分工和密切的合作要有一定的章程、规范。离开了组织，管理就成了一句空话。

（3）管理的任务是实现组织各种资源的有效配置。组织要实现自己的目标，需要把各种资源集合起来综合运用。组成组织资源的要素有很多，有人力、财力、物力、资源等硬要素，也有科学技术、智慧、管理等软要素。各种要素的量足、质优当然有利于组织目标的实现。即使组织中某项要素弱了一点，但管理做得好也能使其得到补偿；但是如果仅有要素的量足、质优，而管理这个“黏合剂”不佳，不能实现对要素的最佳组合，再好、再全的要素也是枉然。可见，管理就是对资源的配置和协调。

（4）管理的中心是协调人与人之间的关系。在一个组织的人和人、人和物的组合中，他们所处的地位并不是平等的。现代社会，科学技术在社会经济发展中所处的地位日显突出，人是科学技术的载体，因此人与人之间的协调无疑处于重要地位。人际关系协调好了，能激励人的主观能动性，充分发挥每一个人的聪明才智；能减少内耗、形成合力；能实现优势互补，克服各种困难，实现组织目标。

（5）管理是一个过程。计划、组织、领导、控制是管理的基本职能，也是管理的基本环节，它们彼此之间并不是孤立地存在，而是互相联系、互相影响、互相渗透和互相包容的。做好各项管理工作，应当把握好每一个管理环节，做好各个管理环节之间的协调。

二、管理的特征

(一) 管理的主体是管理者

管理者是在管理中指挥和领导他人活动的人，他们构成了管理活动的主体。在现代环境中，管理主体呈现多样性的特点，包括国家的统治者、政府的领导者、生产资料的所有者以及由他们以各种形式委托的代理人，也包括各种非政府的公共组织的领导者。管理主体可以是以个体形式存在的领导者，也可以是以集体形式出现的决策者和领导者。

(二) 管理活动是在特定的组织内、外部环境的约束下进行的

任何组织都存在于一定的内、外部环境之中，并受到环境的约束。所谓外部环境，是指管理者所管理的组织面对的自然和社会环境，其中：自然环境如生产力水平、自然资源状况、气候和地理状况等；社会环境包括特定的社会文化、制度、法律和政策等。所谓内部环境，是指管理者所管理的内部状况，包括组织性质、组织制度、人员状况、组织技术水平等。

(三) 管理采用的措施是四项基本活动

管理采用的措施是计划、组织、领导和控制这四项基本活动，又被称为管理的四大基本职能。所谓职能是指人、事物或机构应有的作用。管理的职能是管理者在管理过程中的各种基本活动及其功能。每个管理者工作时都是在执行这些职能中的一项或几项。

(四) 管理是为实现组织目标服务的

管理活动具有目标性，其目标是实现组织的目标。管理的目标是管理的出发点和归宿，因此管理活动都是围绕着管理的目标而进行和展开的。尽管具体的管理活动会具有不同的目标，但为了实现特定的目标是一切管理活动的共性。

(五) 管理需要有效地协调和配置组织资源

特定管理目标的实现，需要有效资源的支撑，这就要求管理者在可能的范围内协调和配置组织资源，以保证管理目标的实现。管理者需要和配置的资源，既包括人力、物力、财力、组织等方面的资源，也包括机会、时间、信息等方面的资源。

(六) 管理是一个过程

管理是一个包含多阶段、多项工作的综合过程。管理以其目标为出发点和终点，以有效配置组织资源为实现管理目标的支撑，以四大基本职能为实现管理目标的环节和措施。因此，管理是在特定的目标引导下，计划、组织、领导和控制这样一系列相互关联、连续进行的活动构成的一个过程。

(七) 管理的核心是处理人与人之间的关系

管理活动是一项社会的活动，不是个人的活动，它需要推动别人和自己一起去实现组织目标。管理者在进行管理的过程中需要处理许多事务，实际上处理事务就是处理人际关系，因为这些事务是由人来解决和处理的。

三、管理的性质

(一) 管理的两重性

管理具有两重属性，即自然属性和社会属性。管理是人类共同劳动的产物，具有同生

产力和社会化大生产相联系的自然属性；同时，管理又具有同生产关系、社会制度相联系的社会属性。

1. 管理的自然属性

管理的自然属性是指管理要处理人与自然的关系，要合理组织生产力，故也称管理的生产力属性。因为管理是一切共同活动所要求的，是适应社会生产力发展和社会分工发展的要求产生的，是社会协作过程本身的要求。在管理活动中，为了有效实现管理目标，需要对一个组织的资源进行合理配置，对社会再生产的各个环节及其职能活动进行协调，促进生产力的科学组织。管理的自然属性是管理的共性，因为与生产力相联系的生产力配置，以及生产力诸要素的结合形式、手段和方法在任何社会制度下都没有本质的区别。它取决于生产力发展水平和劳动社会化程度，不取决于生产关系的性质。

2. 管理的社会属性

管理的社会属性是指管理要处理人与人之间的关系，维护社会的生产关系的属性，表现为管理的特殊职能。管理活动要反映生产力的要求，也要反映生产关系的要求。管理实际上是通过别人达成目标的行为，因此管理过程必然涉及人与人之间的关系。因为涉及经济利益的调节，所以管理体现着阶级、社会集团、劳动者之间的经济利益，生产关系性质不同，管理的社会性质、目的就不同。这种调整生产关系的管理功能反映的是生产关系与社会制度的性质，故称管理的社会属性，也称管理的个性。

（二）学习管理两重性的意义

（1）从生产力方面看，研究如何合理配置组织中的人、财、物，使各要素充分发挥作用的问题；研究如何根据组织目标的要求和社会的需要，合理地使用各种资源，以求得最佳的经济效益和社会效益的问题。

（2）从生产关系方面看，研究如何正确处理组织中人与人之间的相互关系问题；研究如何建立和完善组织机构以及各种管理体制等问题；研究如何激励组织内成员，从而最大限度地调动各方面的积极性和创造性，为实现组织目标而服务。

（3）从上层建筑方面看，研究如何使组织内部环境与外部环境相适应的问题；研究如何使组织的规章制度与社会政治、经济、法律、道德等上层建筑保持一致的问题，从而维持正常的生产关系，促进生产力的发展。

四、管理的职能

管理是人们进行的一项实践活动，是人们的一项实际工作、一种行动。人们发现在不同的管理者的管理工作中，管理者往往采用程序类似、内容具有某些共性的管理行为，如计划、组织、控制等，人们对这些管理行为加以系统性归纳，逐渐形成了“管理职能”这一被普遍认同的概念。所谓管理职能，是管理过程中各项行为的内容的概括，是人们对管理工作应有的一般过程和基本内容所作的理论概括。

管理职能一般是根据管理过程的内在逻辑，划分为几个相对独立的部分。划分管理的职能，并不意味着这些管理职能是互不相关、截然不同的。划分管理职能的意义在于：管理职能把管理过程划分为几个相对独立的部分，在理论研究上能更清楚地描述管理活动的整个过程，有助于实际的管理工作以及管理教学工作。划分管理职能，有助于管理者在实践中实现管理活动的专业化，使管理人员更容易从事管理工作。在管理领域中实现专业化，如同在生产中实现专业化一样，能大大提高效率。同时，管理者可以运用职能观点去建立或改革组织机构，根据管理职能规定出组织内部的职责、义务和权利以及它们的内部结构，从而确定管理人员的人数、素质、学历、专业、技能、知识结构等。

（一）计划

由于组织的存在是为了实现某些目标，因此就需要有人来规定组织要实现的目标和实现目标的方案，这就是管理的计划职能应做的工作。计划是管理的首要职能，管理活动从计划工作开始。计划工作主要包括评估机会和确定目标，分析测量条件、环境和资源，制订实现目标的备选行动方案，比较分析不同的行动方案，选择方案，根据实际情况调整计划等。

（二）组织

组织职能是管理者为实现组织目标而建立与协调组织结构的工作过程。组织工作一般包括：组织的设计与建立、职权的分配与职责的落实、人员的选拔与配置、组织的协调与变革等。组织目标决定组织结构的具体形式和特点。组织职能是管理活动的根本职能，是其他一切管理活动的保证和依托。组织职能也是一个动态的过程，随着管理条件和环境的变化，组织结构必须相应地进行变革和调整。

（三）领导

组织机构各种岗位上所配备的人员，各自的目标、需求、偏好、性格、素质、价值观及工作职责和掌握信息量等方面存在很大差异，在相互合作的过程中必然会产生各种矛盾和冲突，而组织目标的实现要依靠全体成员的努力。因此必须有领导者来指导和协调组织成员的思想与行为，激励每个成员自觉地为实现组织目标而努力，这就是管理的领导职能。领导职能的内容包括激励、沟通、协调、奖励、处罚、示范等。

（四）控制

控制职能是管理者为保证实际工作与计划目标一致而采取的一切活动。控制是一个包括制订标准、衡量成效与纠正偏差的动态过程。控制职能是管理过程的监视器和调节器，控制不仅是对以前组织活动情况的检查和总结，而且可能要求某时点以后对组织业务活动进行局部甚至全局的调整。因此，控制是整个管理过程的重要链条，对于管理过程的顺利进行具有重要的保证作用。

一方面，在管理实践中，计划、组织、领导和控制职能一般是顺序履行的，即先要执行计划职能，然后是组织、领导职能，最后是控制职能。另一方面，上述顺序不是绝对的，在实际管理中这四大职能是相互融合、相互交叉的。原则上讲，各级各类管理者的管理职能具有共性，都在执行计划、组织、领导、控制这四大职能，但同时，不同层次、不同级别的管理者执行这四大职能时的侧重点与具体内容又是各不相同的。

五、管理系统

（一）管理系统的含义

管理系统是指由管理者、管理对象等若干个相互联系、相互作用的要素和子系统，按照管理整体目标结合而成的有机整体。对于管理系统的概念应从以下几个方面理解：

第一，管理系统是整体的，发挥着整体功能。管理系统中，任何一个子系统都必须是为实现管理的整体功效和目标而服务的。

第二，管理系统是由若干要素或子系统构成的。管理系统中，各个要素或子系统之间是相互联系、相互依存的。

第三，管理系统在结构上分层次。管理系统内划分为若干个子系统，而它又从属于更大的社会系统。

管理系统因具体对象不同而千差万别，如政治管理系统、经济管理系统、教育管理系统等。管理系统是由相对独立的不同部分组成的，因此我们可以按人、财、物、信息、时间等划分，也可以根据管理的职能或部门设置来划分，要看到组成管理系统整体的各个组成部分，更重要的是，要从系统的观念出发，整体地观察、分析和解决管理问题。

（二）管理系统的构成

管理系统一般主要由管理目标、管理者、管理对象、管理环境、管理方法等要素构成。

1. 管理目标

一个组织必须有明确的、既定的目标，任何管理系统都应有明确的目标。管理目标是管理整体功能的集中体现，是管理系统建立与运行的出发点，也是管理系统正常运行的管理效果。管理系统必须围绕管理目标正常运行，管理者所有的管理行为都是为了实现管理目标。管理目标为组织与成员的考核提供了主要依据，这些依据又反过来成为各部门、各成员正确的工作方向。组织目标可以为管理者运用人、财、物等资源提供依据和标准。

2. 管理者

管理者是管理行为过程的主体。管理者一般由拥有相应的权力和责任的，具有一定的管理能力、从事现实管理活动的人或人群组成。管理者是管理系统中最核心、最关键的要素，管理系统中的许多活动和行为都要靠管理者去实施，管理者是整个管理系统的统帅，是发挥管理系统整体功效，实现管理目标的关键力量。

3. 管理对象

管理对象是管理者为实现管理目标，通过管理行为作用其上的客体。管理对象的外延包括社会组织、社会组织内部的单位或部门、组织的资源或要素及职能活动。

（1）社会组织。是指为达到特定的目的，完成特定任务而结合在一起的群体。社会组织是按照组织的社会功能性质来划分的。包括政治组织、经济组织、文化组织、宗教组织、军事组织和其他社会组织。

（2）社会组织内部的单位或部门。是指在各种社会组织内部设置的各种单位或部门。如某公司内部划分为经理办公室、人力资源部、财务部、生产技术部、计划营销部、安全监察部、党群工作部、工会办公室、保卫部、后勤部等部门。

（3）组织的资源或要素。作为管理的对象，各有其特定的属性和功能。为保证目标的实现，只有对这些资源或要素进行科学的配置与组织，才能有效发挥其作用。管理要素包括人员、财和物、信息、时间、技术五个方面。

其一，人员。人是管理的主要对象，人在管理中具有双重地位：既是管理者，又是被管理者。管理过程是一种社会行为，是人们相互之间发生复杂作用的过程。管理过程各个环节的主体是人，各个环节的工作都是由人去做的。因此，人与人的行为是管理过程的核心。

其二，财和物。财和物是一个组织赖以实现目标的重要物质基础。财是组织所拥有的货币资金，资金是组织经营活动的"黏合剂"，资金管理就是对资金筹措、资金运用、资金耗费与经济核算等过程加强管理，以降低成本，提高资金使用效率。对物资的管理，必须制订好物资采购计划，搞好定额管理，加强库存管理，降低库存，提高物资利用率。

其三，信息。在信息社会时代，信息已成为重要的管理对象。信息是能够反映管理内容的，可以传递和加工处理的文字、数据、图表等。信息系统是管理过程中的"神经系统"，管理中的人流、物流都要通过信息来反映和实现。管理职能要发挥作用也需要信息的支持。只有通过信息的不断交换、传递，把各要素有机地结合起来，才能形成现实的管理活动。

其四，时间。任何管理活动都是在特定时空条件下进行的，管理离不开时间。现代社会的一个重要特点是时效性日益突出。管理活动处于不同的时间区域，就会产生不同的管理效果。管理效率的提高主要表现为时间的节约。管理活动及其要素的分配，都有一个时序性问题。管理者要加强时间管理，科学地运筹时间，提高工作效率。

其五，技术。科学技术是第一生产力。在知识经济时代，科学技术在一个组织的发展中起着十分重要的作用。现代组织尤其是现代企业必须加大科技投入，加大科技开发的力度，积极进行技术改造，推进科技进步，建立自己的科技研发体系，发展技术创新，形成企业的核心竞争力，才能保证组织可持续发展。

（4）职能活动。管理是使组织的活动效率化、效益化的行为。因此，最经常、最大量的管理对象是社会组织实现基本职能的各种活动。管理的功效，主要体现在组织的各种职能活动在管理的作用下更有秩序、更有效率、更有效益。管理者正是在对各种活动进行筹划、组织、协调和控制的过程中，发挥着管理的功能。

4. 管理环境

任何组织都是在一定环境中从事活动的，任何管理也都要在一定的环境中进行，这个环境就是管理环境。管理环境是指存在于社会组织内部与外部的影响管理实施和管理功效的各种因素的总和。管理环境的特点制约和影响管理活动的内容和进行。管理环境的变化要求管理的内容、手段、方式、方法等随之调整，以利用社会，趋利避害，更好地实施管理。管理环境分为外部环境和内部环境。外部环境是组织之外的客观存在的各种影响因素的总和，它是不以组织的意识为转移的，是组织的管理必须面对的重要影响因素，包括政治环境、社会文化环境、经济环境、科技环境和自然环境。内部环境是指组织内部的各种影响因素的总和，它是随着组织产生而产生的，在一定条件下，内部环境是可以控制和调节的，包括人力资源环境、物力资源环境、财务资源环境以及内部文化环境。任何管理活动都存在于一定管理环境之中，必须受管理环境的影响，反过来又会对管理环境起到反作用，所以管理环境也是管理系统的组成部分。

5. 管理方法

管理方法是管理者为实现组织目标，组织和协调管理要素的工作方式、途径或手段。

管理方法是实施管理行为的途径或手段，对管理功效及目标实现具有直接的意义，所以，管理方法是管理系统的重要因素。任何管理，都要选择、运用相应的管理方法。

第二节 管理者

一、管理者的概念

管理者是指组织中从事管理活动的全体人员，即在组织中担负计划、组织、领导、控制等工作，以期实现组织目标的人，是影响组织活动最为重要的一个因素。

任何组织都是由一群人组成的集合体，根据其在组织中的地位与作用不同，组织成员可以分为两类：操作者和管理者。操作者是组织中直接从事具体业务，且不承担对他人工作监督职责的人，如汽车装配线上的装配工人、商场营业员、饭店里的厨师等，他们的任务就是做好组织分配的具体的、操作性的工作。管理者则是行使管理职能、指挥别人进行劳动的人，他们处于操作者之上的组织层次中。管理者是管理的主体，对管理活动的顺利进行、组织活动及其目标的实现起着十分重要的作用。

二、管理者的分类

一个组织有各种类型的管理人员，可以根据不同的标准进行划分。

（一）按管理层次划分

按照不同的管理层次来划分，可分为高层管理者、中层管理者和基层管理者。

1. 高层管理者

高层管理者也称为决策层，是指组织中的高级领导人，对管理承担全面责任。其主要任务是制订战略目标、把握发展方向、进行资源分配、沟通组织与外界的交往联系等。例如，企业的董事会成员。

2. 中层管理者

中层管理者也称为执行层，介于高层和基层管理者之间，在组织中起承上启下的作用，对上下信息沟通、政令通行等均负有重大责任。其主要职责是执行重大决策和管理意图，监督和协调基层管理者的工作活动，以及规划具体的工作。例如，企业中各部门的负责人。

3. 基层管理者

基层管理者也称为作业层，是最直接的一线管理人员，是整个管理系统的基础，是实际监察操作人员的管理者。其主要职责是直接给下属分派任务、直接指挥和监察现场作业活动，保证上级下达的各项计划和指令的完成。例如，企业中的工长、组长。

这三个管理层的管理者的工作内容和性质有很大的差异。基层管理者非常关心具体工作任务的完成，而高层管理者则对总的长远目标、战略计划和重大的方针政策感兴趣；基层管理者处理问题时，往往通过个体劳动或一些技能就能解决，而高层管理者处理的问题，则必须通过细致而认真的思考才能解决；基层管理者考虑的往往是日常工作安排和机器维修之类的问题，而高层管理者所关心的可能是如何制订战略计划把竞争对手的市场夺过来，扩大自己的市场份额等具有战略性的问题。总之，基层管理者所关心的主要是非管理性的具体工作，而高层管理者所关心的则主要是管理性的工作，中层管理者则介于两者之间。管理者的工作特征和工作内容如表 1—1 所示。

表 1—1　　管理者的工作特征和工作内容

管理层 工作特征	高层管理	中层管理	基层管理
经营方针、战略	重要	适当考虑	不重要
管理目标	适当考虑	重要	重要
工作范围	极为广泛、全面	全部工作职能	单项工作职能
管理工作时间跨度	1 至 5 年以上	1 年	每日
复杂程度	变量较多、很复杂	一般性复杂	不复杂
工作内容	计划、战略、政策	按计划实施	日常管理控制
计量与评价	困难	不困难	容易
决策所需信息	组织外部与内部	组织外部	组织内部
人数	少数	适当人数	多数
决策工作性质	创造性	有效性	业务性

（二）按管理工作的范围与管理人员的职责领域划分

按管理工作的范围与管理人员的职责领域划分，可分为综合管理者和职能管理者。

1. 综合管理者

综合管理者是指负责整个组织或部门全面管理工作的管理者。他们是一个组织或部门的主管，对整个组织或该部门目标的实现负有全部责任，指挥和支配该组织或该部门的全部资源和职能活动，而不是只对单一资源或职能负责。例如，企业的厂长、车间主任等。

2. 职能管理者

职能管理者是在组织内只负责某种职能的管理者。他们只对组织中某一职能或专业领域的工作目标负责，只在本职能或专业领域内行使职权、指导工作。职能管理者大多具有某种专业或技术专长。例如，企业的人力资源部、财务部、营销部的负责人。

（三）按职权关系的性质划分

按职权关系的性质划分，可分为直线管理人员和参谋人员。

1. 直线管理人员

直线管理人员是指有权对下级进行直接指挥的管理人员。他们与下级之间存在领导隶属关系，是一种命令与服从的职权关系。这种命令式的职权关系自上而下，从组织的最高层，经过中间层，一直延伸到最基层，形成等级链。直线管理人员的主要职能是决策和指挥。直线管理人员主要指组织等级链中的各级主管，即综合管理者。

2. 参谋人员

参谋人员指对上级提供咨询、建议，对下级进行专业指导的管理人员。他们与直线管理人员的关系是一种服务与协助的关系，上级直线管理人员通常授予参谋人员的是思考、谋划和建议的权力。参谋人员通常是指各级职能管理者。

三、管理者的角色

（一）管理者扮演的角色

管理者究竟干什么？他们在组织中扮演什么角色？这是管理学关注的问题之一。1955年，德鲁克提出了“管理者的角色”的概念。德鲁克认为，管理是一种无形的力量，这种力量是通过各级管理者体现出来的。20世纪70年代末期，加拿大麦吉尔大学的管理学教授亨利·明茨伯格通过对5位总经理的工作进行长时期的仔细研究，提出了与人们对管理者的长期认识所不同的观点，从而成为管理角色理论的著名人物。他认为，管理者并不是深思熟虑的思考者，他们在做决策之前，并不总是仔细研究和系统地处理信息，相反，管理者经常陷入大量变化的、无一定模式的短期活动中，他们几乎没有时间静下来思考，因为他们的工作经常被打断。有半数的管理者活动持续时间少于9分钟。在大量观察的基础上，明茨伯格提出，管理者在管理工作中主要扮演10种不同的却是高度相关的角色，这10种角色可以进一步组合成3个方面：人际角色、信息角色和决策角色。

1. 人际角色

人际角色直接产生于管理者的正式权力基础。管理者所扮演的三种人际角色是：

（1）代表人角色：作为管理者必须行使一些具有礼仪性质的角色。

（2）领导者角色：管理者和员工一起工作并通过员工的努力来确保组织目标的实现。

（3）联络者角色：与组织内个人、小组一起工作，与外部利益相关者建立良好的关系所扮演的角色。

2. 信息角色

管理者负责确保和其一起工作的人具有足够的信息，从而能够顺利完成工作。整个组织的人依赖于管理结构和管理者以获取或传递必要的信息，以便完成工作。管理者所扮演的三种信息角色是：

（1）监督者角色：持续关注内外环境的变化以获取对组织有用的信息，接触下属或从个人关系网获取信息，依据信息识别工作小组和组织潜在的机会和威胁。

（2）传播者的角色：分配作为监督者获取的信息，保证员工具有必要的信息，以便切实有效完成工作。

（3）发言人的角色：把信息传递给单位或组织以外的个人，让相关者（股东、消费者、政府等）了解并感到满意。

3. 决策角色

管理者要处理信息并得出结论，管理者要通过决策让工作小组按照既定的路线行事，并分配资源以保证计划的实施。管理者所扮演的四种决策角色是：

（1）企业家角色：发现机会并对其进行投资。

（2）干扰对付者角色：处理组织运行过程中遇到的冲突或问题。

(3) 资源分配者角色：决定组织资源（财力、设备、时间、信息等）用于哪些项目。

(4) 谈判者角色：进行必要的谈判，以确保组织朝着目标迈进，谈判对象包括员工、供应商、客户和其他工作小组。

(二) 影响管理者角色的因素

1. 管理者本身在组织层次中的地位

当管理者处于组织的最高层时，他最重要的角色是决策角色，当然另外两种角色也不能忽视，只是作为高层管理者的决策质量的高低将会影响到组织的生存与发展，所以决策角色是高层管理者最重要的角色。中层管理者在这三方面角色分配上基本是一致的，这也是由他们的工作性质所决定的，他们承上启下，独当一面。基层管理者最重要的角色是人际关系的角色，因为他们主要面对下属成员，在工作时进行团队合作是他们最主要的任务。所以，一般而言，管理层次越高，就越注重非结构化的、非程序化的工作安排和组织的长远规划。基层管理者注重的是当前具体的、具有短期性和集中性的工作，他们对组织内部工作的稳定运转负有责任。

2. 组织规模的大小

组织规模的大小对管理者的工作有明显影响，在不同规模的组织中，管理者的工作和角色是不一样的，相比之下一个规模较小的组织的管理者将更有可能成为一个多面手，他的工作内容将可能上至最高领导层的工作，下至基层管理者的工作。

3. 管理者个人因素

管理者个人的价值观、思想品格、工作作风、思维习惯以及潜意识都会影响管理者的工作。管理者的工作经历也会影响管理者的工作。

4. 其他随机因素

管理者的工作必然随着许多随机因素的变动而变动。因为现实生活中许多环境因素将会影响管理者的工作，这些因素有社会文化、社会变迁、产业性质、政策、技术变革及其他随机因素等。

四、管理者应具备的素质

虽然管理者在组织的管理工作中扮演着多种角色，但不论是哪类管理者，他们在履行管理的各项职能时，都应该具备以下几个方面的素质：

(一) 品德

品德作为管理者最根本的素质，体现了一个人的世界观、价值观、道德观和法制观念，品德是一个管理者行为方式和态度的基础。例如责任感，如果一个人对他所承担的工作不愿意承担责任，也不敢承担责任，那么他将无法知难而进，勇挑重担。

(二) 心理素质

由于管理者所从事工作的特殊性，除了具备一般的管理品质以外，他还需要有创新精神，要敢于采用新的管理方式，敢于用新人，如果没有一定的承受风险的心理素质，是无法成为一个优秀的管理者的。在组织发展的过程中，往往会遇到各种意想不到的困难，甚至面临挫折和失败，这就要求管理者具有百折不挠的拼搏精神和良好的心理素质。

（三）知识素质

优秀的管理者就应该努力使自己成为“通才”。他们应掌握包括政治、法律、经济学、管理学、心理学、社会学等方面的知识以及工程技术方面的知识。

（四）能力素质

所谓能力是管理者将各种管理理论和业务知识应用于管理实践，解决实际问题的本领。对管理者的能力要求是多方面的，主要包括：

（1）创造能力。管理者要思维敏捷，见解独到，创造性地解决组织所遇到的各种问题。创造能力要求管理者有移植、综合、嫁接的能力。

（2）决策能力。这是一种综合能力，主要表现为分析能力、逻辑判断能力、创新能力、果敢决断能力等。

（3）应变能力。管理者应该能根据环境和条件的变化，做出新的决策和采取新的措施，不断开拓进取。

（4）组织和指挥能力。指善于运用组织的各种资源，综合协调、充分发挥各方面的力量，会运用各种科学方法和技术手段提高工作效率和经济效益的能力；管理者通过经验的积累以及新学到的知识，运用现代管理原理和现代管理方法、技术、手段、计算工具，去进行指挥的能力。

（五）身体素质和个人气质

从心理学和生理学的角度来分析，人的身体、年龄和智力的发展变化有密切的关系。气质是个人的心理特征，主要表现在性格、情绪、意志、爱好和追求等方面。对于一个优秀的管理者和领导者来说，如果他有成熟的性格、稳定的情绪、坚强的意志、有益的爱好、美好的追求，他就能以自身的人格魅力来影响组织的发展和组织工作的开展。

五、管理者的基本技能

管理者在行使四种管理职能和扮演三类角色时，必须具备以下三类技能：

（一）技术技能

技术技能是指使用某一专业领域有关的工作程序、技术和知识完成任务的能力。如会计师、计算机程序设计师、医生、教师、工程师和音乐家都在他们各自不同的领域内具有技术技能。对于管理来说，虽然没有必要使自己成为精通某一领域技能的专家，但也要掌握一定的技术技能，否则就难与其所主管的组织内的专业技术人员进行有效的沟通，从而也就无法对他所管辖的业务范围内的各项工作进行具体指导。技术技能可能通过教育、培训和学习等途径来获得和掌握，专业知识掌握得越多，技术技能的水平一般也越高。

（二）人际技能

人际技能是指与处理人际关系有关的技能或者说是与组织内外的人打交道的能力，即理解、激励他人并与他人共事的能力。对一个企业而言，对于不同层次和领域，管理者可能分别需要处理与上层管理者、同级管理者以及下属的人际关系。与技术技能不同的是，决定一个人人际技能水平高低的因素不仅仅是掌握的书本知识，更重要的是个人的性格。从这一意义上说，一个人能否成为成功的管理者，其先天性格是一个主要因素。因此，在进行管理者的分工和确定管理集体结构时，应该考虑不同管理工作对性格的特殊要求，以提高管理者的管理效率。

（三）概念技能

概念技能是指通过综观全局、洞察组织与环境相互影响的复杂性，能在此基础上加以分析、判断、抽象、概括并做出正确判断的能力。具体地说，概念技能包括感知和发现机会与威胁的能力，理解事物的相互关联性并找出关键影响因素的能力，以及权衡不同方案的优劣和内在风险的能力等。任何管理者都会面临一些混乱而复杂的环境，管理者应能看到组织的整体，并认清各种因素之间的相互联系，如组织与外部环境是怎样互动的，组织内各部分是怎样相互作用的，经过分析、判断、抽象、概括，抓住问题实质，并做出正确的决策。

尽管上述三种技能在各个管理层中都是很重要的，但其相对重要性则取决于管理者在组织中所处的管理层次的高低。技术技能对于基层管理者而言是至关重要的，随着管理职位的提升，技术技能的需要逐渐下降，高层管理者对技术技能的需要最少。尽管许多高级管理者都有一定的技术技能，但和基层管理者不同，他们在日常工作中很少需要动用具体的技术技能。例如，有的工程公司总裁，虽然自己也是一个训练有素的工程师，但他不必自行设计机器。然而，许多企业的最高领导往往因他们具有相当高的专业技术知识而深受下属的尊敬。人际关系技能对各级管理人员都很重要。有一项研究表明，人际关系技能在领班一级极为重要，领班作为基层的行政管理者，其主要职能就是取得生产小组成员的合作。另一项研究也加强了这种看法，并把这一观点扩展到中层管理者，指出管理者关心的主要事项应该是为组织中的联系打开方便之门。还有项研究主要与高层管理者有关，它指出高层管理者要有自知之明，也应对人与人之间的关系具有敏感性。这些观点都表明，人际关系技能对各级管理者都很重要，但需注意其着重点是不一样的。在较高的职位中，概念能力的需要也随之增大。在组织的最高层，概念能力是所有成功的行政管理中最重要的技能。一个行政负责人可能在技术技能和人际技能上有所欠缺，但只要他的下级在这些方面较强，他仍将可以成为一个有效的行政管理者。但是，如果他的概念技能不强，则将危及整个组织的成功。

第三节　管理学

一、管理学的概念

管理学是一门研究人类社会管理活动中各种现象及规律的学科，是在近代社会化大生产条件下和自然科学与社会科学日益发展的基础上形成的。

管理学是在自然科学和社会科学两大领域的交叉点上建立起来的一门综合性交叉学科，涉及数学（概率论、统计学、运筹学等），社会科学（政治学、经济学、社会学、心理学、人类学、生理学、伦理学、哲学、法学等），技术科学（计算机科学、工业技术等），新兴科学（系统论、信息科学、控制论、耗散结构论、协同论、突变论等），以及领导学、决策科学、未来学、预测学、创造学、战略学、科学学等。

管理活动自有人群出现便有之，与此同时管理思想也就逐步产生。事实上，无论是在东方还是在西方，我们都可以找到古代哲人在管理思想方面的精彩论述。现代管理学的诞生是以弗雷德里克·温斯洛·泰勒的名著《科学管理原理》(1911 年）以及法约尔的名著《工业管理和一般管理》(1916 年）为标志。现代意义上的管理学诞生以来，管理学有了长足的进步与发展，管理学的研究者、管理学的学习者、管理学方面的著作文献等均呈指数上升，显示了作为一门年轻学科勃勃向上的生机和兴旺发达的景象。

二、管理学研究的内容

管理学是研究管理活动的基本规律、普遍原理及其应用的学科。管理活动是普遍存在的，虽然不同性质的组织活动有差异，方法也不尽相同，在此基础上进行科学总结和概括形成各具特色的管理方法，但是现代管理学所研究的是管理中的一般规律和一般原理，它不是研究某一特殊领域的管理活动，而是研究共同的原理和共同的原则，因此管理学是各类管理活动的基础理论。

管理学研究的内容很广，大体有三个层次：第一，根据管理活动总是在一定的社会生产方式下进行的特点，研究内容可分为生产力、生产关系和上层建筑三个方面；第二，从历史角度研究管理实践、管理思想和管理理论的形成与演变过程；第三，着重从管理者的工作或职能出发来系统研究管理活动的原理、规律和方法的问题。

人类社会产生后，人们的社会实践活动表现为集体协作劳动的形式，而有集体协作劳动的地方就有管理活动。在漫长而重复的管理实践中，管理思想逐步形成。随着社会生产力的发展，人们把各种管理思想加以归纳和总结就形成了管理理论。管理理论是管理思想的提炼、概括和升华，是较成熟、系统化程度较高的管理思想。人们反过来又运用管理理论去指导管理实践，以取得预期的效果，同时又受到管理实践的检验，并且在管理实践中修正和完善管理理论。

(1) 管理思想。管理思想是在管理实践的基础上进行科学分析而得出来的，研究这些管理思想在管理的各个过程中是如何发挥作用的，有利于把握管理思想、理论和方法及其演变的历史脉络，以便总结管理的经验教训。

(2) 管理理论。管理的基本原理及原则是管理在实践中掌握行动的准则。通过这种研究，提示管理全过程的内在联系，实现最优化的原理。

(3) 管理实践与管理创新。管理原理、原则的运用及管理职能的发挥都要受限于管理的环境条件。不同的国家有不同的管理特色，各国之间相互学习、借鉴管理经验，要从实际出发，不可生搬硬套。管理的移植要与管理创新相结合。环境差异分析与管理创新研究是取得管理成效的保证。

三、管理学的特点

(一) 管理学是一门交叉科学

交叉科学又称边缘性科学，是近几十年来随着科学技术的发展，各学科之间的交叉渗透而日益发展起来的，如生物物理、生物化学、科学学、管理学等。

管理学既涉及生产力，又涉及生产关系和上层建筑，它与经济学、政治学、心理学、数学以及各种技术科学有密切的关系，也是这些科学交叉渗透的产物。所以，管理学不同于一般文科，也不同于一般的理科，而是文理交叉的学科。正因为这样，国外一些院校主张，管理专业的学生要在读完一个技术专业的基础上再读管理专业。

（二）管理学是一门软科学

随着计算机的发展，软科学有了很大的发展。计算机的软件与硬件不同，硬件是运算器、存储器、控制器、输入输出等设备装置；软件则是指程序系统。软件的作用是扩大硬件的功能，提高硬件的使用效果。

软科学是研究社会经济、科技管理等方面内在联系及其发展规律的科学，它不研究具体的实物，而是把研究对象作为整体系统来研究，探索其有关规律，以提高整体的效率和功能。管理这门软科学，不具体研究企事业单位的具体业务，而是从企事业单位或地区的总体出发，研究如何充分利用资源，合理组织生产力，调整生产关系和上层建筑，以提高组织和地区整体的工作效率和经济效益。

（三）管理学是一门应用科学

应用科学不同于基础科学。基础科学是研究基础理论的，如自然科学的物理学、化学、生物学等，社会科学的哲学、经济科学、法学等。应用科学则是将基础理论和技术应用于实际，以转化为现实生产力的科学，如工业技术、农业技术和管理学都属于这一类。

管理学这门应用科学，在宏观经济方面主要是研究战略决策、计划调控、组织协调等，使总体发展的规模、速度和效益优化；在微观经济管理方面，主要是通过计划、组织、领导、控制等职能，对产、供、销过程中的人、财、物等要素进行优化组合，以提高经济效益和社会效益。

（四）管理学既是一门科学，也是一门艺术

管理学有自身独特的研究对象，具有自己的理论基础，又有严密的结构体系，管理必须遵循一定的原则和方法，它不仅具有普遍性而且反映了客观规律性，这是它科学性的充分体现。

管理的艺术性表现在管理有时具有非精确的科学性。管理活动需要一定的管理经验和技巧，还要有一定的灵活性，有时还需要机遇。管理者应具体情况具体分析，不能死搬硬套管理模式。所以，管理人员需要懂得人，会审时度势；需要打破常规，懂得变化、变革与创新；需要权衡利弊，有所取舍；需要懂得妥协，这些都反映了管理的艺术性。

管理的科学性和艺术性是不可分割的。艺术总是以科学为基础，科学与艺术相互补充。作为管理者首先要具备管理科学知识，不能光靠直觉或运气；其次，还要在管理实践中不断积累成功的管理经验和失败的教训，懂得在某一具体的环境中，如何灵活地应用管理理论，这就是管理的艺术魅力所在。

四、管理学的学习和研究方法

（一）唯物辩证法是学习和研究管理学的方法论基础

唯物辩证法是我们学习和研究管理学的强大的思想武器。管理学源于管理的实践活动，在长期的管理实践中，人们运用历史的、全面的、发展的观点去观察和分析各种管理现象和管理问题，通过感性积累的经验的加工提炼，上升为理性认识即管理理论；反过来又能动地运用有关管理理论去指导管理实践，验证管理理论的正确性和有效性，并进一步发展和完善管理理论。因此，学习和研究管理学，必须以唯物辩证法为总的方法论基础，坚持实事求是的科学态度，深入管理实践，进行调查研究，总结管理实践经验并运用判断和推理的方法，使管理实践经验上升为管理理论。在学习和研究中还要认识到一切现象都是相互联系和相互制约的，一切事物也都是不断发展变化的。因此，必须用全面的、联系的、历史的、发展的观点，去观察和分析管理问题，重视管理学的历史，考察它的过去、现状及其发展趋势，不能固定不变地看待组织及组织的管理活动。

（二）系统方法是学习和研究管理学的主要思维方法

所谓系统方法，是指用系统的观点和方法来研究和分析管理活动的全过程。系统是由相互作用和相互依赖的若干组成部分结合而成的、具有某种特定功能的有机整体。系统本身又是它所从属的一个更大系统的子系统。

从管理的角度看，系统有两层含义：第一层含义指系统是一种实体，如组织系统。作为实体系统的组织，一般具有整体性、目的性、动态性、层次性、开放性、功能性、结构性等特征。既然组织是个系统，为了更好地研究组织与组织管理，我们就必须用系统理论来理解、分析和研究组织。第二层含义指系统是一种方法或手段，它要求在研究和解决组织管理问题时，必须具有整体观、过程观、开放与相对封闭观、反馈观、分级观等有关系统的基本观点。尽管在现代管理科学领域，各学派在管理系统的定义、系统的具体特征等问题上，还存在较大的理论分歧。但没有一个管理学派不运用系统理论来研究组织与组织管理，系统原理也是公认的管理的基本原理，几乎每一本管理学著作，都离不开系统概念。

因此，学习研究管理学，必须用系统方法作为主要的思维方法。我们在学习与研究管理理论和管理活动时，应首先把组织与组织管理活动看作一个系统，对影响管理过程的各种因素及其相互之间的关系进行总体的、系统的分析研究，对管理的概念、职能、原理、方法等管理理论作系统的分析和思考。唯有如此，才能形成科学的管理理论和有效的管理活动。

（三）理论联系实际的方法

管理学是一门应用性、实践性很强的科学，它是科学性与艺术性的统一。这决定了管理学应更多地采用理论联系实际的方法进行学习和研究。具体说可以是管理案例的调查和分析、边学习管理理论边从事管理实践，以及带着问题学习等多种形式。通过这种方法，有助于提高学习者运用管理的基本理论和方法去发现问题、分析问题和解决问题的能力。同时，由于管理学是一门生命力很强的建设中的年轻的学科，因而还应以探讨研究的态度来学习，通过理论与实践的结合，使管理理论在管理实践中不断地加以检验，同时，通过对管理实践经验的总结和提升，不断丰富、深化和发展管理理论。

（四）学习和研究管理学的具体方法

1. 观察总结的方法

按照理论联系实际的要求，研究管理学必须掌握观察管理实践，总结管理经验，并进行提炼概括，使其上升为理论的方法。人们的管理实践，特别是众多优秀管理者的管理经验，蕴藏着深刻的管理哲理、原理和方法，因此有必要运用综合、抽象等逻辑方法，总结人们的管理实践经验，从而形成系统的管理理论来进一步指导管理实践。这样研究和学习管理学就会收到事半功倍的效果。

2. 比较研究的方法

有比较才有鉴别。当代世界各国都十分重视管理和管理学的研究，各自形成了有特色的管理科学。学习和研究管理学时，要注意管理学的二重性，既要吸收发达国家管理中科学性的东西，又要去其糟粕；既要避免盲目照搬，又要克服全盘否定；要从我国国情出发加以取舍和改造，有分析、有选择地学习和吸收西方管理的理论和实践经验。在学习和研究外国的管理经验时，至少要考虑到四个不同：社会制度的不同；生产力发展水平的不同；自然条件的不同；民族习惯和传统文化的不同。这就要求我们学会用比较研究的方法对世界上先进的管理理论和实践进行比较研究，分辨出一般性的东西和特殊性的东西，可以为我们借鉴的东西和不可借鉴的东西，真正做到兼收并蓄，丰富我国管理学的内容，建立具有中国特色的管理科学体系。

3. 历史研究的方法

历史研究的方法，是指要研究管理的发展演变的历史，要考察管理的起源、历史演变，管理思想和管理理论的发展历程，重要的管理案例，从中揭示管理规律和管理学的发展趋势，寻求具有普遍意义的管理原理、管理原则、管理方式和管理方法。无论是国内的历史，还是国外的历史，都有大量的关于管理方面的文化典籍，有许多值得研究的管理事例。只要我们坚持正确的指导思想，通过细致的工作方法，深入地研究前人留下的管理思想精华，就会有所收获，有所创新，有所发展。

4. 案例研究的方法

案例研究的方法，是指对有代表性的案例进行剖析，从中发现可以借鉴的经验、方法和原则，从而加强对管理理论的理解与方法的运用，这是管理学研究和学习的重要方法。哈佛商学院因其成功的案例教学，培养出了大批的优秀企业家。管理的案例研究的方法是当代管理科学比较发达的国家在管理学教学中广为推行的学习研究方法，效果甚佳。学习研究管理学，必须掌握案例教学法、案例研究法，将自己置身于模拟的管理情景中，学会运用所学的管理原理、原则和方法去指导管理实践。

5. 试验研究的方法

试验研究的方法，是指有目的地在设定的环境下认真观察研究对象的行为特征，并有计划地变动试验条件，反复考察管理对象的行为特征，从而揭示出管理的规律、原则和艺术的方法。试验研究不同于案例分析，后者是将自己置于已发生过的管理情景中，一切都是模拟的，而前者则是在真实的管理环境中对管理的规律进行探讨。只要设计得合理，组织得好，通过试验方法就能够得到很好的结果。如管理学发展史上，泰勒的《科学管理原理》就以“时间—动作”的实验性研究为基础。著名的“霍桑试验”就是运用试验研究方法研究管理学的又一典范，通过试验所得到的重要成果是扬弃了传统管理学将人视为单纯的“经济人”的假说，建立起了“社会人”的观念，从而为行为科学这一管理学的新分支的形成和发展奠定了基础。因此，试验研究的方法是管理学研究的一种重要的方法。

总之，研究和学习管理学，要以马克思主义的唯物辩证法方法论为指导，同时综合运用各种方法，吸收和采用多学科的知识，从系统的观点出发，理论联系实际，实事求是，这样才能真正掌握和发展管理科学，为提高我国的管理水平作出贡献。

五、学习和研究管理学的重要意义

（一）管理的重要性决定了学习和研究管理学的必要性

管理是有效地组织共同劳动所必需的。随着生产力和科学技术的发展，人们逐渐认识到管理的重要性。从历史上看，经过了两次转折，管理学才逐步形成并发展起来。第一次转折是泰勒的科学管理理论的出现，意在加强生产现场管理，使人们开始认识到管理在生产活动中所发挥的作用。第二次转折是第二次世界大战后，人们看到，不依照管理规律办事，就无法使企业兴旺发达，因此要重视管理人员的培养，这促进了管理学的发展。

管理在现代社会的发展中起着极为重要的作用。管理是促进现代社会文明发展的三大支柱之一，与科学和技术三足鼎立；管理是促成社会经济发展的最基本的、关键的因素。先进的科学技术与先进的管理是推动现代社会发展的“两个轮子”，二者缺一不可。先进的技术，要有先进的管理与之相适应，否则，先进的技术就得不到充分发挥。经济的发展需要丰富的资源与先进的技术，但更重要的还是组织经济的能力，即管理能力。从这个意义上说，管理本身就是一种经济资源，作为“第三生产力”在社会中发挥作用。

（二）学习和研究管理学是培养管理人员的重要手段之一

判定管理是否有效的标准是管理者的管理成果。通过实践可验证管理是否有效，因此，实践是培养管理者的重要一环。而学习和研究管理学也是培养管理者的一个重要环节。只有掌握扎实的管理理论与方法，才能很好地指导实践，并可缩短或加速管理者的成长过程。目前我国的管理人才，尤其是合格的管理人才是缺乏的。因此，学习和研究管理学，培养高质量的管理者成为当务之急。

（三）学习和研究管理学是社会发展的需要

管理是由共同劳动引起的。随着社会的发展共同劳动的规模日益扩大，专业化分工会更加精细，社会化大生产将会日益复杂，而日新月异的社会将需要更加科学的管理。因此，管理在未来的社会中将处于更加重要的地位。

（四）学习和研究管理学是我们在社会中的生存需要

人们在生活中可以切实地感受到高效的管理，对整个社会乃至每个人的重要性。试想一下，假如你去学校食堂办一张卡要耗费几小时，假如你到百货商店购物，店里的售货员都不搭理你，假如你三次打电话到民航售票处，询问机票价格，而每次办事员答复你的价格都不一样时，你会有什么样的感受？沮丧？困惑？生气？这些都是低水平的管理导致的不良后果，而这些都直接影响我们每一个人的生活质量。当我们从学校毕业开始职业生涯时，所面对的现实是：不是去管理别人，而是被别人管理。有些人渴望成为管理者，学习管理以获得管理的基础知识，将有助于其成为优秀的管理者。有些人不想成为管理者，但为了生活你不得不工作，那就必须服从组织或者领导者的管理。学习和研究管理学，可以帮助我们更好地了解管理者的行为方式和所在组织的内部运作方式，从而有助于我们更好地适应组织，增强生存竞争能力。

本章小结

管理是指在一定的社会组织中，为了实现预期目标，以人为中心，通过计划、组织、领导、控制等职能活动，对组织的各种资源进行有效的配置和协调的过程。管理具有两重属性，即自然属性和社会属性。管理具有计划、组织、领导、控制四大职能。管理系统是指由管理者、管理对象等若干个相互联系、相互作用的要素和子系统，按照管理整体目标结合而成的有机整体。管理系统一般主要由管理目标、管理者、管理对象、管理环境、管理方法等要素构成。

管理者是指组织中从事管理活动的全体人员，即在组织中担负计划、组织、领导、控制等工作，以期实现组织目标的人，是影响组织活动最为重要的一个因素。按照不同的管理层次来划分，可分为高层管理者、中层管理者和基层管理者。按管理工作的范围与管理人员的职责领域划分，可分为综合管理者和职能管理者。按职权关系的性质划分，可分为直线管理人员和参谋人员。管理者扮演的角色分为人际角色、信息角色和决策角色。影响管理者角色的因素包括：管理者本身在组织层次中的地位、组织规模的大小、管理者个人因素、其他随机因素等。管理者应具备的素质包括品德、心理素质、知识素质、能力素质、身体素质和个人气质等方面。管理者必须具备技术技能、人际技能、概念技能。

管理学的学习和研究方法有唯物辩证法、系统方法、理论联系实际的方法和观察总结、比较研究、历史研究、案例研究、试验研究等具体方法。学习和研究管理学具有重要意义。

思考与练习

一、单项选择题

1. 管理对象是指组织中的（　　）。

A. 人员　　B. 技术

C. 设备等资产　　D. 人、财、物、信息等一切资源

2. 管理者是指（　　）。

A. 组织的高层领导　　B. 组织的中层领导

C. 从事管理活动的人员　　D. 组织的所有员工

3. 管理者在平息客户的怒气、调解员工的争端过程中，扮演着（　　）角色。

A. 企业家　　B. 干扰对付者　　C. 资源分配者　　D. 谈判者

4. 基层管理者所需的技能中，最重要的是（　　）。

A. 技术技能　　B. 人际技能　　C. 组织技能　　D. 概念技能

5. 管理的首要职能是（　　）。

A. 计划　　B. 组织　　C. 领导　　D. 控制

6. 管理的主体是（　　）。

A. 工人　　B. 管理者　　C. 技术人员　　D. 所来成员

7. 管理的核心是处理（　　）。

A. 人和物的关系　　B. 财和物的关系

C. 处理人与人之间的关系　　　　D. 隶属关系

8. 管理是为（　　）服务的。

A. 企业效益　　B. 管理者　　C. 社会　　D. 实现组织目标

9. （　　）是学习和研究管理学的方法论基础。

A. 唯物辩证法　　　　B. 系统方法

C. 理论联系实际方法　　　　D. 试验研究的方法

10. 管理者的（　　）主要表现为分析问题的能力、逻辑判断能力、创新能力、果敢决断能力等。

A. 创造能力　　B. 决策能力　　C. 应变能力　　D. 组织能力

二、多项选择题

1. 按管理层次划分，管理者分为（　　）。

A. 高层管理者　　B. 中层管理者　　C. 综合层管理者　　D. 基层管理者

E. 专业管理者

2. 管理者在管理工作中扮演的角色分为（　　）。

A. 领导角色　　B. 人际角色　　C. 综合角色　　D. 信息角色

E. 决策角色

3. 管理者必须具备的技能有（　　）。

A. 技术技能　　B. 决策技能　　C. 人际技能　　D. 领导技能

E. 概念技能

4. 概念技术是指对事物的（　　）能力。

A. 洞察　　B. 分析　　C. 判断　　D. 抽象

E. 概括

5. 关于管理学说法正确的是（　　）。

A. 管理学是一门综合科学　　　　B. 管理学是一门软科学

C. 管理学是一门应用科学　　　　D. 管理学既是一门科学，也是一门艺术

E. 管理学是一门交叉科学

三、简答题

1. 何谓管理？管理的基本特征是什么？
2. 简述管理的职能。
3. 什么是管理系统？管理系统是由哪些要素构成的？
4. 管理者如何进行分类？
5. 管理者要扮演哪些角色？应具备哪些技能？
6. 管理学的研究方法有哪些？

四、案例分析

甜美的音乐

马丁吉他公司成立于1833年，位于美国宾夕法尼亚州拿撒勒市，是公认的世界上最好的乐器制造商之一，就像Steinway的大钢琴、Rolls Royce的轿车、Buffet的单簧管一样，马丁吉他每把价格超过10 000美元，却是你能买到的最好的东西之一。这家家族式的企业历经

艰难岁月，已经延续了六代。目前的首席执行官是克里斯蒂安·弗雷德里克·马丁四世，他秉承了吉他的制作手艺。他甚至遍访公司在全世界的经销商，为他们举办培训讲座。很少有哪家公司像马丁吉他一样有这么持久的声誉。那么，公司成功的关键是什么？一个重要原因是公司的管理和杰出的领导技能，它使组织成员始终关注像质量这样的重要问题。

马丁吉他公司自创办起就非常重视质量。即使近年来在产品设计、分销系统以及制造方法方面发生了很大变化，但公司始终坚持对质量的承诺。公司在坚守优质音乐标准和满足特定顾客需求方面的坚定性渗透到公司从上到下的每一个角落。不仅如此，公司在质量管理中长期坚持生态保护政策。因为制作吉他需要用到天然木材，公司非常审慎和负责地使用这些传统的天然材料，并鼓励引入可再生的替代木材品种。基于对顾客的研究，马丁吉他公司向市场推出了采用表面有缺陷的天然木材制作的高档吉他，然而，这在其他厂家看来几乎是无法接受的。

马丁吉他公司使新老传统有机地整合在一起。虽然设备和工具逐年更新，雇员始终坚守着高标准的优质音乐原则。所制作的吉他要符合这些严格的标准，要求雇员极为专注和耐心。家庭成员弗兰克·亨利·马丁在1904年出版的公司产品目录的前言里向潜在的顾客解释道："怎么制作具有如此绝妙声音的吉他并不是一个秘密。它需要细心和耐心。所谓细心是指要仔细选择材料，巧妙安排各种部件，关注每一个使演奏者感到惬意的细节。所谓耐心是指做任何一件事不要怕花时间。优质的吉他是不能用劣质产品的价格造出来的。但是谁会因为买了一把价格不菲的优质吉他而后悔呢？"虽然100多年过去了，但这些话仍然是公司理念的表述。虽然公司深深地植根于过去的优良传统，现任首席执行官马丁四世却毫不迟疑地推动公司朝向新的方向。例如，在20世纪90年代末，他做出了一个大胆的决策，开始在低端市场上销售每件价格低于800美元的吉他。低端市场在整个吉他产业的销售额中占65%。公司DXM型吉他是1998年引入市场的，虽然这款产品无论外观、品位和感觉都不及公司的高档产品，但顾客认为它比其他同样价格的吉他的音色都要好。马丁四世为他的决策解释道："如果马丁吉他公司只是崇拜它的过去而不尝试任何新事物的话，那恐怕就不会有值得崇拜的马丁吉他公司了。"

由于马丁吉他公司现任首席执行官的出色管理，公司销售收入持续增长，在2000年接近6亿美元。位于拿撒勒市的制造设施得到扩展，新的吉他品种不断推出。雇员们描述他的管理风格是友好的、事必躬亲的，但又是严格的和直截了当的。虽然马丁吉他公司不断将其触角伸向新的方向，却从未背弃过对尽其所能制作顶尖产品的承诺。

资料来源：http：//www.shangxueba.com/ask/6281476.html。

问题：

1. 根据管理者的三类基本技能，你认为哪种管理技能对马丁四世最重要？解释你的理由。

2. 根据管理者角色理论，说明马丁四世在分别扮演什么管理角色。为什么？

（1）当马丁四世访问马丁吉他公司世界范围的经销商时；

（2）当马丁四世评估新型吉他的有效性时；

（3）当马丁四世使员工坚守公司的长期原则时。

3. 马丁四世宣布："如果马丁吉他公司只是崇拜它的过去而不尝试任何新事务的话，那恐怕就不会有值得崇拜的马丁吉他公司了。"这句话对全公司的管理者履行计划、组织、领导和控制职能意味着什么？

第二章
管理理论的形成与发展

学习要点

◇ 理解西方和中国管理思想的形成与发展
◇ 掌握不同阶段管理思想的代表人物和主要思想
◇ 理解现代管理理论的特点和主要观点
◇ 了解现代管理理论的几大主要学派

引入案例

周武王和比尔·盖茨

公元前1046年，周武王带领九国军队向朝歌进军，与商纣王的军队在牧野交战，一举推翻了无道的纣王统治，建立了周王朝。

在获得天下的领导权以后，周武王向被尊为师尚父的姜子牙询问“藏之也简，行之也博”（《纲鉴易知录·周纪》）（这八个字可以说是最早的对于管理理论的评价标准）的治国之道。姜子牙向周武王讲授了这样的治国之道：“敬胜怠者吉，怠胜敬者灭，义胜欲者从，欲胜义者凶”；“以仁得之，以仁守之，其量百世；以不仁得之，以仁守之，其量十世；以不仁得之，以不仁守之，必极其世。”（《纲鉴易知录·周纪》、宋·范祖禹《帝学·周武王》）什么意思呢？也就是说，作为管理者在处理国家事务的时候，如果恭敬、勤奋胜过懒惰、享乐是好现象；如果懒惰、享乐胜过恭敬、勤奋则有亡国的危险。同样，如果处理政务以国家和民众的利益为出发点而不以个人的欲望为出发点，那么就会很顺利；如果以个人的利益而非国家和民众的利益为出发点，就得不到好结果。帝王的统治地位如果是靠仁政来获得并且能够通过施行仁政巩固，那么他的国家能够长治久安；如果他的地位是通过武力、靠霸道获得的，但是他能靠施行仁政来维护，那么他的国家统治可以保持十世；如果一个帝王的地位是靠暴力获得的又是靠凶残和暴力来统治的，那么他的国家可能连一世也维持不了，很快就会灭亡。这个预言通过公元前221年建立的秦王朝的命运得到了验证。

第二个接受周武王咨询的是箕子，他曾是商的太师，给周武王提供了具体的规范性的治国方法，这篇“咨询报告”后来被收录入《尚书》，名字叫作“洪范”。这是一篇涉及领导素质、管理原则和方法的文章，主要内容是明五行，用五事，行八政，建皇极，立三德五福。

另一件事情发生在公元2000年。人们正在经历电脑时代，第一个重视管理与管理者的是比尔·盖茨。他一手创建了微软公司，向世界出售电脑的操作系统以及与之相配套的系列软件。可以说这些软件是电脑的灵魂。这项事业加速了人类前进的步伐。今天我们已经无法想象没有电脑世界会变成什么样子——科学家无法研究，超市无法营业，电话无法接通，甚至连我们自己写的文章也无法打印出来。把微软公司称为“微软帝国”毫不夸张。它正以对大家都有意义的方式完成着某种统治，并且自身的组织也朝着巨型的规模发展。如何管理好这个庞大的公司？即使是智商超高的比尔·盖茨也深知其难度。于是他请来了鲍尔默，一位擅长管理但不懂电脑软件的人。比尔·盖茨请鲍尔默并不像周武王请来姜子牙和箕子那样是为了做咨询，他请鲍尔默来担任公司总裁。鲍尔默成为世界上最有价值的雇员，据估计身价已达到了一百二十亿美元。

资料来源：赵玉平：《比强者更强》，北京，清华大学出版社，2004。

案例提示：面对艰巨的管理工作，周武王和比尔·盖茨都表现出了令人钦佩的自知与谦逊。尽管两个人选择的道路有所不同，前者是找咨询，后者干脆是找代理，但他们都充分认识到管理的艰巨性和复杂性，依靠有这方面专长的专家来进行管理工作。从“洪范”的时代到“微软”的时代，几千年过去了，但我们可以看到人类对管理的探索和追求从未改变。

第一节　西方管理思想的形成与发展

在人类历史上，自从有了有组织的活动，就有了管理活动。管理活动的出现促使一些人对这种活动加以研究和探索。经过长期的积累和总结，对管理活动有了初步的认识和见解，从而开始形成一些朴素、零散的管理思想。随着社会的发展、科学技术的进步，一些人又对管理思想加以提炼和概括，找出管理中有规律性的东西，并将其作为一种假设，结合科学技术的发展，在管理活动中进行检验，继而对检验结果加以分析研究，从中找出属于管理活动普遍原理的东西。这些原理经过抽象和综合就形成了管理理论。这些理论又被应用于管理活动，指导管理活动的进行，同时对这些理论进行实践检验。这就是管理理论的形成过程。从中我们可以看出管理活动（或管理实践）、管理思想和管理理论这三者之间的关系：管理活动是管理思想的根基，管理思想来自管理活动中的经验；管理思想是管理理论的源泉，管理理论是管理思想的提炼、概括和升华；管理理论对管理活动有指导意义同时又要经受得住管理活动的检验。

一、西方早期管理思想的产生

西方早期管理思想的特点是管理更多地依赖于经验，人们对管理原理、管理方法的认识还不够深刻，最具代表性的是亚当·斯密和查尔斯·巴贝奇。

（一）亚当·斯密的劳动分工观点和经济人观点

英国经济学家亚当·斯密在1776年（当时正值英国的工场手工业开始向机器工业过

渡时期）出版了《国民财富的性质和原因的研究》一书，系统地阐述了劳动价值论及劳动分工理论。

斯密在分析增进“劳动生产力”的因素时，特别强调了分工的作用。他对比了一些工艺和一些手工制造业实行分工前后的变化，对比了易于分工的制造业和当时不易分工的农业的情况，说明分工可以提高劳动生产率。他认为，分工的益处主要是：

（1）劳动分工可以使工人重复完成单项操作，从而提高劳动熟练程度，提高劳动效率。

（2）劳动分工可以减少由于变换工作而损失的时间。

（3）劳动分工可以使劳动简化，使劳动者的注意力集中在一种特定的对象上，有利于创造新工具和改进设备。

他的上述分析和主张，不仅符合当时生产发展的需要，而且也成了以后企业管理理论中的一条重要原理。

斯密在研究经济现象时，他认为，经济现象是基于具有利己主义目的的人们的活动所产生的。人们在经济行为中，追求的完全是私人的利益，但每个人的利益又为其他人的利益所限制，这就迫使每个人必须顾及其他人的利益。由此，就产生了相互的共同利益，进而产生和发展了社会利益。社会利益正是以个人利益为基础的。这种认为人都要追求自己的经济利益的“经济人”观点，正是以“看不见的手”为标志的资本主义生产关系的反映。

（二）查尔斯·巴贝奇的作业研究与报酬制度

查尔斯·巴贝奇是英国著名的数学家和机械学家，他发展了斯密的论点，提出了许多关于生产组织机构和经济学方面的带有启发性的问题。

1832 年，他在《论机器和制造业的经济》一书中，赞同斯密的“劳动分工能提高劳动效率”的论点，但认为斯密忽略了分工可以减少支付工资这一好处。巴贝奇对制针（普通直针）业作了典型调查。把制针业的生产过程划分为七个基本操作工序，并按工序的复杂程度和劳动强度雇佣不同的工人，支付不同的工资，工厂主必须按照全部工序中技术要求最高、体力要求最强的标准来支付工资。由此，巴贝奇提出了“边际熟练”原则，即对技术水平、劳动强度定出界限，作为报酬的依据。

在斯密和巴贝奇之后，生产过程中进行劳动分工的做法并迅速的发展。到了 20 世纪，大量流水生产线的形成，使劳动分工的主张得到了充分的体现。

巴贝奇也没有忽视人的作用。他认为工人与工厂主之间存在利益共同点，并竭力提倡所谓利润分配制度，即工人可以按照其在生产中所作的贡献，分到工厂利润的一部分。他认为工人的收入应该由三部分组成，即：按照工作性质所确定的固定工资；按照生产效率及所作贡献分得的利润；为提高劳动效率所应给予的奖励。提出按照生产效率不同来确定报酬的具有激励作用的制度，是巴贝奇作出的重要贡献。

二、古典管理理论

早期管理思想实际上是管理理论的萌芽。管理理论比较系统的建立是在 19 世纪末 20 世纪初。这个阶段所形成的管理理论称为“古典管理理论”。

（一）泰勒的科学管理理论

“科学管理”理论的创始人是美国的弗雷德里克·泰勒。泰勒22岁到米德维尔钢铁公司当学徒，在技术水平、管理能力上得到过锻炼，先后被提拔为工头、中层管理人员和总工程师，泰勒的经历使他对生产现场很熟悉，对生产基层很了解。泰勒做了“搬运铁块实验”“铁锹实验”“金属切削实验”三个著名的实验。他认为单凭经验进行管理的方法是不科学的，必须加以改变。泰勒提出了以下的管理制度：

（1）对工人提出科学的操作方法，以便合理利用工时，提高工效。具体做法是从执行同一种工作的工人中，挑选出身体最强壮、技术最熟练的一个人，把他的工作过程分解为许多个动作，在其最紧张劳动时，用秒表测量并记录完成每一个动作所消耗的时间，然后按照经济合理的原则加以分析研究，对其中合理的部分加以肯定，不合理的部分进行改进或去掉，制定出标准的操作方法，并规定出完成每一个标准动作的标准时间，制定出劳动时间定额。

（2）在工资制度上实行差别计件制。按照作业标准和时间定额，规定不同的工资率。对完成和超额完成工作定额的工人，以较高的工资率支付工资；对完不成定额的工人，则按较低的工资率支付工资。

（3）对工人进行科学的选择、培训和提高。泰勒曾经对经过科学选择的工人用上述的科学作业方法进行训练，使他们按照作业标准工作，以改变过去凭个人经验选择作业方法及师傅带徒弟的方式培养落后工人的做法。这样改进后，生产效率大为提高。

（4）制定科学的工艺规程，并用文件形式固定下来以利于推广。泰勒用了十年以上时间进行金属切削试验，制定出了切削用量规范，使工人选用机床转数和走刀量都有了科学标准。

（5）使管理和劳动分离，把管理工作称为计划职能，工人的劳动称为执行职能。泰勒指出，在旧的管理中，所有的计划都是由工人凭个人经验制订的，实行新的管理制度后，就必须由管理部门按照科学规律来制订计划。他主张把计划职能从工人的工作内容中分离出来，由专业的计划部门去做。计划部门的任务是，规定标准的操作方法和操作规程，制定数额，下达书面计划，监督控制计划的执行。管理者和劳动者在工作中必须互相呼应、密切合作，以保证工作按照科学的设计程序进行。

1903年，泰勒开始把自己的实践经验和研究成果上升到理论高度，著书立说。他的代表作是1911年出版的《科学管理原理》。泰勒被誉为“科学管理之父”。

（二）法约尔的一般管理理论

法国的亨利·法约尔和泰勒虽是同时代人，但个人经历不同。法约尔曾在较长时间内担任法国一个煤矿公司的总经理职务，积累了管理大企业的经验。与此同时，他还在法国军事大学任过管理教授，对社会上其他行业的管理进行过广泛的调查。在他退休后，还创办了管理研究所。法约尔的经历决定了他的管理思想要比泰勒开阔。他的管理理论文章发表在1916年法国工业协会的刊物上。1925年出版的《一般管理与工业管理》一书是他的代表作。

1. 企业的基本活动

法约尔认为，要经营好一个企业，不仅要改善生产现场的管理，而且应当注意改善有关企业经营的六个方面的活动：

(1) 技术活动，即设计制造；

(2) 商业活动，即进行采购、销售和交换；

(3) 财务活动，即确定资金来源及使用计划；

(4) 安全活动，即保证员工劳动安全及设备使用安全；

(5) 会计活动，即编制财产目录，进行成本统计；

(6) 管理活动，即计划、组织、指挥、协调、控制五项职能。

2. 管理的 14 条原则

法约尔还提出了管理人员解决问题时应遵循的 14 条原则：

(1) 分工。劳动专业化是各个机构和组织前进和发展的必要手段。由于减少了每个工人所需掌握的工作项目，故可以提高生产效率。劳动的专业化，使实行大规模生产和降低成本有了可能。同时，每个工人工作范围的缩小，也可使工人的培训费用大为减少。

(2) 权力与责任。法约尔认为，权力即“下达命令的权利和强迫别人服从的力量”。权力可区分为管理人员的职务权力和个人权力。职务权力是由职位产生的；个人权力是由担任职务者的个性、经验、道德品质以及能使下属努力工作的其他个人特性而产生的。个人权力是职务权力不可缺少的条件。它特别强调权力与责任的统一，有责任必须有权力，有权力就必然产生责任。

(3) 纪律。法约尔认为，纪律的实质是遵守公司各方达成的协议。要维护纪律就应做到：对协议进行详细说明，使协议明确而公正；各级领导要称职；在纪律遭到破坏时，要采取惩罚措施，但制裁要公正。

(4) 统一命令。一个员工在任何活动中只应接受一位上级的命令。违背这个原则，就会使权力和纪律遭到严重的破坏。

(5) 统一领导。为达到同一目的而进行的各种活动，应由一位首脑根据一项计划开展，这是统一行动、协调配合、集中力量的重要条件。

(6) 员工个人要服从整体。法约尔认为，整体利益大于个人利益的总和。一个组织实现总目标比实现个人目标更为重要。协调这两方面利益的关键是领导阶层要有坚定性和做出良好的榜样。协调要尽可能公正，并经常进行监督。

(7) 人员的报酬要公平。报酬必须公平合理，尽可能使职工和公司双方满意。对贡献大的职工要给予奖赏。

(8) 集权。集权就是降低下级的作用。集权的程度应视管理人员的个性、道德品质、下级人员的可靠性以及企业的规模、条件等情况而定。

(9) 等级链。等级链即从最上级到最下级各层权力联成的等级结构。它是一条权力线，用以贯彻执行统一的命令和保证信息传递的秩序。

(10) 秩序。秩序即人和物必须各尽其能。管理人员首先要了解每一工作岗位的性质和内容，使每个工作岗位都有称职的职工，每个职工都有适合的岗位。同时还要有条不紊地精心安排物资、设备的合适位置。

(11) 平等。即以亲切、友好、公正的态度严格执行规章制度。雇员们受到平等的对待后，会以忠诚和奉献的精神去完成他们的任务。

(12) 人员保持稳定。生意兴隆的公司通常都有一批稳定的管理人员。因此，最高层管理人员应采取措施，鼓励职工尤其是管理人员长期为公司服务。

(13) 首创精神。给人以发挥主动性的机会是一种强大的推动力量。必须大力提倡、鼓励雇员们认真思考问题和创新的精神，同时也应使员工的主动性受到等级链和纪律的限制。

(14) 集体精神。职工的融洽、团结可以使企业产生巨大的力量。实现集体精神最有效的手段是统一命令。在安排工作、实行奖励时不要引起嫉妒，以避免破坏融洽的关系。此外，还应尽可能直接地交流意见等。

法约尔的贡献是在管理的范畴、管理的组织理论、管理的原则方面提出了崭新的观点，为以后管理理论的发展奠定了基础。法约尔被称为“现代经营管理之父”。

(三) 韦伯的行政管理理论

德国社会学家马克斯·韦伯的研究主要集中在组织理论方面，被后人称为“组织理论之父”。他的代表作是1922年出版的《社会组织和经济组织理论》(死后由他妻子整理出版)。他的主要贡献是提出了所谓理想的行政组织体系理论(也称官僚行政组织理论)，这一理论的核心是：组织活动要通过职务或职位而不是通过个人或世袭地位来管理。他所讲的“理想的”，不是指最合乎需要，而是指现代社会最有效和最合理的组织形式。

韦伯认为等级、权威和行政制度是一切社会组织的基础。任何一种组织都是以某种形式的权威为基础的。他认为有这样三种类型的权威：魅力型权威、传统型权威和法理型权威，这三种权威当中只有法理型权威是理想的现代行政组织(官僚行政组织)的基础。这种理想的现代行政组织形式是被法制化了的，在这种组织中存在一系列的行为规则和程序，组织成员必须依法行事。

韦伯的理想的行政组织体系的主要特点：

(1) 明确的分工。每个职位的权利和义务都应有明确的规定，人员按职业专业化进行分工。

(2) 形成自上而下的等级体系。一个组织应遵循等级原则，上一级部门应控制和管理下一级部门，直到每一成员都被控制为止，形成一个自上而下的指挥链或等级体系。

(3) 人员的任用。人员作用应通过正式选拔，要完全按照职务的要求，通过考试和教育训练来实行。

(4) 职业管理人员。组织中的管理人员是专业的公职人员，而不是该组织的所有者。这些管理人员有固定的薪水和明文规定的升迁考核制度。

(5) 正式的规则和纪律。管理人员必须严格遵守组织中规定的规则和纪律，明确办事的程序。

(6) 非人格化。组织中成员之间的关系以理性准则为指导，只受职位关系而不受个人情感的影响。这种公正的态度，不仅适用于组织内部，也适用于组织与外界的关系。

韦伯认为，这种体现劳动分工原理的、有着明确定义的等级和详细的规则与制度，以及非个人关系的组织模型是最符合理性的原则，是达到目标、提高劳动生产率最有效的形式，并在精确性、稳定性、纪律性以及可靠性等方面均优于其他组织。同时，这种组织模式对人没有偏见，无论是上级还是下属，无论是顾客还是员工，都应当一视同仁地遵守规则，使得领导的权威更多地来源于位置而不是个人。这样，组织可以更加公正有效地运作。所以它适用于所有的大型组织，如国家机构、军队、政党、经济企业和各种团体。韦伯的这一理论，是对泰勒、法约尔理论的补充，对后来的管理学家，特别是组织理论家产生了很大的影响。

三、行为科学理论

行为科学的理论最早形成于20世纪30年代，早期称为人际关系学说，后来进一步发展为行为科学，现代则更多地称为组织行为理论。

（一）“行为科学”的早期理论——人际关系学说（霍桑试验）

人际关系学说的代表人物是埃尔顿·梅奥。梅奥曾参加1927年至1932年在芝加哥西方电气公司霍桑工厂进行的试验工作，即引起管理学界重视的“霍桑试验”。

霍桑试验的目的是要找出工作条件对生产效率的影响，以寻求提高劳动生产率的途径。

第一阶段：工作场所照明试验（1924—1927年）。

试验首先从变换工作现场的照明强度着手。研究人员将参加试验的工人分成两组，一组为试验组，一组为控制组。控制组一直在平常的照明强度下工作，而对试验组则给予不同的照明强度。当试验组的照明强度逐渐增大时，试验组的生产增长比例与控制组大致相同；当试验组的照明强度逐渐降低时，试验组的产量明显下降。试验表明，照明度的一般改变，不是影响生产率的决定因素。

第二阶段：福利实验（继电器装配测试室研究）（1927—1929年）。

这次试验是在电话继电器装配实验室分别按不同工作条件进行实验的。试验开始后，先逐步增加休息次数，延长休息时间，缩短每日工作时间，供应茶点，实行五日工作制等；接着，又逐步取消这些待遇，恢复原来的工作条件。结果发现，不论工作条件如何变化，生产量都是增加的，而且工人的劳动热情还有所提高，缺勤率减少了80%。后来又选择了工资支付方式作为试验内容，即将集体奖励制度改为个人奖励制度。试验结果又发现工资支付办法的改变也不能明显影响工人的生产效率。

第三阶段：大规模访谈（1928—1931年）。

在进行试验的同时，研究小组还同工人广泛进行了交谈，以了解工人对工作和工作环境、监工和公司当局的看法及持有这种看法对生产有什么影响。他们前后共与两万多名职工进行了交谈，取得了大量的材料。

第四阶段：大规模访谈与接线板接线工作室试验（1931—1932年）。

为什么前面的试验过程中工人的产量会有上升呢？在试验过程中，研究小组的人员感到工人中似乎存在一种“非正式组织”。为此，又对接线板接线工作室的有十四名男工的生产小组进行了观察试验。这个小组是根据集体产量计算工资，根据组内人员的情况，完全有可能超过他们原来的实际产量。可是，进行了五个月的统计，小组产量总是维持在一定的水平上。经过观察，发现组内存在一种默契：往往不到下班，大家已经歇手；当有人超过日产量时，旁人就会暗示他停止工作或放慢工作速度。大家都按这个集体的平均标准进行工作，谁也不做超额生产的拔尖人物，谁也不偷懒。他们当中，还存在自然领袖人物。这就证实“非正式组织”是存在的，而这个组织对工人的行为有着较强的约束力，这种约束力甚至超过经济上的刺激。

梅奥等人就试验及访问交谈结果进行了总结，得出的主要结果是：生产效率不仅受物理的、生理的因素影响，而且受社会环境、社会心理的影响。这一点是与科学管理的观点截然不同的。

以霍桑实验为基础所提出的人际关系学说的观点主要表现在以下几方面：

1. 企业的职工是“社会人”，而不是“经济人”

梅奥等人创立了“社会人”的假说，即认为人不是孤立存在的，而是属于某一工作集体并受这一集体影响的。他们不是单纯地追求金钱收入，还要追求人与人之间的友情、安全感、归属感等社会的和心理的欲望的满足。

2. 生产效率主要取决于工人的工作态度以及他与周围人的关系

霍桑试验表明，生产效率与工作条件之间并没有必然的直接的联系，生产效率的提高关键在于工作态度的改变，即工作士气的提高。“士气”高低决定于安全感、归属感等社会、心理方面的欲望的满足程度。满足程度越高，“士气”就越高，生产效率也越高。“士气”又取决于家庭、社会生活的影响以及企业中人与人之间的关系。因此，满足工人欲望，提高工人的士气是提高生产效率的关键。

3. 企业中实际存在着一种“非正式组织”

人际关系学说认为：企业职工在共同工作、共同生产中，必然产生相互之间的人群关系，产生共同的感情，自然形成一种行为准则或惯例，要求个人服从，这就构成了“非正式组织”。非正式组织以感情为主要标准，要求其成员遵守人群关系中形成的非正式的不成文的行为准则。这种非正式组织对于工人的行为影响很大，是影响生产效率的重要因素。

4. 企业应采用新型的领导方法

主要是要组织好集体工作，采取措施改善人与人的关系，消除不良的人与人的关系，提高职工士气；促进协作，使企业的每个成员能与领导真诚持久的合作。

人际关系学说是“行为科学”管理学派的早期思想，它只强调要重视人的行为；而行为科学还要求进一步研究人的行为规律，找出产生不同行为的影响因素，探讨如何控制人的行为以达到预定目标。

（二）“行为科学”学派的主要理论

1. 需要层次理论

行为科学认为人的各种行为都是由一定的动机引起的，而动机又产生于人们本身存在的各种需要。人们为了满足自己的需要，就要确定自己行为的目标。人都是为了达到一定的目标而行动的。

美国人亚布拉罕·马斯洛将需要分为五级：生理的需要，安全的需要，感情的需要，尊重的需要，自我实现的需要。马斯洛的需要层次理论有两个基本论点。

第一，人的需要取决于他已经得到了什么，尚缺少什么，只有尚未满足的需要能够影响行为。换言之，已得到满足的需要不能起激励作用。

第二，人的需要都有轻重层次，某一层需要得到满足后，另一个需要才出现。

马斯洛的需要层次理论，虽然在发表后为不少人所接受，并在实际工作中得到了应用，但有人认为这一理论只说明了需要与激励之间的一般关系，没有考虑到不同的人对相同需要的表达方式往往是不相同的。此外，这一理论也没注意到工作和工作环境的关系。

2. 双因素理论

20 世纪 50 年代后期，美国心理学家弗雷德里克·赫茨伯格为了研究人的工作动机，对匹兹堡地区的 200 名工程师、会计师进行了深入的访问调查。1959 年，赫茨伯格在广泛调查的基础上写作出版了《工作的激励因素》一书，正式提出了激励的双因素理论，将影响员工工作满意的各种因素分为激励因素和保健因素两种。

激励因素是以工作为中心的，与工作的性质和内容方面有关，即以对工作本身是否满意，工作中个人是否有成就，是否得到重用和提升为中心的；而保健因素则与工作环境或者工作关系等工作的外部环境有关，属于保证工作完成的基本条件。

3. X—Y 理论

美国麻省理工学院教授道格拉斯·麦格雷戈于 1957 年首次提出 X 理论和 Y 理论。在 1960 年发表的《企业的人性方面》一文中，他又对两种理论进行了比较。

麦格雷戈所指的 X 理论主要有以下观点：人的本性是坏的，一般人都有好逸恶劳、尽可能逃避工作的特性；对大多数人来说，仅用奖赏的办法不足以战胜其厌恶工作的倾向，必须进行强制、监督、指挥、惩罚，才能使他们付出足够的努力去完成给定的工作目际。

与 X 理论相反的是 Y 理论，主要观点是：人并不是懒惰的，他们对工作的喜欢和憎恶决定于工作对他是一种满足还是一种惩罚；在正常情况下人愿意承担责任；人们都热衷于发挥自己的才能和创造性。

对比 X 理论及 Y 理论可以发现，它们的差别在于对工人的需要看法不同，因此采用的管理方法也不相同。按 X 理论来看待工人的需要，进行管理就要采取严格的控制、强制方式；如果按 Y 理论看待工人的需要，管理者就要创造一个能多方面满足工人需要的环境，使人们的智慧、能力得以充分的发挥，以更好地实现组织和个人的目标。

四、现代管理理论主要学派

哈洛德·孔茨在 1961 年 12 月发表了《管理理论的丛林》一文，19 年后又发表《再论管理理论的丛林》，他对管理流派进行分类，指出管理已由 6 个学派发展形成了 11 个学派。

（一）管理过程学派

管理过程学派是在法约尔一般管理理论的基础上发展起来的。代表人物有哈洛德·孔茨、亚历山大·丘奇、詹姆斯·穆尼等。该学派的主要观点是：管理是一个过程，即让别人或同别人一起实现既定目标的过程。管理是由一些基本步骤（如计划、组织、控制等职能）所组成的独特过程。该学派注重把管理理论、管理者的职能和工作过程联系起来，目的在于分析过程，从理论上加以概括，确定出一些管理的基本原理、原则和职能。由于过程是相同的，从而使实现这一过程的原理与原则，具有普遍适用性。

（二）人类行为学派

代表人物是劳伦斯·阿普莱。主要观点是：既然管理是让别人或同别人一起去把事情办好，那么就必须以人与人之间的关系为中心来研究管理问题。该学派注重心理学，注重个人，注重人的行为的动因，把人的动因视作一种社会心理现象。这一学派把管理看作对组织行为的领导和协调，坚持认为抓好对人的管理是企业成功的关键。

（三）经验主义学派

代表人物是美国的彼得·德鲁克，代表作《有效的管理者》。该学派主张通过分析管理者的实际管理经验或案例来研究管理学问题。他们认为，成功的组织管理者的经验和一些成功的大企业的做法是最值得借鉴的。因此，他们重点分析许多组织管理人员的经验，然后加以概括和总结，找出他们成功经验中具有共性的东西，然后使其系统化、理论化，并据此为管理人员提供在类似情况下采取有效的管理策略和技能，以达到组织的目标。

（四）社会系统学派

代表人物是美国的切斯特·巴纳德，代表作《经理的职能》。他被誉为“现代管理理论之父”。该学派的主要观点是：

(1) 组织的实质。组织是一个系统，是由人的行为构成的、整体的协作系统的一部分和核心。这一协作系统由人的系统、物的系统和社会系统所组成。

(2) 组织要素。作为一个组织，必须具备三个要素，即协作的意愿、共同的目标、成员间的信息沟通。经理人员是组织成员协作活动相互联系的中心。他的基本任务是：建立整个组织的信息系统并保持其畅通；保证其成员进行充分协作；确定组织目标。

(3) 权限接受论。权力来源原理：权力来源于生产资料的占有者；权力大小的确定：权力发出后被接受的程度，即权力大小不是上级授予的，而是来自下级接受的程度。

(4) 组织平衡论。组织对外平衡是指一个组织对外部环境的适应性；组织对内平衡是指组织成员愿意并能够进行真正的协作，为实现组织目标而做出贡献。

（五）系统管理学派

代表人物是美国的卡斯特和罗森茨韦克。强调应用系统的观点，全面考察与分析研究企业和其他组织的管理活动、管理过程等，以便更好地实现企业的目标。他们认为，组织是由人们建立起来的相互联系并且共同工作着的要素所构成的系统。其中，这些要素可称为子系统。系统的运行效果是通过各个子系统相互作用的效果决定的。组织这个系统中的任何子系统的变化都会影响其他子系统的变化。为了更好地把握组织的运行过程，就要研究这些子系统及它们之间的相互关系，以及它们怎样构成了一个完整的系统。

（六）决策理论学派

代表人物是美国的赫伯特·西蒙。主要观点是：管理就是决策，决策贯穿于整个管理过程；把决策分为程序化决策和非程序化决策，二者的解决方法一般不同；信息本身以及人们处理信息的能力都是有一定限度的，现实中的人或组织都只是“有限理性”而不是“完全理性”的；决策一般基于“满意原则”而非“最优原则”；组织设计的任务就是建立一种制定决策的“人—机系统”。这一学派重点研究决策理论，片面地强调决策的重要性，但决策并不是管理的全部。

（七）管理科学学派

代表人物是布莱克特和伯法等人。该学派将管理作为数学模式或过程加以处理。他们认为，管理全过程（计划、组织、控制等）的工作是一个合乎逻辑的过程。由于他们把管理看成一个类似于工程技术的、可以精确计划和严格控制的过程，因此也被称为技术学派。其局限性是适用范围有限，不是所有管理问题都能定量。实际解决问题中存在许多困难。管理人员与管理科学专家之间容易产生隔阂。此外，采用此种方法大都需要相当数量的费用和时间，往往只用于大规模复杂项目。

（八）权变理论学派

代表人物有劳伦斯和洛尔希。把管理看成一个根据企业内外部环境选择和实施不同管理策略的过程，强调权宜应变。主要观点有权变主要体现在计划、组织与领导方式等方面，即计划要有弹性；组织结构要有弹性；领导方式应权宜应变。权变管理理论强调随机应变，主张灵活应用各学派的观点，但是，过于强调管理的特殊性，忽视管理的普遍原则与规律。按权变的观点，管理者可以针对一条装配线的具体情况来确定一种适应于它的高度规范化的组织形式，并考虑二者之间的相互作用。

（九）人际关系学派

B. F. 斯金纳是行为主义学派最负盛名的代表人物。这一学派是从 20 世纪 60 年代的人类行为学派演变来的。这个学派认为，既然管理是通过别人或同别人一起去完成工作，那么，对管理学的研究就必须围绕人际关系这个核心来进行。这个学派注重管理中“人”的因素，认为在人们为实现目标而结成团体在一起工作时，他们应该互相了解。

（十）群体行为学派

这一学派是从人类行为学派中分化出来的，因此同人际关系学派关系密切，甚至易于混同。但它关心的主要是群体中人的行为，而不是人际关系。它以社会学、人类学和社会心理学为基础，而不以个人心理学为基础。它着重研究各种群体行为方式。从小群体的文化和行为方式，到大群体的行为特点，都在它研究之列。它也常被叫作“组织行为学”。“组织”一词在这里可以表示公司、政府机构、医院或其他任何一种事业中一组群体关系的体系和类型。有时则按切斯特·巴纳德的用法，用来表示人们间的协作关系。而所谓正式组织则是指一种有着自觉的精心筹划的共同目的的组织。克里斯·阿吉里斯甚至用“组织”一词来概括“集体事业中所有参加者的所有行为”。

（十一）经理角色学派

代表人物是亨利·明茨伯格。这个学派主要通过观察经理的实际活动来明确经理角色的内容。明茨伯格系统地研究了不同组织中 5 位总经理的活动，得出结论是，总经理们并不按人们通常认为的那种职能分工行事，即只从事计划、组织、协调和控制工作，而是还进行许多别的工作。

第二节　中国管理思想的形成与发展

中国作为四大文明古国之一，是一个具有几千年文明史的国家，我国古代各族人民以自己的智慧和辛勤劳动创造了许多令现代人叹为观止的著名的管理实践和极为丰富的管理思想。万里长城、京杭大运河等伟大工程，无不凝聚了我们祖先的管理才能和光彩夺目的管理思想。在浩瀚的古史卷中，如《论语》《易经》《老子》《孙子兵法》《三十六计》《资治通鉴》《史记》《西游记》《菜根谭》等也蕴含着十分丰富的管理思想，至今仍备受世界各国管理界的推崇。

一、中国古代传统管理思想

我国有着悠久的古代管理史，我国古代传统的管理思想可分为两个方面：宏观管理的治国理论和微观管理的治生理论。我国的封建社会是个中央集权的社会形态，国家的财政赋税管理、人口田制管理、市场管理、货币管理、漕运驿递管理、国家行政管理、科举管理、通关管理等各方面都贯穿着系统的治国的理论，迎合统治阶级的政治经济发展需要。治生理论则是在长期的生产发展和经济运行的各个阶段，集合官、民的实践逐步积累起来的，包括农副业、手工业、运输业、建筑业、商业等方面的生产、经营实践理念。这些管理思想因受当时的生产力和科学技术发展的限制，没有形成一系列系统的理论基础，只是零星存在于社会发展的各个阶段，带动着局部性的向前渐进。归纳起来，我国传统的管理思想大致有以下几方面：

（一）以人为本的管理思想

儒家管理思想的基本精神是以“人”为本，讲“为政以德”“正己正人”，把人以及人际关系作为管理理论的出发点。老子在《道德经》中就提出“域中有四大，而人居其一焉”。把“重人”作为传统管理的一大要素，提示要奇取天下、治好国家、办成大事，人是第一位。儒家认为管理的本质是“治人”，管理的前提是“人性”，管理的方式是“人治”，管理的关键是“择人”。古代中国儒家思想的开创者孔子“为政在人”说的是搞好管理的决定因素是充分发挥人的作用；孟子的理论“善教得民心”，集中体现了儒家以教育为管理手段所得效果的总结。贾思邈在《齐民要术》中提出“欲善其事，先利其器，悦以使人，人忘其劳”，则强调提高人与工具的作用。在用人方面，中国一向有“选贤任能”“任人唯贤”“求贤若渴”的主张，能否得到贤才，关乎国家兴亡和事业的成败。《吕氏春秋·求人》中说：“得贤人，国无不安，名无不荣；失贤人，国无不危，名无不辱。”而诸葛亮在总结三国的历史经验时也说：“亲贤臣，远小人，此先汉之所以兴隆也；亲小人，远贤臣，此后汉之所以倾颓也。”

（二）组织方面的管理思想

《周礼》一书中记载周公（？～公元前 1105 年）为周朝制定了一套官僚组织和制度，之后的历代封建王朝为提高国家管理效率，都非常重视组织管理，封官定职，加官晋爵，编制详细的官职表，层次分明，职责清楚，权责明确，很好地体现了领导、控制的管理思想。而春秋时期孙武所著的《孙子兵法》，可以看作我国最早、最系统的管理学著作。他在书中提出军、旅、卒、伍的军队编制，层次关系明晰，编制比较完备。他的管理思想虽然源于军事和军事管理，可其基本原则对于任何社会组织和任何社会活动都普遍适用。《三国演义》是一部包含大量军事、政治谋略的古典小说，其中包含了一系列的科学决策思想，在现代社会为很多中外企业家引用借鉴。

（三）经营方面的管理思想

我国古代有很多善于经营的工商人士，他们在经营中体现出卓越的理财思想和较有成

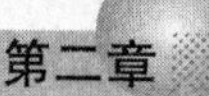

效的经营管理才能，形成一些至今仍有借鉴价值的经营思想。其中最负盛名的，并系统精辟地总结出经营之道的是春秋时期的范蠡。他用计然之策，管理国家，使国富兵强；经营有方，成为天下巨富。他有两条著名的经营之道：一是待乏原则。他执行的“水则资车、旱则资舟、夏则资裘、冬则资稀”，依据季度预测行情需要，预先存储以待时机，方可有利可图。二是积蓄之理。主要是获取利润的方式，他强调货币的流动性，通过商品数量预测价格的贵贱，获取好的收益。这些思想在现今社会普遍采用的经营管理方式中仍可见到。

（四）生产劳动及其他管理思想

“民以食为天”“国以粮为本”，中国历代王朝都非常重视农业生产管理。形成了比较集中的管理思想。比如注重农业生产结构管理，以粮为主、多行业发展；根据气候和地理条件进行农业生产，还重视农业生产技术和耕作工具的作用。特别是在系统运作上，古时候的人提出运筹谋略，造就大量传世佳作，如秦昭王时期的李冰父子主持修建的都江堰水利工程，秦代修建的万里长城，隋朝修建的大运河等等。在领导方式上，儒家提出的“仁政德治”、法家提出的“法制行治”、道家提出的“无为而治”，都是基于传统文化上沉淀的高境界的管理思想。

二、中国近代管理思想

中国近代管理思想，主要是指民族资本企业学习、引进西方先进管理，在继承和发扬我国传统管理精华的基础上，积累、探索的一些有价值的管理经验和方法。管理有其普遍性，也与其特殊性。管理科学本无国界，可用于西方，也可用于东方。然而各民族有各自的文化背景，管理理念受文化变数的影响，会产生不同的理念。中国近代这一阶段的拿来主义受当时统治制度的影响，不仅在技术和设备方面落后，在管理制度和方法上都带有半殖民地半封建的色彩，而且民族资本企业从诞生之日起，就在帝国主义、官僚资本和封建势力的重重挤压下求存。当时的一些有识之士开始从国外引进一些新的管理方法，在企业中推行科学管理，以寻求企业生存和最大化发展。当时主要的做法可以概括为以下几方面：

（一）兴办企业，采用科学管理

近代时期，民族企业发展势头良好，应运而生了很多纺织厂、手表厂、矿厂等多种加工企业、小型制造企业，民族商业也蓬勃发展，这些企业有固定营业时间，有上下班和休假制度，有工资福利制度和财务制度，有行规铺规，甚至还设经理在董事局领导下具体管理企业。通过开辟多种购销渠道，搞活经营，同时实行机械化、半机械化提高生产效率；企业内部实行严格的规章制度，在财务上重视资金的积累，灵活有效地运用资金。通过一系列的现代管理手段，提高企业生存和发展的能力。

（二）坚持以人为本的管理传统

民族资本企业在管理中注重贯彻这一传统管理思想，有针对性地学习和引用外来的管理理念。企业重视对人才的培养，合理使用人才。荣氏集团早在 1928 年就开办了职员养成所，通过半日上课、半日实习的方式培养纺织专业人才。一些企业实行以“福利”为特色的薪酬制度，以体现以人为本的管理思想，比如除员工工资外，还设置有花红、馈送、伙食、医药、婚丧、日常福利等类别，体现企业与员工紧密联系。

（三）将民族特色与西洋市场竞争结合起来

民族资本企业依然带有浓厚的本地色彩，他们继承和发扬中国传统的经营思想，比如“诚实守信，童叟无欺”“以和为贵”“欲取之，先舍之”，将儒家、道家的管理哲学加以创造性地使用；另一方面也接受西方资本市场的竞争思想，“没有竞争就没有发展”，在相互竞争和与国外资本竞争的过程中寻求有价值的管理实践和经营思想，并将我国传统的形式和现代竞争相融合。如，在对产品的宣传上多以中国传统易见易懂的诗词对联，以一些喜闻乐见的民风民俗为表达方式进行促销。针对洋产品的倾销，亦以推广国货，宣扬爱国之心的销售策略来保卫民族资本企业的成果。

（四）革命根据地公营企业的管理

革命根据地公营企业产生于第二次国内革命战争时期，为了保障战争和根据地生活的需要，在根据地开办了一些小型工业工厂。这类企业受战争和政治影响，管理制度多采用集权制，企业自主经营权不强，所需的人、财、物多以上级主管调拨分配为主要来源，产品和利润亦全部上缴。多采用的是小生产的管理方法和自给自足的“小而全”的经营方式，办企业的指导思想非常明确，以政治导向和精神鼓励人心，发展生产，保障打仗供给。这些管理方法，对新中国成立以后社会主义的企业管理思想、制度和方法都有重大影响。

从18世纪到19世纪末，即从资本主义工厂制出现到资本主义自由阶段的结束，西方管理理论的思潮非常活跃，创新的管理理论此起彼伏，生产力发展和劳动方式的变革对管理提出新要求，这一时段出现一些现代管理理论的萌芽。如亚当·斯密系统地论述了劳动组织问题强调分工；欧文在自己的工厂实行了改善工作条件与生活条件、缩短劳动时间的一系列改革。而我国在这段时期，处于封建社会末期，受外来政治经济思潮的冲击，国家又处在内忧外患、社会动荡的不稳定时代，要冲破旧统治、旧经济禁锢的呼声一浪高过一浪，许多有志人士走出国门，学习西方先进的管理思想和经验，改进旧的生产方式，学习新技术，试图以发展经济来强盛国家。通过近一百多年的摸爬滚打的摸索、学习，形成了结合国情的新的管理方法，在企业中推行科学管理，积累创造了一些好的管理经验，起到了一个承前启后的桥梁作用。

三、中国当代管理思想

20世纪40年代以来，整个世界科学技术迅猛发展，极大地推动了人类文明和社会的进步，涌现了大批跨国公司等新兴企业。经济组织中的竞争，尤其是国际市场更加激烈，原来的经营管理理论已不能完全适应新的形式，管理界又出现了许多科学的新的管理学派，呈现管理学派林立的局面，有管理程序派、行为科学派、系统管理派、决策理论派等，都是基于现代科技进步，运用新科技下相成的科学的管理实践，极大地推动了社会生产力的迅猛发展。在我国，中华人民共和国成立后，也开始了我国社会主义经济管理的历史。先后经历了三年国民经济恢复时期、第一个五年计划时期、社会主义建设探索时期、“文化大革命”时期以及改革开放新时期，从社会主义计划经济阶段走到了社会主义市场经济阶段。这六十多年来，我国的经济管理理论也和我国的社会主义经济建设一样，从举步维艰到大踏步地发展，随着改革实践的深入，我国学术界正在探索并逐步建立具有中国特色的社会主义企业管理的理论体系。

（一）新中国成立后的初创与发展

这个时期是社会主义计划经济基础上的集权型、政治性管理思想的集中代表，一切的管理活动都以实现政治目标为最高要求，计划是最重要的管理形式和手段，并相应采取高度集权的管理方式。这一阶段，上层建筑决定物质基础，政治斗争超越生产发展，特别是在“文化大革命”时期，无政府主义、无组织、无纪律现象到处泛滥，许多企业甚至撤销了管理机构，废除了管理制度，国内企业管理遭受了一场空前的大灾难，经济上造成了严重的混乱、破坏甚至倒退。直至十一届三中全会后的政策转移到以经济建设为中心这个主题上来，我国的企业管理才旧貌换新颜，进入一个新时期。

（二）改革开放后的探索与创新

这个阶段是我国社会主义管理理论得到全面开创和发展的历史新阶段，本着“以我为主、博采众长、融会贯通、自成一家”的原则，初步形成了具有中国特色的管理科学理论体系。改革开放是我国与世界接轨的创造性举措，经济建设为政府的工作重心，在管理上也由政治性管理转变为经济性管理，到进一步转变为经济与社会并重性管理。进一步理顺国家和企业的关系，探索建立现代企业制度，还以立法的形式规范下来，使我国的企业管理逐步走上法制化的轨道。我国的企业管理改革也如火如荼，从改革初期对西方管理理论的大量引进，兼收并蓄，到结合我国国情，消化吸收西方的管理理论，又从我国古代管理思想中吸取精华，大胆创新，探索建立既具有中国特色又与国际接轨的管理理论。

管理思想既是政治、经济、文化环境的产物，又是政治、经济、文化的实现过程，而管理实践活动也是随着文化模式、道德水准、社会制度的变迁而不断向前发展，从世界管理理论的发展和变迁可以见证这个过程，而纵观我国古代到现代管理思想的变迁，也都是从历史长河的流动中派生出来的。管理者应秉承我国固有的经营理念，赋予新的精神，运用新的工具和方法，而且要持续地改善。对于外来文化不仅不排斥，还要给予适当的安置和调整，保持管理的科学性，并且运用得更合适、更有效。

第三节　现代管理的发展趋势

20 世纪 80 年代以后，世界经济政治格局发生了重大变化。国与国之间的政治文化交流越来越频繁，经济全球化的趋势更加明确，并引发了世界范围内政治经济的不断变革。这场深刻而全面的变革，正引导着经济、技术和社会的全面彻底转型，并预示着新的创造财富机制的到来，甚至标志着传统工业时代的大变革。在此过程中，无论人们的生活形态、行为方式，还是社会的生产形态、组织方式，都在发生着重大的、多元的变化。

这些变化对企业而言，则意味着传统战略决策的基础发生变化，因为快速的、非线性的、不连续的变化造成了环境的不可预测性，竞争的基本指导原则也不再有效。以信息化网络为基础的市场模式的变化，不断对工业时期行之有效的传统管理教条、范式、规则、战略以及成功的理论提出挑战。事实上，传统的以垂直整合、协同效应、规模经济、成本控制、层级制组织、命令统一模式等为特征的工业经营管理方式，正逐步被以资源外包、规模小型化、定制化、利润中心、网络型组织、以知识为依据的分工等为特征的全新经营管理方式所取代。

管理是组织实现目标的关键因素，是社会进步的重要力量，随着时间的推移和社会的发展进步，其本身也在不断地变化和发展。归纳起来，现代管理出现以下一些发展趋势。

一、战略化趋势

随着社会化大生产的发展，社会生产日趋复杂，社会环境变幻莫测，组织与环境联系的日益紧密，管理所涉及的因素日益增多、日趋复杂，组织（尤其是企业）间竞争的日趋激烈，组织能否制定和实现正确的战略构想，关系到组织的兴亡。

就企业而言，过去企业家往往追求企业战略的稳定性、长期性，期望对企业的发展施以长远的影响。但事实证明，多变的技术革新浪潮，意想不到的环境变化，往往使追求“稳定性”的企业措手不及。企业要适应全球市场的激烈竞争，必须对自己的发展有一个战略规划，要在彻底了解和准确把握企业内部条件和外部环境变化的同时，结合本企业的特点，制定出最佳的企业战略。企业如果没有科学的战略目标、长远打算，只顾眼前和一时的成就，便不可能持续发展，更不可能在竞争中取胜，企业唯有运筹帷幄，深谋远虑，才能战略制胜，才能不断发展壮大。

现代中国企业已进入了由面向计划的传统管理到面向市场的战略经营时代，制定战略已在企业的经营管理中越来越显示出其突出的地位和作用。战略经营要求管理者必须审时度势，及时作出反应。因此，具有迅速适应新变化的能力比周密的计划更加重要。而战略研究的成功与否，则取决于对客观事实的实际了解，分析能力和预测技术的发展使战略计划研究成为左右组织或企业成败的关键因素，因此从实际出发注重对长期计划和战略的研究，必将成为管理中突出的热门课题。

二、信息化趋势

随着以微型电脑、激光技术、新型材料、生物工程和新能源开发为中心的新科技革命的兴起与发展，生产技术、社会需求以及市场竞争等也日新月异、瞬息万变，在这种情况下，信息进入重要资源的行列。丰富而准确的信息，是正确而迅速决策的前提，一个企业能否在激烈的竞争中得以生存和发展，它的产品和服务能否跟上时代的要求，首先在于该企业能否及时掌握必要和准确的信息，能否正确地加工和处理信息，能否迅速地在员工之间传递和分享信息，特别是能否把信息融合到产品和生产服务过程之中，融合到企业的整个经营与管理工作之中。各级管理者在这个瞬息万变的时代，越来越重视信息的作用，把如何获取有效的信息作为自己的首要任务。企业管理者发挥各种职能作用，都要以掌握大量真实、准确、及时的信息为前提。在这种情况下，传统的企业管理已经不能适应现代的信息处理要求，也不能满足企业经营管理对信息的要求，企业管理面临着信息化的挑战，信息管理成为企业竞争制胜的重要法宝。

组织对信息管理的能力，将集中表现在不仅需要有强大的信息网络和信息收集能力，更为重要的是要有出色的信息分析、传递和利用的能力。对信息的管理就成了现代管理的一个突出特点。随着信息技术的推广应用和信息资源的不断开发利用，管理信息化正在往广度和深度发展，这导致信息管理在整个管理中地位的提升。信息管理渗透于和体现在各种管理的所有方面和全部过程。可以说，现代企业和组织若无信息管理，也就谈不上任何管理了。

三、人性化趋势

在传统管理中，大生产以机器为中心，工人只是机器系统的配件，被当作物，这时候管理的重心在于物。但是，随着信息时代的到来，组织中最缺乏的不是资金和机器，而是高素质的人才。组织中人越来越显出重要作用。这就促使管理部门日益重视人的因素，管理工作的重心也从物转向人。传统管理和现代管理的一个重要区别，就是管理重心从物本管理到人本管理。

在任何管理中，人都是决定性因素。管理的这一特征，要求管理理论研究也要坚持以人为中心，把对人的研究作为管理理论研究的重要内容。事实上，在管理理论的研究中，差不多所有的管理理论都建立在人性的假设理论基础上。许多学派管理理论的不同，主要是出于对人的本性认识不同。20 世纪初泰勒的科学管理是基于“经济人”这一假设的，20 世纪 30 年代梅奥等人的行为管理是基于“社会人”这一假设的，至 20 世纪 50 年代又有了基于“自我实现的人”假设的马斯洛的人性管理，20 世纪 80 年代以来出现的文化管理，强调实现自我的企业文化和企业现象。管理研究发展史表明，管理学理论明显地存在以人为本的管理思想。

为此，管理都要以人为中心，把提高人的素质，处理人际关系，满足人的需求，调动人的主动性、积极性和创造性的工作放在首位。在管理方式上，现代管理更强调用柔性方法，尊重个人的价值和能力，通过激励、鼓励人，以感情调动职工积极性、主动性和创造性，以实现人力资源的优化及合理配置。

四、弹性化趋势

随着社会的发展，管理从固定的组织系统向富有弹性的组织系统发展。这是社会管理发展又一个重要趋势。

过去在组织管理中，建立起一套完整的组织系统，长期固定不变，显得僵硬。但现在，由于社会环境的不断变化，要求组织机构应该趋于灵活而富有弹性，以求信息畅通并行动敏捷，能够具有很强的对环境的适应能力。为了简化发号施令和相互沟通的渠道，组织管理者将缩小机构，减少层次。在企业各下属机构变小的同时，将赋予它们更大的自主权，实行经营权和管理权下放。这既有利于发挥下属人员的专长和创造精神，又有利于使企业领导把主要精力集中在高层战略决策问题上。

20 世纪 80 年代初，日本和美国的一些管理学者对日美几家著名企业的组织机构进行比较后指出，美国企业规模过大，组织机构过于复杂，企业内部各部门之间划分很细，部门间沟通少，管理集权程度高，灵活性差。而日本企业的组织结构相对简单，部门之间的横向联系多，各部门在经营上有很大的灵活性，许多企业可以根据生产和经营的需要，及时扩充或收缩某些业务部门，适应现代化的生产。这种组织具有较强的应变能力，机动灵活而不僵化，形式多种多样，有较高的工作效率。这种富有弹性的组织是柔性组织。

社会正在发展的这种柔性组织是组织机构的一种发展趋势。虚拟公司就是其中的一种。这种正在发展中的新型公司由许多独立的公司、供给者，甚至是从前的竞争对手，通过信息技术联系起来的临时性网络。他们分享技术、分摊成本，互相进入共同的市场。它既没有组织机构，也没有领导层级，而是一种为利用某种特定的机遇而迅速联合起来的协作集团。一旦机遇来临，就采取行动；而一旦机遇不存在了，就解体。在一个虚拟公司内，取众家之长，各公司分摊费用、分享技术，共同来占领全球市场。

随着信息技术的不断进步，网络经济的不断发展，组织机构必然会越来越随意和多样，相应的组织管理，也必将日趋弹性化。

本章小结

研究管理的历史可以理解现代的管理理论和实践，现代管理理论是一个不断发展、检验、修正、再检验的结果。

20 世纪前在管理方面的主要贡献包括：亚当·斯密的劳动分工观点和经济人观点、查尔斯·巴贝奇的作业研究与报酬制度等。

早期管理思想实际上是管理理论的萌芽。管理理论比较系统的建立是在 19 世纪末 20 世纪初。这个阶段所形成的管理理论称为“古典管理理论”。

科学管理理论创始人是美国的弗雷德里克·泰勒，被誉为“科学管理之父”。完成了“搬运铁块实验”“铁锹实验”“金属切削实验”三个著名的实验，并提出了一些管理制度。代表作是 1911 年出版的《科学管理原理》。

亨利·法约尔将管理职能定义为：计划、组织、指挥、协调和控制；还提出了管理人员解决问题时应遵循的 14 条原则，在管理的范畴、管理的组织理论、管理的原则方面提出了崭新的观点，为以后管理理论的发展奠定了基础。

马克斯·韦伯将理想的官僚行政组织定义为实行劳动分工、明确规定等级、制定详细的规则和制度，以及具有非人格化关系的组织。

霍桑研究引起了对组织中人的因素的新的重视，并提供了有关群体的规范和行为的新见解。管理开始积极地寻求提高员工的工作满意度和士气的途径。

“行为科学”学派的主要理论包括：需要层次理论、双因素理论、X—Y 理论等。

哈洛德·孔茨发表的《再论管理理论的丛林》中对管理流派进行分类，指出管理已由 6 个学派发展形成了 11 个学派。

中国作为四大文明古国之一，创造了许多令现代人叹为观止的著名的管理实践和极为丰富的管理思想。

现代管理呈现出战略化趋势、信息化趋势、人性化趋势、弹性化趋势等发展趋势。

思考与练习

一、单项选择题

1.（　）被誉为“科学管理之父”。

A. 泰勒　　B. 韦伯　　C. 法约尔　　D. 梅奥

2. 霍桑实验结论中对职工的定义是（　　）。

A. 经济人　　B. 社会人　　C. 复杂人　　D. 自我实现的人

3. “X—Y”理论的代表人物是（　　）。

A. 麦格雷戈　　B. 赫兹伯格　　C. 梅奥　　D. 马斯洛

4. 社会系统学派的代表人物是（　　）。

A. 法约尔　　B. 西蒙　　C. 巴纳德　　D. 卢桑斯

5. 法约尔管理理论的代表作是（　　）。

A. 车间管理　　B. 管理决策新科学

C. 一般管理与工业管理　　D. 全面质量管理

6. （　　）被称为“现代经营管理之父”。

A. 泰勒　　B. 韦伯　　C. 法约尔　　D. 梅奥

7. 科学管理的实践目的是（　　）。

A. 训练工人，提高工人素质　　B. 建立完善的激励性报酬制度

C. 解决劳资矛盾　　D. 提高工人生产效率

8. 韦伯在管理思想发展史上被人们称为（　　）。

A. 动作研究之父　　B. 组织理论之父

C. 科学管理之父　　D. 实验心理学之父

9. （　　）可以看作我国最早、最系统的管理学著作。

A.《齐民要术》　　B.《吕氏春秋·求人》

C.《孙子兵法》　　D.《三国演义》

10. 传统管理和现代管理的一个重要区别，就是（　　）。

A. 能否正确地加工和处理信息

B. 管理中心从物本管理到人本管理

C. 管理从固定的组织系统向富有弹性的组织系统发展

D. 网络经济的不断发展

二、多项选择题

1. 以下关于泰勒和法约尔的论述正确的是（　　）。

A. 泰勒和法约尔都是美国人

B. 泰勒的职业生涯的最高职位是总工程师，而法约尔是总经理

C. 泰勒提出的“职能工长制”与法约尔的“统一指挥原则”是对立的

D. 泰勒是从生产角度提出科学管理理论，而法约尔则从组织角度提出一般管理理论

E. 泰勒的代表作是《工厂管理》，法约尔的代表作是《公共精神的觉悟》

2. 欧洲著名管理学家法约尔所论述的管理要素包括（　　）。

A. 计划　　B. 组织　　C. 人事　　D. 协调

E. 控制

3. 下列表述中属于古典管理理论历史贡献的是（　　）。

A. 古典管理理论是现代管理理论的基础

B. 对如今的企业巨大的指导作用

C. 古典管理理论适应了当时的生产力发展水平

D. 对提高产量、提高生产和工作效率方面具有不必替代的作用

E. 古典管理理论是当时生产力发展的产物

4. 韦伯的理想行政组织的主要特点有（　　）。

A. 组织目标的实现必须实行劳动务工

B. 组织中应该统一领导

C. 合理的法定的权力是行政组织的基础

D. 按等级制度形成一个指挥链

E. 管理者不是企业的所有者

5. 泰勒的实验包括（　　）。

A. 搬运铁块实验　　B. 车间照明实验　　C. 继电器装配实验

D. 铁锹实验　　E. 金属切削实验

三、简答题

1. 泰勒所提出的科学管理制度有哪些主要内容？

2. 法约尔是怎样划分企业的基本活动和管理的各种职能的？法约尔所提出的管理人员解决问题时应遵循的原则有哪些？

3. 韦伯提出的理想的行政组织体系的主要特点有哪些？

4. 梅奥的人际关系学说与泰勒的科学管理理论的观点有何不同？

5. 以霍桑实验为基础所提出的人际关系学说的观点主要表现在哪几个方面？

6. 权变管理理论的主要观点是什么？

7. 现代管理的发展趋势有哪些？

四、案例分析

公司规矩和朋友规矩

作为美国国际农机公司创始人、世界第一部收割机的发明者——西洛斯·梅考克，从不滥用职权，他既坚持制度的严肃性，又不伤害员工的感情。

一次，一个老员工违反了工作制度，酗酒闹事，迟到早退。按照公司管理制度的有关条款，应当开除。管理人员做出这一决定，梅考克表示同意。决定一公布，这个老员工火冒三丈，他委屈地对梅考克说："当年公司债务累累时，我与你共患难，3个月不拿工资我也毫无怨言，而今犯这点错误就把我开除了，真是一点情分也不讲！"听完老员工的话，梅考克平静地说："你知不知道这是公司，是个有规矩的地方，这不是你我两个人的私事，不能有一点例外。"

随后，梅考克了解到这个老员工的妻子去世了，留下两个孩子，一个跌断了一条腿，一个因吃不到妈妈的奶水啼哭不止。老员工是在极度痛苦中借酒消愁，结果误了上班。梅考克为之震惊，安慰老员工说："你真糊涂，现在你什么都不要想，赶紧回家去，料理你妻子的后事，照顾孩子们。你不是把我当成你的朋友吗？所以，你放心，我不会让你走上绝路的。"说着，从包里掏出一沓钞票塞到老员工手里。老员工感动得流下眼泪，哽咽地说："我想不到你会这样好！"梅考克认为，比起当年风雨同舟时员工对自己的帮助，这事简直不值一提。他嘱咐老员工说："回家安心照顾家吧，不必担心自己的工作。"

听了老板的话，老员工转悲为喜，说："你是想撤销开除我的命令吗？"

"你希望我这样做吗？"梅考克亲切地问。

"不，我不希望你为我破坏了规矩。"老员工坚决地说。

"对，这才是我的好朋友，你放心地回去吧，我会作适当安排的。"

事后梅考克安排这名老员工到一家牧场当了管家。

梅考克处理工作不感情用事。有几个同他一起工作多年的员工，在公司遇到困难的时候背离了他，十几年后，公司情况得到好转，这几个人又找上门来。对这样的人任何人都难以忍受，当年的梅考克也不例外，他曾气愤地说："我希望永远不再见到你们！"如今，公司兴隆，事业大振，梅考克早已把自己的话放在脑后，他欣然接受了当年背离他的几名员工回来工作。老板不念旧恶，使这几名员工深受教育。从此以后，他们与梅考克同心协力，为国际农机公司的强盛作出了自己的贡献。

资料来源：赵涛：《管理学习题库》，天津，天津大学出版社，2005。

问题：

从管理理论的角度，你对梅考克的为人处世有何看法？

第二篇　管理职能篇

第三章
计 划

学习要点

◇ 理解计划与计划工作的概念、作用、形式与类型
◇ 掌握计划的编制原则、过程、方法
◇ 了解滚动计划法、甘特图法
◇ 掌握 PERT 技术，能够绘制网络图，确定关键路线
◇ 理解目标管理的概念、特点、过程、优缺点

引入案例

越灭吴

孙子曰：兵者，国之大事，死生之地，存亡之道，不可不察也。

历史上，战争是国家的大事，除了关系到人民生死，国家存亡，还涉及政治、经济、文化、法制等社会各个方面。所以，运筹谋划是一个领导者决定战争胜负的首要因素和前提条件。

春秋末年，越王攻灭吴国之战，就全面体现了谋划的重要性。

公元前 494 年，越国进攻吴国而战败，越王勾践在危急关头，决定委曲求全和保存国土，以谋东山再起，并根据本国国情和吴国情况，制定了一系列国家复兴、转败为胜的战略，即“破吴七计”。勾践卑言慎行，忍辱负重，从几个方面来谋划：一是收买吴国重臣，麻痹夫差；二是实行内政改革，发展生产，恢复国家元气，赢得百姓的拥戴；三是利用外交活动，实行离间计，挑拨夫差与伍子胥之间的关系；四是知人善用，抓住时机。终于完成了长达十三年之久的灭吴计划。

资料来源：http：//blog. sina. com. cn/s/blog _ 4ec41dff01000asg. html。

案例提示：一个领导者在战前对战争的谋划同管理学原理中的计划职能是一致的。孙子以《计篇》作为十三篇之首，而计划又是管理中具有首位性的基本职能之一，可见计划的重要性。计划越有预见性，越周密，条件越充分，胜利的可能性就越大。“多算胜，少算不胜”“知己知彼，百战不殆”。计划要收集信息，调查对方，考察己方；制订行动方案，明确方案实施的措施，要合理配置资源，符合实际，顺应民心，调动全体人员的积极性，为目标而努力。

第一节　计划与计划工作

计划是管理的首要职能，现代复杂的组织运转离不开计划。计划给组织提供了通向未来目标的明确道路，给组织、领导、控制等一系列管理工作提供了基础。

一、计划与计划工作的概念

“计划”一词可以从两个方面理解：从名词意义上说，计划是指用文字和指标等形式所表述的、在制订计划工作中所形成的各种管理性文件，如：生产计划、财务计划等；从动词意义上说，计划是指对组织在未来一段时间内的目标和实现目标途径的策划与安排，即计划工作，它为组织提供了通向未来的目标与途径。

计划工作有广义和狭义之分。广义的计划工作是指制订计划、执行计划和检查计划的执行情况三个阶段的工作过程。狭义的工作计划是指制订计划，即指根据环境的需要和组织自身的实际情况，通过科学的预测，确定在未来一定时期内组织所要达到的目标以及实现目标的途径。

计划的内容包括“5W1H”，即计划必须清楚地确定和描述下述内容：

Why——为什么做？原因与目的。

What——做什么？目标与内容。

Who——谁去做？具体的执行者。

Where——在什么地方做？执行地点。

When——在什么时间做？执行时间。

How——怎样做？执行手段和安排。

二、计划的作用

在纷繁复杂的市场环境中，每个组织都要适应来自内外部的压力和变化，只有科学周密的计划，才能协调多方面的活动，以获得企业的发展。计划是企业管理中不可或缺的环节，具体包括：

（一）预测未来，降低风险

未来的组织生存环境具有很大的不确定性，计划的重要作用之一就是通过对未来环境变化规律的把握和变化趋势的充分分析、认真研究，了解并掌握未来组织可能出现的机会和面临的挑战，从而将不确定性降到最低。这就要求管理者进行周密的预测，把计划做得科学、准确，避免被动和不利因素的影响。

（二）统一行动，实现目标

每个计划及其派生出来的计划，目的都是促进实现组织的总体目标。计划明确了实现组织的决策目标所应采取的方法和途径，应该完成的工作和任务；明确了有利于组织实现目标的方案，促进人们实现既定的目标。周密、细致、全面的计划工作，可以统一部门之间的行为。

（三）规范流程，科学管理

计划工作强调效率、效益和规范性。在具体的方案中，计划明确了组织中每个部门的职能和分工，使得各个职能部门的工作能够协调一致，用均匀的工作流程代替不均匀的工作流程，从而有利于组织资源的合理配置。同时，计划工作对人力、物力、财力和时间都做出了明确而具体的规定，保证人、财、物得到合理的安排，能把经营活动的费用降到最低。因此，计划工作能规范、合理地组织经营活动，有效地提高组织的经济效益。

（四）明确标准，进行控制

计划和控制是一个事物的两个方面，没有计划的活动是无法控制的，计划是控制的基础和标准。控制活动就是通过纠正计划执行过程中产生的偏差，使组织活动保持既定的方向。计划工作为组织活动确定了目标和标准，使得控制职能能够将实际的业绩与计划目标进行对比，发现偏差，可以及时纠正。因此，没有计划也就没有控制。

三、计划的形式

从管理的实践过程来看，一项计划常常需要包含所有将来行动的方针，这就需要各种各样的计划。计划的形式多种多样，如目的或使命、目标、战略、策略、政策、程序、规则、规划、预算。

（一）目的或使命

目的或使命是为了说明组织存在的根本价值和意义，也是不同组织相互区别的根本标志。如企业的工作是生产、分配商品和劳务，公路局的任务是设计建设公路系统，法院的职责是解释执行法律，大学的工作是从事教学与研究活动等。

（二）目标

组织的目的或使命是组织价值的高度抽象，然而，组织的运行还需要一定时空范围内的具体目标。目标是组织活动所要达到的结果，它是在组织的目的或使命指引下确立的，是目的的具体化和数量化。

（三）战略

战略是为实现组织目标所确定的发展方向、行动方针、行为原则、资源分配的总体谋划。战略是指导全局和长远发展的方针，对于组织的思想和行动起引导作用。

（四）策略

策略则是实现目标的具体谋略。策略是指管理者对未来行动的总体构想与实现目标的一整套具体谋略方案。组织要制定切合实际的、有用的策略，首先必须进行彻底的自我评价。其次，要遵循以下基本原则：策略要为组织目标的实现与计划的完成服务；策略的制定应具有连贯性；策略应有弹性；策略应当是成文的。

（五）政策

政策是组织对成员做出决策或处理问题所应遵循的行动方针的一般规定。政策不要求采取行动，而是用来指导决策和行动。政策与战略虽然经常混同使用，但两者是有明显区别的：战略给出了组织决策和行动的方向、目标和资源分配方案，政策则指导组织成员如何决策和行动。如某企业制定的一项人事方面的战略是“在5年内大大提高职工的素质”，相应的一项人事政策是“在今后5年中仅招收学有专长的职工”。政策要规定范围或界限，但制定政策本身的目的不是要约束有关人员的行为，而是鼓励有关人员在规定范围内自由地处置问题。作为明文规定的政策，通常被列入计划之中，成为人们思考和行动的指南。政策具有稳定性，一经制定，就要持续到新政策出台为止。

（六）程序

程序也是一种计划，它规定了一个具体问题应该按照怎样的时间顺序来进行处理。程序就是用来指导行动的一系列工作步骤。大多数的政策都伴有说明该项政策下的行动该如何得到执行的程序方面的书面规定。比如，招聘一名职工，可能要经过刊登招聘广告、初选、面试和试用等几个环节，参与这一招聘工作的可能既有人事部门的人员，也有所聘任职位的直接主管，有时甚至还要报请上级主管部门批准或备案。借助于程序，企业就可以对那些重复发生的常规或例行性问题规定出标准操作方法，以此规范有关人员的行为。

（七）规则

如果说程序是对一系列相互关联的活动确定出工作开展的先后次序，那么，规则就是执行程序中的每一步骤时所应遵循的原则和规章。规则是在具体场合和具体情况下，允许或不允许采取某种特定行动的规定。如“厂内禁止吸烟”就是一条规则。规则与政策的区别在于前者不留有任何的灵活处理空间，后者则保持有一定的自由度。所以，规则对人的行为具有最强大的约束力。

（八）规划

规划亦称工作计划，是针对某一特定行动而制订的综合性计划，它指明组织如何用一定资源通过一定的工作活动来实现特定的目标。工作计划必须明确行动的具体步骤，各步骤的任务和执行的方法，完成这些任务的先后顺序、时间进度和资源安排等。工作计划可大可小，如一项新产品的开发需要有工作计划，新产品销售人员的招聘和培训也需要制订工作计划。

（九）预算

预算是一种数字化的计划，它是以数字来表示预期结果的一种特殊计划形式。西方企业中所制定的预算并不仅仅是财务预算。其预算中所用的数字既可以是财务性的，也就是用货币形式来表示的，如现金、开支和收入等方面的指标；亦可以是非财务性的，即用非货币形式来表示的，如消耗的工时、完工期限和产品生产量等。借助于预算，可以对工作计划的内容加以数量化、精确化。不仅如此，预算也为汇总有关数字提供了便利的手段，同时它还可以直接作为控制工作的依据。所以，预算的编制受到了许多企业的重视。但应该注意到，编制和执行预算本身并不是目的，而应该将之作为手段来看待。预算不是孤立存在的，而是落实计划的需要。不能为了执行预算而置其所服务的计划于不顾，也不能在编制预算时一味地考虑过去预算中的数字而忽视当前预算所服务的特定对象。无论预算的制订还是考核，都必须紧密结合其所要落实的具体任务的要求和上一层次的计划和目标。

四、计划的类型

根据划分标准的不同，计划可以划分为各种不同的类别。

（一）根据计划时间的长短划分

1. 长期计划

长期计划一般是 5 年以上的计划，具有方向性和长远性，包含了组织的长远目标和发展方向等问题，对组织活动起着指导作用，包括经营目标、战略、方针、远期的产品发展计划、规模等，绘制了组织长期发展的蓝图。

2. 中期计划

中期计划一般是 1 年以上，5 年以下的计划，它介于长期计划和短期计划之间。中期计划是根据长期计划制订的，比长期计划更具体、更详细，是结合组织内部和外部条件与环境变化情况后制订的可执行计划。

3. 短期计划

短期计划一般是 1 年以内的计划，是指导组织具体活动的行动计划，一般是对中期计划的分解和落实。具体规定了在相对较短的时间段内应该从事的各种活动及从事该活动所应达到的水平。

（二）根据计划对企业经营影响范围和影响程度划分

1. 战略性计划

战略性计划多是关系到组织全局的总体计划，由组织高层管理者制订。计划期限相对较长，一次计划可以决定在相当长的时期内大量资源的运动方向，目的是实现组织的长期目标而进行的总体设计和谋划，因而较为抽象和相对稳定。战略计划对制订者的要求也比较高，他们至少要具有构思宏大、眼光深远、认识超前的能力。

2. 战术性计划

战术性计划是规定总体目标如何实现的细节的计划，所涉及的时间跨度比较短，覆盖的范围也较窄。战术性计划具有内容具体、明确和可操作性强的特点。战术性计划一般包括管理计划和作业计划。

（1）管理计划。

管理计划由组织中层管理者制订。它将战略计划中具有广泛性的目标和政策，转变为确定的目标和政策，并规定了达到各种目标的确切时间。战略计划以问题为中心，而管理计划以时间为中心，一般情况下，管理计划是按年度分别拟订的。

（2）作业计划。

作业计划往往是由具体部门的组织基层管理者制订的，是关于某个部门或个人的具体业务活动执行的计划，因而非常细致和具体，一般是必须执行的命令性计划。作业计划要求制订者具有精微的构思、细致的眼光、认识实在的素质。

战略性计划和战术性计划是相互关联的，战术性计划服务于战略性计划，是在战略性计划的指导下制订的，是战略性计划的落实。战略性计划往往是高层领导者制订的，而战术性计划往往是中层、基层管理者制订的。

(三) 根据计划内容的详尽程度划分

1. 指导性计划

指导性计划只规定一些一般的方针，它指出重点但不把管理者限定在具体的目标或者特定的行动方案上。

2. 具体性计划

具体性计划具有明确规定的目标，不存在模棱两可的内容，没有容易引起误解的问题。

计划的制订一定要与环境因素联系起来，要具有一定的灵活性以防意外变化，当存在较高程度的不确定性时，指导性计划就具有更大的现实意义。

(四) 根据计划的重复性程度划分

1. 程序性计划

程序性计划是对例行活动所做的计划。例行活动是重复进行的，对于这一类问题，企业在长期的金融活动中已经形成了一套固有的解决方案，只需要遵照程序办事。例如，工人的操作规程、原材料的出入库等。

2. 非程序性计划

非程序性计划是对非例行活动所做的计划。非例行活动不仅是不重复出现的问题，而且有可能是企业经营和管理中比较重要的事情，是不能程序化的。例如，新产品的开发、重大的技术革新等。

五、计划工作的原理

计划工作是一个指导性、科学性、预见性很强的管理活动，但同时又是一项复杂而又困难的任务，为了搞好计划工作的职能，必须注意以下基本原理。

(一) 限定因素原理

限定因素，是指妨碍目标得以实现因素，也就是说，在其他因素不变的情况下，抓住这些因素，就能实现期望目标。所谓限定因素原理，是指在计划工作中，越是能够了解和找到对达到所要求目标起限制性和决定性作用的因素，就越是能准确地、客观地选择可行方案。限定因素原理是决策的精髓。决策的关键就是解决抉择方案所提出的问题，即尽可能地找出和解决限定性的或策略性的因素。否则，如果对问题面面俱到地检查，不仅会浪费时间和费用，而且没能把主要注意力转移到决策的非关键性问题上，从而影响目标的预期实现。

(二) 许诺原理

所谓许诺原理，是指任何一项计划都是对完成某项工作所做出的许诺，许诺越大，所需的时间越长，因而实现目标的可能性就越小。一般来说，由于计划工作和作为计划工作基础的预测工作耗费资金，所以如果在经济上不合算的话，就不应把计划期限定得太长，当然短期计划也有风险。那么合理的计划期限如何确定呢？从许诺原理出发，这就要求计划的许诺不能太多，因为许诺（任务）越多，则计划期限就越长，相应的计划工作就越费力，耗资越大。计划期限越长，未来的不肯定性就越大，从而影响计划工作的准确性，在人力、物力、财力上都是不合算的。因此，在计划工作中选择合理的期限应加强短期计划和长期计划之间的协调，即长计划短安排，如果短计划实现了，那么长期计划就能实现，这样，计划工作的期限不至于拉得太长，从而确保计划工作的质量。

（三）灵活性原理

所谓灵活性原理，是指计划本身要体现一定的灵活性，以应对未来意外事件引起的损失。计划工作必须具有灵活性，即当出现意外情况时有能力改变方向而不必花太大的开销。例如某项工程在制订施工进度计划时要考虑到可能出现在雨季不能进行露天作业的情况，因而对完成任务时间的估计要留有余地。计划工作是面向未来的，而未来又是不确定的，所以在制订计划时，就要尽可能地预见计划在实施过程中可能出现的问题，并制订出具体的应变措施，一旦发现问题，可以及时解决，从而确保计划尽可能地顺利实施。为了确保计划本身具有灵活性，在制订计划时，应量力而行，不留缺口，留有余地，要能以十二分措施来保证十二分指标，即预防一部分措施因故不能实现时对计划带来的风险。在国外，现在也多强调实行所谓的“弹性计划”，即能适应变化的计划。

（四）改变航道原理

所谓改变航道原理，是指计划工作为将来许诺得越多，主管人员定期地检查现状和预期前景以及为保证所要达到的目标而重新制订计划就越重要。计划制订出来后，计划工作者就要管理计划、促使计划的实施。而不能被计划所“管理”，被计划框住。必要时可以根据当时的实际情况作必要的检查和修订。因为未来情况随时都可能发生变化，制订出来的计划就不能一成不变。尽管我们在制订计划时预见了未来可能发生的情况，并制订出相应的应变措施，但正如前面所提到的，一来不可能面面俱到，二来情况在不断变化，计划往往赶不上变化，就要调整计划或重新制订计划。就像航海家一样，必须经常核对航线，一旦遇到情况就可绕道而行。故此原理称为“改变航道原理”。这个原理与灵活性原理不同，灵活性原理是使计划本身具有适应性，而改变航道原理是使计划执行过程具有应变能力，为此，计划工作者就应经常地检查计划，重新制订计划，以此达到预期的目标。

第二节　计划的编制

一、计划编制的原则

为了使计划具有科学性，并得以顺利实施，编制计划时应遵循以下基本原则：

（一）与国家宏观经济政策、计划和规划相一致原则

在编制计划时，应该考虑所处的宏观环境并与之相适应，以求得国家在财政、税收、金融等方面的支持，至少不受国家大政方针的限制。

（二）综合平衡原则

它既是计划管理的基本原则，也是计划工作的主要方法。做好综合平衡的关键是实事求是，长、中、短期计划，人、财、物，目标与措施，任务与时间，要全盘考虑。

（三）经济效益原则

提高经济效益是企业经营管理的中心任务，也是计划管理的中心任务。企业在安排经营计划时，首先，要做好市场预测，按照市场需求来安排生产；其次，还要进行可行性研究和量、本、利分析，做到以最少的消耗取得最大的收益。

（四）灵活性原则

过低的指标没有激励的效果，但脱离实际的高指标也会挫伤员工的进取心，因而计划指标必须是广大员工经过努力拼搏能够达到的。同时为了预防企业内外各种条件的意外变化，计划应留有余地，具有一定的弹性，要有一定的应变能力。

（五）远粗近细、宏粗微细原则

时间越长，涵盖面越广，各种情况的变化越复杂，不确定因素越多，因而，宏观长期计划要用粗线条勾画，微观短期计划则应细些，以具有可操作性。

（六）跟踪反馈原则

计划的编制、执行、反馈和调整是一个动态的系统，计划执行过程中存在的问题一定要及时反馈给计划部门，以便及时纠正偏差。

二、计划编制的过程

计划编制本身也是一个过程。为了保证编制的计划合理，能够实现决策的组织落实，计划编制必须采用科学的方法。任何计划工作，其工作步骤都是相同的，管理者在编制各类计划时，都应遵循以下步骤。

（一）估量机会

首先管理者应对环境中的机会做一个扫描，确定能够取得成功的机会。管理者应该考虑的内容包括：组织期望的结果，存在的问题，成功的机会，把握这些机会所需的资源和能力，自己的长处、短处和所处的地位。

（二）确定目标

目标是指期望的成果，即组织预期在一定时期内达到的数量和质量指标。目标是计划的灵魂，也是组织行动的方向，主要计划要根据企业目标规定各个主要部门的目标，而主要部门的目标又依次控制下属各部门的目标。企业计划中的目标确定要注意：一是高低适中；二是尽可能指标量化；三是目标要具体明确。计划中的企业目标一般包括：盈利性目标、增长性目标、竞争性目标、人事类指标、财务类指标等。

（三）确定前提条件

所谓计划工作的前提条件就是计划工作的假设条件，换言之，即计划实施时的预期环境。负责计划工作的人员对计划工作的前提了解越清楚、越深刻，计划工作就越有成效。由于将来预期的环境是极其复杂的，要把将来环境的每个细节都做出假设是不切合实际的，因此前提条件应限于那些对计划贯彻实施影响最大的假设条件。

按照企业的内外环境，可将计划工作的前提条件分为外部前提条件和内部前提条件；也可按可控程度，将计划前提条件分为不可控的、部分可控的和可控的三种。外部前提条件多为不可控的和部分可控的，而内部前提条件大多是可控的。不可控的前提条件越多，不确定性越大，因此必须认真做好市场调研和预测工作。

（四）拟订各种可行方案

拟订可行的行动计划要求拟订尽可能多的计划方案，以便在评估和选定计划方案时有比较和鉴别，为最优方案的选定提供前提条件。发扬民主，广泛发动群众，充分利用组织内外专家，集思广益，开拓思路，大胆创新，拟订出多种备选方案以供选择。

（五）评价备选方案

评价备选方案是按照前提和目标来权衡各种因素，比较各个方案的利弊，进行可行性的论证。评价实质上是一种价值判断，它一方面取决于评价者所采取的标准；另一方面取决于评价者对各个标准所赋予的权数。评价时一般采用总体的效益观点来衡量计划，评价方法分为定性和定量两类。

（六）选择方案

这无疑是整个计划流程中的关键一步。这一步的工作完全建立在前五步的工作基础之上。为了保持计划的灵活性，往往可能会选择两个甚至两个以上的方案，并且决定首先采取哪个方案，同时将其余的方案也进行细化和完善，作为后备方案。

（七）拟订派生计划

完成选择之后，计划工作并没有结束，还必须帮助涉及计划内容的各个下属部门制订支持总计划的派生计划。几乎所有的总计划都需要派生计划的支持保证，完成派生计划是实施总计划的基础。

（八）预算

编制预算计划的最后一步工作就是将计划转变为预算，使之数字化。编制预算，一方面是为了计划的指标体系更加明确；另一方面是使企业更易于对计划执行进行控制。定性的计划往往在可比性、可控性和奖惩方面比较困难，而定量的计划具有较强的约束力。

三、计划编制的方法

计划工作的效率高低和质量好坏在很大程度上取决于所采用的计划方法。现代计划方法为制订这种切实可行的计划提供了手段。在计划的质量方面，现代计划方法可以确定各种复杂的经济关系，提高综合平衡的准确性，能够在众多的方案中选择最优方案，还能够进行因果分析，科学地进行预测。在效率方面，由于采用了现代数学工具并以计算机技术作为基础，大大加快了计划工作的速度，这就使得管理者从繁杂的计划工作中解脱出来，能够集中精力考虑更重要的问题。总之，现代计划方法具有许多优点，已经逐渐为更多的计划工作所采用。下面介绍其中几种主要方法。

（一）滚动计划法

滚动计划法是一种定期修订未来计划的方法。这种方法根据计划的执行情况和环境变化情况定期修订未来的计划，并逐期向前推移，将短期计划、中期计划和长期计划有机地结合起来。由于在计划工作中很难准确地预测影响未来发展的各种因素的变化，而且计划期越长，这种不确定性就越大，因此，若硬性地按几年前制订的计划实施，可能会导致重大的损失。滚动计划法则可避免这种不确定性可能带来的不良后果。

滚动计划法的具体做法是：在计划制订时，同时制订未来若干期的计划，但计划内容采用近细远粗的办法，即近期计划尽可能地详尽，远期计划的内容则较粗；在计划期的第一阶段结束时，根据该阶段计划执行情况和内外部环境变化情况，对原计划进行修订，并将整个计划向前滚动一个阶段，以后根据同样的原则逐期滚动。如图 3—1 所示是一个五年的滚动计划制订方法。

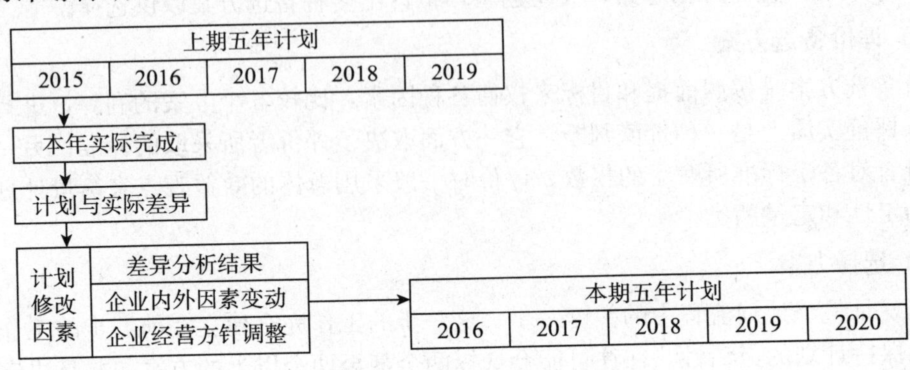

图 3—1　滚动计划示意图

滚动计划法的优点是：

（1）使计划更加切合实际，由于滚动计划相对缩短了计划时期，加大了对未来估计的准确性，能更好地保证计划的指导作用，从而提高了计划的质量。

（2）使长期计划、中期计划和短期计划相互衔接，短期计划内部各阶段相互衔接。这就保证了能根据环境的变化及时地进行调节，并使各期计划基本保持一致。

（3）大大增强了计划的弹性，从而提高了组织的应变能力。

滚动计划法的缺点是计划编制的工作量较大。

滚动计划法一般适用于品种比较稳定情况下的生产计划和销售计划的调整。

（二）甘特图法

甘特图法是在 20 世纪初由亨利・甘特开发的，它基本上是一种线状图，横轴表示时间，纵轴表示安排的活动，线条表示在整个期间上计划的和实际的活动完成情况，又叫横道图。甘特图直观地表明任务计划在什么时候进行，以及实际进展与计划要求的对比。它虽然简单但却是一种重要的工具，它使管理者很容易搞清楚一项任务或项目还剩下哪些工作要做，并且能够评估工作是提前了还是拖后了，或是按计划进行。图 3—2 为某单位工程施工计划甘特图。

单位工程项目	数量（万元）	2014年												2015年		
		1	2	3	4	5	6	7	8	9	10	11	12	1	2	3
1. 路基工程	23 349	■	■	■	■	■	■	■	■							
2. 路面工程	34 396（概算）		■	■	■	■	■	■	■	■	■	■				
3. 交通工程及设施	17 023（概算）		■	■	■	■	■	■	■	■	■	■	■	■	■	
4. 环保绿化工程	722（概算）		■	■	■	■	■	■	■	■	■	■	■	■		
5. 工程扫尾及验收																■

图 3—2　某单位工程施工计划甘特图

（三）PERT 网络计划技术

PERT 即计划评审技术（Program/project Evaluation and Review Technique），简单地说，PERT 是利用网络分析制订计划以及对计划予以评价的技术，是 20 世纪 50 年代末开发出来的。PERT 网络是一种类似流程图的箭线图，它描绘出项目包含的各种活动的先后次序，标明每项活动的时间或者相关的成本。对于 PERT 网络，项目管理者必须考虑要做哪些工作，确定时间之间的依赖关系，辨认出潜在的可能出问题的环节，借助 PERT 还可以方便地比较不同行动方案在进度和成本方面的效果。因此，PERT 可以使管理者监控项目的进程，识别可能的瓶颈环节，以及必要时调度资源确保项目按计划进行。

1. PERT 网络计划技术的基本原理

PERT 网络计划技术的基础是绘制网络图。利用网络图表示某项计划任务中各项活动（各道工序）的先后顺序和相互关系；在此基础上进行网络分析，计算网络时间，确定关键工序和关键路线，通过对网络的时间、费用和资源分析，不断改善网络计划，求得工期、资源与成本的优化方案；在计划执行过程中，通过信息反馈进行监督和控制，以保证预期计划目标的实现。网络计划技术应用范围很广，它不仅适用于单件小批生产的产品、新产品试制、设备大修等工作，还特别适用于编制长远规划、工程项目预算、油田开发、管道施工、电站、建筑施工工程等大规模项目。

2. 网络图的组成

网络图由活动、事项和路线三部分组成。

（1）活动。

活动（作业或工序）是指一项工作或一道工序。活动内容可多可少。在网络图中，活动用一条箭线“→”表示，箭线上方标明活动名称，下方标明该项活动的所需时间，箭尾表示该项活动的开始，箭头表示该项活动的结束。但箭线长短与活动消耗时间长短无关。

网络图中还要引用一种虚活动，所谓虚活动是指作业时间为零的一种活动，以“--→”表示。它不消耗资源和时间，其作用是把前后工序连接起来，表明它们之间的逻辑关系，指明活动的前进方向。

（2）事项。

事项（结点、网点、时点），是指某一项活动的开始或结束，事项一般用圆圈表示。圆圈是两条或两条以上箭线的交点，所以事项又称结点或网点，事项不消耗资源和时间，它只表示活动开始和结束的符号。网络图中有一个始点事项和一个终点事项，它们表示一项活动的开始和一项活动的结束，其余事项都叫中间事项。中间事项的含义是双重的，它既表示前一项活动的结束，又表示后一项活动的开始，掌握双重事项的双重含义，对于网络的时间计算有很重要的作用。

网络图中的结点要进行编号，以便识别、检查和进行计算，并用两个编号数代表某一项活动名称。编号写在圆圈内，其顺序由小到大，可采用连续编号，也可采用非连续编号。非连续编号的优点是当结点有增减变化时，不致打乱全部编号。

（3）路线。

路线是指从网络图的始点事项开始，沿着箭线方向连续到达网络终点事项为止，由一系列首尾相连的结点和箭线所组成的通路。路线中各项活动作业时间之和就是该路线的周期。网络图中有多条路线，其中周期最长的一条路线，称为关键路线。关键路线的延续时间决定了工程周期。关键路线可用粗实线或双线表示。

3. 绘制网络图的步骤

（1）划分作业项目。就是对项目活动进行任务分解，就是把任务分解为许多小的作业或工序，划分的粗细程度可根据情况而定。

（2）分析和确定作业之间的逻辑关系。即分析各项作业之间工艺要求和组织条件，确定作业之间的先后顺序。网络图中的逻辑关系依据作业之间的先后顺序有两种形式表示，一种是紧前作业形式，另一种是紧后作业形式。

（3）确定各项作业时间，最后汇总，并绘制作业明细表。作业时间的确定，通常有两种方法。

一种是单一时间估计法。即对各项活动的作业时间只确定一个时间值。这种方法适用不可知因素较少，有类似项目的工时资料可供借鉴的情况。

另一种是三点估计法。在没有肯定可靠的工时资料时，只能用估计时间来确定。三点估计法就是对活动的作业时间，预估三个时间值（即最乐观时间、最保守时间和最可能时间），然后求出可能完成的平均值。其计算公式为：

$$T_{均}=(a+b+4m)\div 6$$

式中：$T_{均}$——平均作业时间；

a——最乐观时间；

b——最保守时间；

m——最可能时间。

（4）作图并给结点编号。有了作业清单和各项活动之间的逻辑关系，就可绘制网络图。网络图应能正确反映出整个工程的各项活动及活动之间的相互关系。根据作业清单中各项活动的逻辑关系绘制网络图时，可以从始点开始画，也可以从终点开始画。但一般说来，逻辑关系如果表示的是紧后关系，则从始点开始画比较方便，如果表示的是紧前关系，则从终点开始画比较方便。

4. 绘制网络图的规则

（1）不允许出现封闭的循环路线。网络图是有向图，从左向右前进，不能有回路。

（2）箭线的首尾都必须有结点，不能从一条箭线的中间引出另一条箭线来。

（3）进入某一个结点的箭线可以有很多条，但相邻两结点间只能有一条箭线。如果在两个相邻结点间有几项平行进行的活动，应增设结点，并利用虚箭线表明作业之间的相互关系。

（4）结点编号不能重复使用。

（5）在网络图上，除始点和终点外，其他所有事项前后都要用箭线连接起来，不允许没有紧前作业或没有紧后作业的中间事项（即不允许图中有缺口）。

5. 计算网络时间和确定关键路线

网络计划技术的核心是找出关键路线。为此，需要分别计算作业的最早开始时间、最迟开始时间、最早结束时间、最迟结束时间及作业总时差这五个时间参数。其计算方法如下：

(1) 作业的最早开始时间 $ES(i, j)$。

一项作业必须等到它的紧前作业完成之后才能开工，在此之前是不具备开工条件的，这个时间称为作业的最早开始时间，用 $ES(i, j)$ 表示。其中 i，j 是该项作业的编号。计算作业的 $ES(i, j)$ 是按照从始点到终点顺推。各项作业的最早开始时间的计算结果，标在图中的各个"□"型符号中。计算过程中可能遇到的两种情况：

第一种：从始点开始的作业的最早开始时间为 0，即 $ES(i, j)=0$。

第二种：网络中任一作业的最早开始时间，等于它的紧前作业的最早开始时间加上该紧前作业的作业时间之和，若紧前作业有多个，取时间之和中最大的一个，即

$$ES(i, j)=\max\{ES(h, i)+t(h, i)\} \quad (i, j=1, 2, 3, \cdots, n)$$

式中，$ES(h, j)$ ——紧前作业的最早开始时间

$t(h, i)$ ——紧前作业的作业时间

(2) 作业的最早结束时间 $EF(i, j)$。

一项作业的最早结束时间就是它的最早开始时间加上该作业的作业时间．即

$$EF(i, j)=ES(i, j)+t(i, j) \quad (i, j=1, 2, 3, \cdots, n)$$

(3) 作业的最迟结束时间 $LF(i, j)$。

一项作业的最迟结束时间是指截至这个时间，工作必须全部完成，否则就要影响它紧后的各个作业的按时开始。用符号 $LF(i, j)$ 表示，其计算顺序是从终点向始点倒推。计算过程中也可能遇到两种情况：

第一种：与终点相接的作业的最迟结束时间等于这些作业的最早结束时间中最大的一个，即：

$$LF(i, j)=\max_{i}\{EF(i, j)\}$$

第二种：网络中任一作业的最迟结束时间，等于它的紧后作业的最迟结束时间减去该紧后作业的作业时间所得的差，若紧后作业有多个，则取时间之差中最小的一个，即

$$LF(i, j)=\max_{k}\{LF(j, k)-t(j, k)\} \quad (i, j=1, 2, 3, \cdots, n-1)$$

式中，对 k 求最小。各项作业的最迟结束时间的计算结果，标在网络图中各个"Δ"形符号中。

(4) 作业的最迟开始时间 $LS(i, j)$。

为了不影响其紧后作业的按时开始，每项作业应有一个最迟开始时间，用 $LS(i, j)$ 表示。它可以通过将作业的最迟结束时间减去该工作的作业时间求得。即

$$LS(i, j)=LF(i, j)-t(i, j) \quad (i, j=1, 2, 3, \cdots, n)$$

(5) 作业总时差 $TF(i, j)$。

作业总时差，是指在不影响整个计划完工期限的条件下，该项作业可以推迟开始或完工的最大机动时间，用符号 $TF(i, j)$ 表示。因此，作业总时差可以通过该项作业的最迟结束时间减去最早开始时间再减去作业时间求得。即

$$TF(i, j)=LF(i, j)-ES(i, j)-t(i, j) \quad (i, j=1, 2, 3, \cdots, n-1)$$

从式中可以看出，作业总时差还可以用一项作业的最迟结束时间减去该项作业的最早结束时间，或者用该项作业的最迟开始时间减去最早开始时间求得。

某项作业的总时差越大，则其推迟开始或完成的机动时间也越大。因此，根据作业总时差可以确定关键作业和找出关键路线。作业总时差为零的工作就是关键作业，也就是没有任何机动余地的作业。而关键路线是指从工程开始到结束占用时间最长的作业路线，即所有作业总时差均为零的作业连接而成的从始点到终点的路线，就是关键路线。

计算网络时间，确定关键路线一般用图上法和表格法，复杂的网络图要运用电子计算机进行计算。

第一，图上法。图上法就是根据前面介绍的网络时间的计算方法和程序，一边看图，一边计算，并将计算的结果标在图上。将工序总时差为零的活动连接起来的路线即网络图的关键路线。关键路线的所用时间就是工程项目的总工期。网络图的关键路线一般为一条，但也可能有几条关键路线。为了突出关键路线，可用粗实线或双线将它标出来。

第二，表格法。表格法是先把工序总时差用结点表示的计算公式，制作一个合适的表格，然后按照已画好的网络图和结点时间函数将有关数据填入表内，再在表上计算各工序的总时差，找出关键工序和关键路线。表格法计算结果与图上法一致。利用表格法的优点是当网络图的工序数目很大时，可避免计算出错或遗漏，并可用计算机进行计算。

例：现以某项计划为例，该项计划的作业明细表如表 3—1 所示。根据表中资料绘制网络图。

表 3—1　　某项计划作业明细表

作业代号	紧后工序	作业时间（天）
A	D	3
B	EG	2
C	F	4
D	G	5
E	H	7
F	H	8
G	—	8
H	—	6

解：第一步，绘制初步网络图，如图 3—3 所示。

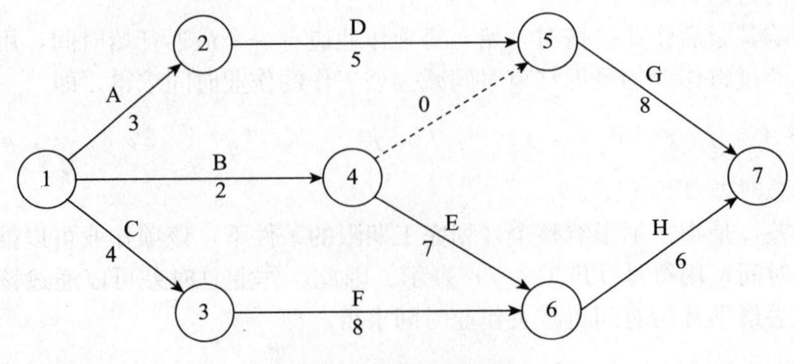

图 3—3　初步网络图

第二步：计算网络时间，标于网络图上，如图 3—4 所示。确定关键路线为①→③→⑥→⑦，即 C—F—H 作业，总工期为 18 天。

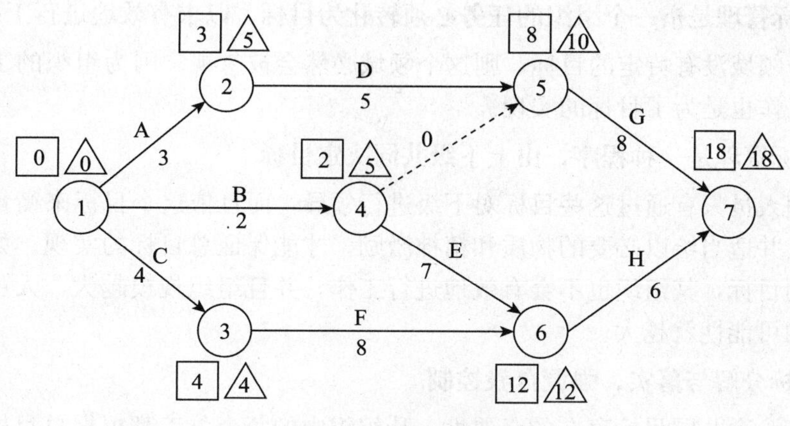

图 3—4 完整网络图

第三节 目标与目标管理

目标是使命或宗旨的具体化，它是指个人或组织根据自身的需求而提出的在一定时期内经过努力要达到的预期成果。目标能够为管理决策确立方向，并可作为标准用以衡量实际的成效。良好的目标是组织获得成功的基础和保障，实现组织战略的必备手段。

一、目标管理的概念

当今有许多组织都在帮助其员工设定绩效目标，以便实现组织目标，这可以通过一种叫目标管理（简称 MBO）的过程加以实现。

目标管理是指这样一个系统：由上、下级共同决定具体的绩效目标，首先确定出整体目标，将组织的整体目标转换为组织单位和成员的目标，层层分解，逐级展开，采取保证措施，定期检查目标的进展情况，依据目标完成过程中的具体情况来进行考核，从而有效地实现组织目标。

简言之，所谓目标管理就是指组织内部各部门乃至每个人为实现组织目标，自上而下地制定各自的目标并自主地确定行动方针、安排工作进度、有效地组织实施和对成果严格考核的一种系统的管理方法。

目标管理是一个全面的管理系统，它用系统的方法，使许多关键管理活动结合起来，它将整体目标细分为组织中的单位与个人的具体目标，所以目标管理既是自下而上进行，也是自上而下进行的，其结果是形成了一个不同层次之间目标相连的层级体系。如果组织中所有人都达到了各自的目标，那么单位的目标也就达到了，这样，组织的整体目标也就会实现。所以，可以把目标管理看作将每一工作的目标导向整个组织的目标。

二、目标管理的基本思想

（一）目标管理是指一个组织的任务必须转化为目标，以求有效地进行工作

如果一个领域没有特定的目标，则这个领域必然会被忽视。因为组织的工作往往以目标为准绳，工作也是为了目标的实现。

（二）目标管理是一种程序，由上下级共同决定目标

各级管理人员只有通过这些目标对下级进行领导，而且依这个目标来衡量下级的工作或贡献大小，并适当给以必要的物质和精神激励，才能保证总目标的实现。如果一个企业没有一个共同目标，其组织也不会有效地进行工作，并且组织规模越大，人员越多，产生冲突和浪费的可能性就越大。

（三）目标分解与落实，强调自我控制

正是由于一个共同目标存在的必要性，让组织中的每个员工都根据总目标来制订个人目标，并积极努力达到个人目标，进而实现组织的总目标，然后，在目标管理的实施阶段和评价阶段，充分信任员工，发扬民主并下放权力，让员工实行自我控制，依靠个人力量，独立完成各自的目标。

（四）考核依据

在考核时，严格依据每个员工的实际贡献如实进行评定，做到实事求是，这也是尊重员工的表现，这样，可以进一步激发员工的工作热情，充分发挥员工的积极性、主动性和创造性。

目标管理与危机管理、压制管理不同。危机管理是指管理者平时无所事事，只有在发生意外时才忙成一团，是一种“消防队救火式”的管理方式。压制管理，是指管理者每时每刻都紧盯着他的下属，是一种“监工式”的管理方式。而目标管理与这两种管理方式截然不同，企业的管理者在进行计划、组织、领导、控制等管理工作时，事先怀有“目标”，在执行过程中，充分相信员工，有条不紊，紧张而不慌乱，以达到“目标”的程度评价管理效能的优劣，因此，目标管理既融合了泰勒的科学管理学说，又渗入了梅奥的人际关系学说，是一种根据工作目标来控制每个员工行动的管理方法。它的目的是通过目标的激励，来刺激员工的上进心和成功欲，以达到总目标。

三、目标管理的基本特点

（一）整体性

目标管理体现了系统论和控制论的思想，它是把组织目标作为一个系统看待，是经过总体思考而产生的。也就是在确定总目标的时候，就已经充分考虑了分目标的分解和落实，形成完整的目标体系。

（二）目的性

目标管理要求组织确定下来的目标必须明确、具体，具有较高的清晰度。清晰度就是指目标的简洁程度。第一，组织在确定具体项目时应突出重点，在结构上，每个工作方面最好为一项目标；第二，目标的文字表达要简单明了，使员工易于记忆和理解。

（三）层次性

目标具有层次性，目标管理相应也有层次性，总目标经过逐级分解之后，层次就显示出来了，重要的是怎样才能保持层次性。如果层次稳定下来，也就实现了目标管理；如果层次稳定不下来，实际上目标分解就没有落实，目标管理必然流于形式。

层次性稳定的根本问题在于合理授权。在目标管理中，科学的领导应当只抓两项工作：一是根据组织的总体目标向下一层次发出指令信息，最后考核指令的执行结果；二是协调下一层次各单位（部门）之间的关系，对有争议的问题做出裁决。

（四）民主性

目标管理的重要原则之一是自我控制，经过目标分解，应当有利于提高人的主动性和创造性。目标管理的民主性，体现在制定目标时要广泛实行民主参与，使员工对目标的意义有充分的了解，满足员工自我表达的需要，而且，员工主动介入制订和控制目标，能促使他们约束自己的行为。当目标确定之后，对于选择什么样的方法去实现目标，应当给执行者留有较大的自由度。无论目标的分解如何细，不体现民主性的都不是真正的目标管理。

四、目标管理的基本过程

纵观目标管理工作的实践是怎样取得成功的，我们便能看出目标管理的重要性。由于各组织的活动性截然不同，目标管理的过程也不尽一样，可以分为以下几个步骤。

（一）确定总目标

企业在确定总体目标时，必须注意到目标的可分解性，就是说，不是主观地分解目标，而是根据目标的实际需要分解目标。总体目标的可分解性涉及许多方面的问题，但最主要的是利益问题。就我国企业的现状来看，职工利益与企业利益相背离是实行目标管理的障碍。这一问题如不能解决，职工不会主动去关心企业的目标，企业目标得不到落实，也就失去了可分解性。企业必须承认员工的利益和权利，但员工的利益只有与企业的利益挂起钩来才能实现。解决这一问题是实行目标管理的前提条件。

决策理论学派的代表人物西蒙和马奇指出：确定企业目标应看成是由经营者、员工、股东、消费者、中间商参加所构成的共同行为，个人的目的在企业中是通过诱因和贡献的平衡来实现。企业目标的确定应遵循的原则是：第一，要以市场需求为依据，体现企业发展的战略思想；第二，在一定的价值观的支配下，提高企业的经济效益；第三，从实际出发，最有效地利用企业的有限资源；第四，要先进合理，应当是经过努力可以达到的；第五，要提高目标的清晰度。

按照系统论的原则，确定目标时应当保证目标之间的整体性，要按照先整体后局部的原则，经过由整体到局部，由长远到近期，由专业到岗位，由总体到层次的全面考虑之后，再确定目标体系。

（二）目标分解

当企业总体目标确定之后，如何具体地将目标落实下去，这就是目标的展开问题。目标展开应包括以下工作：

1. 目标分解

从形式上看，目标分解就是将目标层层划开，大划中、中划小，一直分解到班组和个人。在分解过程中，一定要理解这样做的目的，它的实质性是一种自上而下层层展开，自下而上层层保证的过程。在企业中，目标分解是一项具有艺术性的工作，不能把目标分解理解为“目标均摊”，目标分解首先要将总体目标分解为专业目标，然后将专业目标经分解再落实到基层，形成基层的综合目标。经过层层分解，就形成了一个由综合到专业，再由专业到综合的有机分解过程。

2. 目标协商

在目标协商这一点上，充分体现着目标管理的特征。目标协商，是指目标在分解过程中，企业上下级之间围绕企业目标的分解、层次目标的落实所进行的沟通和意见商讨。目标协商是目标管理不可缺少的环节，它从根本上改变了过去上级往下级压任务，下级讨价还价的不正常现象。因此，目标协商有以下作用：(1) 能使上下级的目标统一。由于层次目标主要是各层次根据企业目标自己制订的，有可能产生偏差，通过协商可以消除。(2) 可以加深执行者对目标的理解。通过目标协商，下级可以认识实现目标的意义。在协商过程中，上级可以向下级讲解为什么要实现目标，使员工增强完成目标的荣誉感和责任感；同时，还能促使员工树立全局观念，这就为以后进行横向协调打下基础。(3) 可以消除下级的顾虑。经过协商之后，下级掌握了更多情况，了解实现新目标的条件，就会提高实现目标的信心。(4) 目标协商实现了员工民主参与。民主参与使员工摆脱了受驱使的感觉，感受到自身价值的实现，从而有利于调动员工的工作积极性。

3. 对策展开

当目标确定之后，实现目标的关键在于抓住主要问题，制订措施及时予以解决。对策展开的实质就是解决问题。

4. 明确目标责任

它不仅包括实现目标的质量标准和承担责任的项目，还包括向有关方面提供保证，同时配以奖惩措施。这些都应以明确的方式表示出来，使目标的执行者随时都可以检查自己的目标实现程度。若没有明确的责任加以约束，总体目标最终难以实现。

5. 编制目标展开图

目标展开图是以图表的方式，将目标管理所要实现的内容表示出来，图表方式比较直观，目标的分解、对策、责任、标准一目了然，而且还能使人们了解目标体系结构和自己在目标体系中所处的地位。目标展开图公布于众，有利于人们把握实现目标的进度，同时也便于讨论和分析问题。

(三) 目标的实施

目标的实施阶段就是目标实现过程，这一阶段的工作质量直接影响着目标成效。为了保证各层次、各成员能实现目标，必须授予相应的权力，使之有能力调动和利用必要的资源，保证目标实施有效地进行。这一阶段包含的内容如下：

1. 编制计划

经过目标分解和协商之后，各个部门和各个岗位所需完成的目标已经确定下来，目标分解解决的是每个部门应该做什么的问题，而编制计划则是要解决什么时候做什么的问题。因此，在目标分解的基础上还要编制计划。

编制计划实际上就是制订实现目标的措施和确定实现目标的手段，在目标管理中，这一步虽然要由目标执行者自己进行，但绝不等于放任自流，而是要求领导者给予必要的协助。如提出各种建议，提供各种信息，组织各种沟通交流活动等。力图使制定出的计划更加严密和切实可行，同时也更加符合总体目标的要求。

2. 自我控制

自我控制是目标管理的一个十分重要的特征。它是员工按照自己所承担的目标责任，按照目标责任的要求，在目标实施过程中进行自主的管理。由于受控于目标，不会出现自由放任的现象。

自我控制采用的主要方法是自我分析和自我检查，而在实现目标的过程中，不断地总结经验与教训，通过一定的反馈方式，把握目标的实现程度；通过将实现程度与目标进行对比，从中找出差距与不足，并研究实现目标的有效方法。自我控制对目标的实现起着积极的作用。

自我控制并不意味着脱离领导，而是要建立新型的上下级协作关系。实现这种类型的关系要做到：第一，要保持一定的沟通，及时汇报目标的实施情况和存在问题，使上级掌握工作进度，以便取得领导的支持和指导；第二，实施的情况要及时反馈给协作部门，以便实现相互间的良好配合，纵向和横向关系要做到制度化。

3. 监督与检查

目标的实施主要是靠员工的自我控制，但并不排斥管理者对目标实施进行必要的监督和检查。这是因为在实施目标的过程中，难免在局部会出现不利于总体目标实现的行为。通过监督和检查，可以对好的行为进行表扬和宣传，对偏离目标的现象及时指出和纠正，对实施中遇到的问题及时给予解决，从而保证目标的最终实现。

监督和检查的内容包括进度、数量和质量等。通过监督和检查可以实现对偏差的调整，并保证完成目标的均衡性，实现有效的协作和信息沟通。

（四）目标成果的评价

目标成果的评价是实施目标管理过程中不可缺少的环节，它可以起到激励先进和教育后进的作用。目标成果评价的步骤大致是这样的：先由执行者进行自我评价，并填入目标卡片中，送交上级主管部门；然后再由上级实事求是地给予评价，确定其等级。

进行评价的依据主要是目标的完成情况。同时，包括目标的困难程度和为完成目标的努力程度。若在执行目标过程中，由于各方面情况的变化对目标进行了必要的修整，则还应包括修正部分，对目标完成情况的考核一定要有说服力，能充分体现职工实际业绩的好坏。而且，考核的具体办法应事先就规定好，让员工做到心中有数，具体的考核评价办法，可由企业根据自身的实际情况确定，其原则就是要能准确真实地反映员工的绩效。

（五）实行奖惩

根据评价结果实行奖惩，评价考核一定要同物质及精神奖励结合起来，体现多劳多得。评价考核工作是否公平、合理，是否照顾到了大家的利益，这对下期工作的影响是很大的。因此，企业领导人一定要谨慎抓好这项工作。

（六）新的目标管理循环

目标成果评价与奖惩，既是对某一阶段组织活动效果以及组织成员贡献的总结，也为下一阶段的工作提供参考和借鉴。在此基础上，再制订新的目标，开始目标管理的新一轮循环。

五、目标管理的应用——PDCA 循环

PDCA 循环的概念最早是由美国质量管理专家戴明提出来的，PDCA 循环又叫“戴明循环”。熟练掌握和灵活运用 PDCA 循环方法，对于提高质量管理体系运行的效果和效率十分重要。PDCA 循环理论可以存在于所有领域，既可以应用于人们的专业工作，也可以应用于日常生活，它被人们持续地、正式或非正式地、有意识或无意识地使用于自己所做的每件事和每项活动。

（一）PDCA 循环的模式

PDCA 方法可适用于所有过程。其模式可简述如下：

P（Plan）——计划：根据顾客的要求和组织的方针，为提供结果设计建立必要的目标和过程；

D（Do）——实施：实施过程；

C（Check）——检查：根据方针、目标和产品要求，对过程和产品进行监视和测量，并报告结果；

A（Administer）——处理：采取措施，以持续改进过程业绩。

（二）PDCA 循环的主要步骤

PDCA 循环是现场质量保证体系运行的基本方式，它反映了不断提高质量应遵循的科学程序。下面以全面质量管理为例介绍 PDCA 管理循环的主要步骤。

（1）P：计划。在开始进行持续改善的时候，首先要进行的工作是计划。计划包括制订质量目标、活动计划、管理项目和措施方案。计划阶段需要检讨企业目前的工作效率、追踪运行效果和收集过程中出现的问题点；根据收集到的资料，进行分析并制订初步的解决方案，提交公司高层批准。计划阶段包括四项工作内容：

第一，分析现状。通过现状的分析，找出存在的主要质量问题，尽可能以数字说明。

第二，寻找原因。在所收集到的资料的基础上，分析产生质量问题的各种原因或影响因素。

第三，提炼主因。从各种原因中找出影响质量的主要原因。

第四，制订计划。针对影响质量的主要原因，制订技术组织措施方案，并具体落实到执行者。

（2）D：实施。将制订的计划和措施具体组织实施和执行。将初步解决方案提交给公司高层进行讨论，在得到公司高层的批准之后，由公司提供必要的资金和资源来支持计划的实施。

在实施阶段需要注意的是，不能将初步的解决方案全面展开，而只在局部的生产线上进行试验。这样，即使设计方案存在较大的问题时，损失也可以降低到最低限度。通过试

验形式，可以检验解决方案是否可行。

（3）C：检查。将执行的结果与预定目标进行对比，检查计划执行情况，看是否达到了预期的效果。按照检查的结果，来验证生产线的运作是否按照原来的标准进行，或者原来的标准规范是否合理等。

生产线按照标准规范运作后，分析所得到的检查结果，寻找标准本身是否存在偏差。如果发生偏差，重新策划，重新执行。这样，通过暂时性生产对策的实施，检验方案的有效性，进而保留有效的部分。

（4）A：处理。对总结的检查结果进行处理，成功的经验加以肯定，并予以标准化或制订作业指导书，便于以后工作顺利开展；对于失败的教训也要总结。对于没有解决的问题，应提到下一个 PDCA 循环中去解决。

（三）PDCA 循环的特点

1. 大环带小环

如果把整个企业的工作作为一个大的 PDCA 循环，那么各个部门、小组还有各自小的 PDCA 循环，就像一个行星轮系一样，大环带动小环，一级带一级，有机地构成一个运转的体系。见图 3—5。

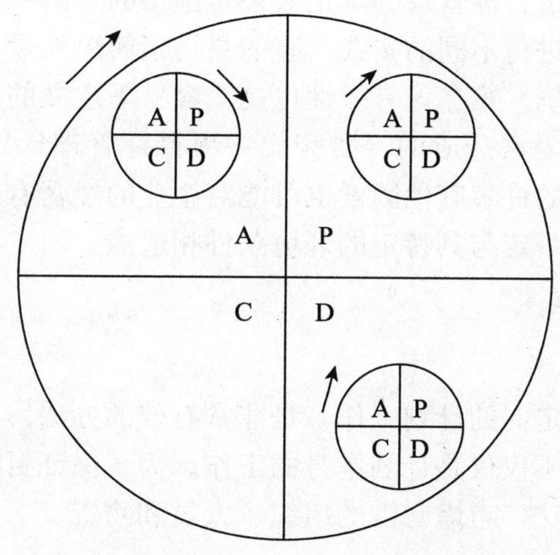

图 3—5 大循环套小循环

PDCA 循环中的 A 是关键环节。若没有此环节，已取得的成果无法巩固，人们的质量意识可能没有明显提高，也提不出上一个 PDCA 循环的遗留问题或新的质量问题。所以，应特别关注 A 阶段。

2. 阶梯式上升

PDCA 循环不是在同一水平上循环，每循环一次，就解决一部分问题，取得一部分成果，工作就前进一步，水平就提高一步。到了下一次循环，又有了新的目标和内容，更上一层楼。图 3—6 表示了这个阶梯式上升的过程。

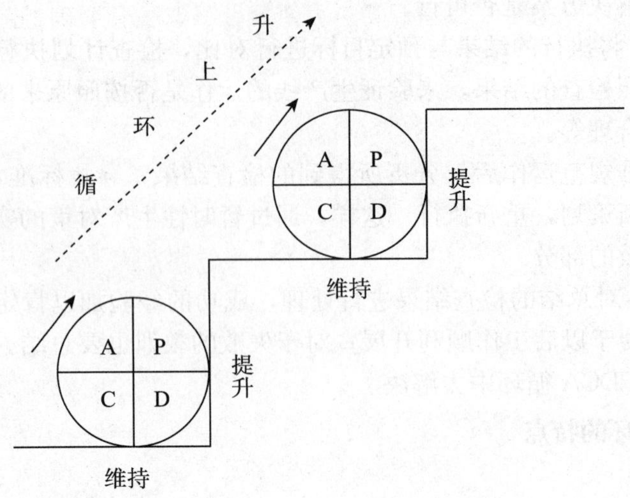

图 3—6　阶梯式上升

六、目标管理的优缺点

管理实践表明，要评价目标管理的真正效果是困难的。第一，目标管理是由各种各样的组织给出不同的定义和进行不同的实践。有的只是指简单地设置目标，而有一些则把它看作是一个全面的管理系统。第二，有效性也是不容易下定义的，而且业绩的增减可能是由于目标管理以外的其他因素造成的，要完成一项目标管理计划可能用 2～5 年的时间，在这期间，这个计划以外的许多其他因素也可能对企业的经营有影响。那么，如果一个目标管理方法产生效果，它一定与其特定的环境条件相适应。

（一）目标管理的优点

1. 有利于提高管理效率

用目标和预期结果来定向的计划工作，是非常有效的办法。目标管理迫使管理人员去考虑关于计划的效果，而不仅仅是计划本身的工作。为了保证目标的实现，它也需要管理人员去考虑实现目标的方法，考虑必需的组织、人员和物资。

2. 有利于明确组织任务和结构

目标管理可以迫使管理人员弄清组织的任务和结构。在可能的范围内，各个岗位应该围绕所期望的关键目标建立起来，各个岗位应有人负责，从而尽可能地把主要目标所要取得的成果落实到对实现目标负有责任的岗位上。

3. 可以有效地调动人们的积极性、创造性和责任心，鼓励他们专注于自己的目标

人们不再只是做工作、执行指示、等待指导和决策等被动行为；他们实际上是参与制定目标，且都是明确规定目标的个人；他们已有机会把自己的想法纳入计划之中了；他们了解自行处理的范围，而且能从上级领导那里取得帮助，以保证他们完成自己的目标。这些都是有助于承担责任感的因素。

4. 更有效地实施控制

控制就是测定工作，就是采取措施以纠正在计划实施中出现的偏差，以确保目标的实

现。管理控制系统的一个主要问题是要知道去监视什么，一套明确的考核目标就是进行监视的最好指导。

（二）目标管理的缺点

1. 对目标管理的原则阐明不够

“目标”二字看起来很简单，但是要把它付诸实施的管理人员，必须对它有很好的领会和了解。他们必须依次向下层人员解释目标管理是什么，它怎样起作用，为什么要实行目标管理，在评价绩效时它起什么作用，以及参与目标管理的人能够得到什么好处。但是实际上，许多管理人员对目标管理的基本思想理解不深。

2. 目标难以确定

真正可考核的目标是很难确定的，为了追求目标的可考核性，人们可能过分使用定量目标，而且不宜用数字表示的一些领域里也企图利用数字，或者对一些项目最终成果用数量表示有困难的重要目标，他们可能降低等级。例如，一个良好的企业形象，可能成为企业的关键目标领域，但它用数字表示是困难的，为了体现目标管理的思想，可能会导致定量化的目标无法充分反映组织的总体要求，甚至会降低标准。

3. 目标短期化

在大多数的目标管理计划中，所确定的目标一般都是短期的，很少超过一年，常常是一个季度或更短。然而组织强调短期是危险的，会损害长期目标的实现。因此，为防止短期目标导致的短期行为，上级管理人员必须从长期角度提出总目标和制定目标的指导准则。

4. 不灵活

目标管理要取得成效，就必须保持其明确性和稳定性，如果目标经常改变，就难以说明它是经过深思熟虑和周密计划的结果，这样的目标是没有意义的。计划是面向未来的，而未来存在许多不确定因素，使得必须根据已经变化了的环境对目标进行修正。目标的改变可能导致目标前后不一致，给目标管理带来困难。

即使目标管理在某些情况下有这些困难，但实际上，这种管理方法所强调的是设置目标，人们一直认为这是计划工作和管理工作不可缺少的部分。这就要求组织成员要不断探索，总结经验，以取得最好效果。

本章小结

计划是指对组织在未来一段时间内的目标和实现目标途径的策划与安排，即计划工作，它为组织提供了通向未来的目标与途径。工作计划是指根据环境的需要和组织自身的实际情况，通过科学的预测，确定在未来一定时期内组织所要达到的目标以及实现目标的途径。计划的内容都包括“5W1H”。计划的作用包括：预测未来，降低风险；统一行动，实现目标；规范流程，科学管理；明确标准，进行控制。计划的形式包括目的或使命、目标、战略、策略、政策、程序、规则、规划、预算。根据划分标准的不同，计划可以区分为不同的类别。根据时间的长短划分可分为长期计划、中期计划和短期计划。根据对企业经营影响范围和影响程度可分为战略性计划和战术性计划。根据计划内容的详尽程度来划分可分为指导性计划和具体性计划。根据问题的重复性程度划分可分为程序性计划和非程序性计划。

计划编制的原则：与国家宏观经济政策、计划和规划相一致原则；综合平衡原则；经济效益原则；灵活性原则；远粗近细、宏粗微细原则；跟踪反馈原则。计划编制的过程：估量机会；确定目标；确定前提条件；拟定各种可行方案；评价备选方案；选择方案；拟订派生计划；预算。计划编制的方法：滚动计划法、甘特图法、PERT网络计划技术等。

目标管理就是指组织内部各部门乃至每个人为实现组织目标，自上而下地制订各自的目标并自主地确定行动方针、安排工作进度、有效地组织实施和对成果严格考核的一种系统的管理方法。目标管理具有整体性、目的性、层次性、民主性等基本特点。目标管理的基本过程是确定总目标、目标分解、目标的实施、目标成果的评价、实行奖惩、新的目标管理循环。"P（计划）—D（实施）—C（检查）—A（处理）"的PDCA循环的主要步骤。尽管目标管理方法有很多优点，但也有若干的弱点和缺点。

思考与练习

一、单项选择题

1. 在管理的基本职能中，属于首位的是（　　）。

A. 计划　　B. 组织

C. 领导　　D. 控制

2. 计划编制的过程中第一步是（　　）。

A. 确定目标　　B. 估量机会

C. 确定前提条件　　D. 拟定各种可行方案

3. 管理的计划职能的主要任务是要确定（　　）。

A. 组织结构的蓝图　　B. 组织的领导方式

C. 组织目标以及实现目标的途径　　D. 组织中的工作设计

4. 当环境存在较高程度的不确定性时，（　　）就具有更大的现实意义。

A. 具体性计划　　B. 指导性计划

C. 战略性计划　　D. 战术性计划

5. 战略性计划通常由（　　）来制订的。

A. 基层管理者　　B. 中层管理者

C. 高层管理者　　D. 所有管理者

6. 关键路线是PERT网络中（　　）的事件和活动的序列。

A. 花费时间最短　　B. 花费时间最长

C. 路线最短　　D. 路线最长

7. PERT网络分析技术是一种利用（　　）实现计划控制的技术。

A. 预算　　B. 程序

C. 统计资料　　D. 网络图

8. 目标管理中目标分解的方向是（　　）地制订各自的目标。

A. 自上而下　　B. 自下而上

C. 自左向右　　D. 自右向左

9. 关于计划，下列说法错误的是（　　）。

A. 计划的制订要具有一定的灵活性以防意外变化

B. 非程序性计划是对非例行活动所做的计划

C. 短期计划具体规定了最近的时间段中应该从事的各种活动

D. 战略性计划服务于战术性计划

10. 对例行活动所做的计划是（　　）。

A. 程序性计划　　B. 非程序性计划

C. 长期计划　　D. 短期计划

二、多项选择题

1. 计划的作用包括（　　）。

A. 预测未来，降低风险　　B. 统一行动，实现目标

C. 规范流程，科学管理　　D. 明确标准，进行控制

2. 战术性计划具有（　　）的特点。

A. 内容具体　　B. 内容明确　　C. 长期性　　D. 整体性

E. 可操作性强

3. 非程序性计划可应用于（　　）。

A. 新产品的开发　　B. 工人的操作规程

C. 原材料的出入库　　D. 重大的技术革新

E. 人才招聘

4. 为了对备选方案进行准确的评价，计划工作者需要做好以下工作（　　）。

A. 确定组织的目标　　B. 确定具体评价指标

C. 确定计划的前提条件　　D. 确定指标的权重

5. 战略计划与作业计划相比较，下列说法准确的是（　　）。

A. 战略计划的内容具有纲领性　　B. 战略计划的对象是组织全局

C. 战略计划的任务是设立目标　　D. 战略计划的风险性较高

三、简答题

1. 解释计划内容的“5W1H”。

2. 计划具有哪些作用？

3. 计划的形式有哪些？

4. 计划是如何划分的？

5. 计划编制的原则有哪些？

6. 简述计划的编制过程。

7. 简述滚动计划法。

8. 目标管理有哪些优缺点？

四、绘图题

1. 假定你是一家建筑公司的施工经理，你被分派监督一座办公楼的施工过程，你必须决定建这座办公楼需要多长时间。你仔细地将整个项目分解为活动和事件，下表概括了主要事件和你对完成每项活动所需时间的估计。

要求：绘制网络图，确定关键路线，计算工程完工期。

办公楼建设的主要事件及其时间估计

事件	描述	期望时间（周）	紧前事件
A	审查设计和批准动工	10	—
B	挖地基	6	A
C	立屋架和砌墙	14	B
D	建造楼板	6	C
E	安装窗户	3	C
F	搭屋顶	3	C
G	室内布线	5	D，E，F
H	安装电梯	5	G
I	铺地板和嵌墙板	4	D
J	安装门和内部装饰	3	I，H
K	验收和交接	1	J

2. 某项工程的各工作及其持续时间如下表所示。

要求：绘制网络图，确定关键路线，计算工程完工期。

工作名称	工作持续时间（天）	紧前工作
A	15	—
B	15	A
C	14	A
D	10	B，C
E	6	B
F	6	D
G	1	D
H	30	E，G
I	8	F，H

五、案例分析

宝登的问题

20 世纪 90 年代中期，国家进行了金融体制改革，国有银行开始向商业银行转变，在这种形势下，各行纷纷打算拓展自己的业务。某银行也制订了一个长远规划：通过不断增设营业部，在五年之内，把每年的储蓄额提高到 20 亿元。规划中的另一个目标是，一旦每年的储蓄额达到了 20 亿元，那么年利润要达到 2 亿元。经过几年的努力，该行在各地开设了 20 个营业部，而且在规定的时间内也达到了储蓄额为 20 亿元的目标，只是有一件事出了差错：它不是赚了 2 亿元，而是亏损了近 5 000 万元，使自身陷入了困境，连掉头的机会也没有。

资料来源：赵涛：《管理学习题库》，天津，天津大学出版社，2005。

问题：

是什么原因使得该银行在生死攸关的利润指标上判断失误，而且差距如此之大？

第四章

组 织

学习要点

◇ 理解组织的含义、组织工作的内容、组织的分类
◇ 掌握组织结构的含义、类型
◇ 了解组织设计的定义、原则、横向组织结构设计和纵向组织结构设计
◇ 掌握组织变革的内容、动因、类型、阻力及其减少方法、过程与程序
◇ 理解组织发展的概念、未来组织的特征

引入案例

凯迪公司的困境

凯迪公司是上海市的一家中型企业，主要业务是为企业用户设计和制作商品目录手册。公司在浦东开发区和市区内各设有一个业务中心，这里简称A中心、B中心。

A中心内设有采购部和目录部。采购部的职责是接收用户的订单，并选择和定购制作商品目录所需要的材料，目录部则负责设计用户定制的商品目录。凯迪公司要求每个采购员都独立开展工作，而目录部的设计人员则须服从采购员提出的要求。

凯迪公司的总部和B业务中心都设在市区。B中心的职责是专门负责商品目录的制作。刘利是凯迪公司负责业务经营的主管，他经常听到设计人员抱怨他们受到的约束过大，从而无法实现艺术上的创新与完美。最近，刘利在听取有关人员的建议后，根据公司业务发展的需要，决定在B中心成立一个市场部，专门负责分析市场需求和挖掘市场潜力，并向采购员提出建议。市场部成立后不久，刘利听到了各种不同的意见。比如，采购员和设计员强烈反映说，公司成立市场部不但多余，而且干涉了他们的工作。对此，市场部人员则认为，采购员和设计员太过墨守成规、缺乏远见。刘利作为公司的业务经营主管，虽然做了大量的说服工作并先后调换了有关人员，但效果仍不理想。他很纳闷：公司的问题究竟出在什么地方？

资料来源：http：//www. docin. com/p－1325241572. html。

案例提示：企业组织结构是企业管理体制的基本框架，是企业做好管理的基础条件之一，是企业活力的来源。如果组织结构有问题，就很难有效地开展工作。良好的组织结构是规范管理、高效运作的首要前提。

第一节　组织与组织工作

管理是要在组织中进行的，如果不存在组织，也就不需要我们来研究管理活动了，没有组织工作，管理活动也无法开展。

一、组织的含义

所谓组织，就是为了达到某些特定的目标，经由分工合作及不同层次的权力和责任制度而构成的人的集合。例如，行政机关、企业、医院、部队等实体都是组织。组织作为人的结合不是简单的毫无关联的人相加，它是人们为实现一定的目的，有意识地协同劳动而产生的群体。它包括以下内容：

（一）目标是组织存在的前提

组织所做的各种努力，都是为了最终达到组织目标。例如，企业的目标是通过从事生产、流通和服务等活动而获得利润，医院的目标是为患者提供诊治服务获得经济效益和社会效益。

（二）分工与合作是组织运营并发挥效率的基本手段和前提

为了使组织有效运行，必须根据组织目标的需要，按照科学原则设计出组织的层次结构，即将组织划分成不同层次的职能部门，这些部门都将承担组织的部分特定工作，这就是职能分工。这种分工可以使不同性质的任务同步进行，大大提高工作效率。

（三）组织要有不同层次的权力和责任制度

这是由于分工之后，就要赋予每个部门乃至每个人相应的权力和责任，以便于实现组织的目标。权力和责任是达成组织目标的必要保证。

二、组织工作

作为一项管理职能，是指在组织目标已经确定的情况下，将实现组织目标所需要的各项业务活动加以分类组合，并根据管理幅度原则，划分出不同的管理层次和部门，将监督各类活动所必需的职权授予各层次、部门的管理人员，并规定这些层次和部门间的相互配合关系。组织工作职能的内容包括以下四个方面：

（1）根据组织目标设计和建立一套组织机构和职位系统。

（2）确定职权关系，从而把组织的上下左右联系起来。

（3）与管理的其他职能相结合，以保证所设计和建立的组织结构有效地运转。

（4）根据组织内外部要素的变化，适时地调整组织结构。

三、组织的分类

人们可以根据不同的标准，对组织进行不同的分类。在管理学中，组织的目标和组织是否由人为设计而成，通常是管理学者划分组织类型的两大基本标准。

（一）根据组织的目标不同分类

在现代社会中，组织的公共目标和非公共目标，构成了组织目标的两大类型，并对组织的不同类型具有深刻的影响，据此，人们可以把组织划分为公共组织和非公共组织。

1. 公共组织

公共组织是以实现公共利益为目标的组织，它一般拥有公共权力或者经过公共权力的授权，负有公共责任，以提供公共服务，包括以管理公共事务、供给公共产品为基本职能的组织。政府是典型的公共组织。除此之外，以特定的公共利益为目标，提供公共服务的非营利性的非政府组织，也构成了现代社会公共组织的重要组成部分。

2. 非公共组织

非公共组织一般不以公共利益为组织的目标，在市场经济条件下，作为市场主体的企业是典型的非公共组织，以营利为目的的社会中介组织也属于非公共组织。另外，在政治生活中，服务于非公共利益的特定利益集团属于非公共组织；在社会生活中，基于特定的宗教信仰而形成的宗教组织，基于特定的生活兴趣而形成的组织，一般也属于非公共组织。

（二）根据人为设定还是自发形成分类

根据这一标准，可以把组织划分为正式组织和非正式组织。

1. 正式组织

正式组织是为了有效实现组织目标，经过人为的筹划和设计，并且具有明确而具体的规范、规则和制度的组织。由此可见，正式组织具有明确的目的性，是管理者按照实现组织目标的要求而设定的，因此，它带有明确的管理者的意图和价值取向。正式组织一般具有如下特点：

（1）具有专业分工。按照组织总体目标及其分解目标和组织工作的特性，正式组织具有明确的内部专业化分工，并按照这些分工设置相应工作职位，配置资源。

（2）具有明确的科层。根据分工的要求，正式组织按照科层设计，配置人员，由此形成了组织人员之间的科层等级。正式组织的科层特点，还使得正式组织一般具有科层协调的要求和特征。

（3）具有法定的权威。正式组织是经过法定权力配置和职位授权的结构，因此，正式组织的管理活动具有合法权威性，以保证管理组织意志的贯彻和信息的沟通，这种权威性对于组织成员具有强制约束力。

（4）具有统一的制度性规范。正式组织一般制定统一的制度、规范和规则，以支撑组织的结构，保证组织的秩序，维持组织的正常运行，实现组织的目标和任务。

（5）组织形态相对稳定。在正式规划和建立的组织中，组织秩序和结构功能相对稳定，其制度规范和规则程序也相对稳定，因此，正式组织具有相对稳定的内部环境。

（6）职位承担者可以替代。正式组织按照工作要求设置职位，因此，担任职位工作的成员，必须符合职位的要求，如果特定成员不能达到职位的要求，则随时有被取代的可能。

（7）内部正式交换关系的存在。正式组织拥有自己的组织资源，因此，正式组织可以运用自己拥有的物质资源，换取组织成员的工作和能力发挥，这就使得正式组织与成员之间形成了物质交换关系。

2. 非正式组织

非正式组织是组织成员为了满足特定心理或情感需要而在实际活动和共同相处的过程中自发形成的团体。非正式组织一般具有的特点是：

（1）非正式组织的形成是基于特定的需要。非正式组织形成的组织成员的心理和情感需要是多种多样的，其中包括组织成员的情感交流、社会交往、获得社会承认和尊重的需要，包括组织成员获得理解、认同和安全的需要，也包括组织成员在遭受挫折或者威胁时，维护自己权利的需要等。一般来说，组织成员形成非正式组织的心理需要，都是正式组织所不能满足的。

（2）非正式组织没有明确的组织目标。与正式组织具有明确的组织目标不同，非正式组织只是基于组织成员的心理需要而形成的，本身并没有明确的组织目标。非正式组织形成的心理需要可能与它所存在的正式组织的目标指向是一致的，也可能是不一致的，但是，它并不以正式组织的目标作为自身追求或反对的目标。

（3）非正式组织是组织成员自发形成的。非正式组织是组织成员在实际工作接触和相处中自然和自发形成的，而不是组织的管理者按照特定目的人为构建的，因此，在一个正式组织中形成非正式组织是不以管理者的意志为转移的。就此而言，非正式组织是与正式组织共生的必然现象。

（4）非正式组织没有明确或者成文的制度和规则。一方面，非正式组织形成于组织成员的多种心理需要，产生于组织成员的自发行为；另一方面，特定非正式组织的形式和成员是经常变动的。因此，非正式组织的形成和实际存在并没有一定之规，它也没有正式组织的明确成文的制度性规定。

（5）非正式组织一般具有三种基本存在形式。水平集团，一般由地位大致相同，同属一个工作单元或者组织的成员构成，这是非正式组织的常见形式。垂直集团，由一个工作单元或者组织内不同层次和职级的人员组成。垂直集团形成的重要原因是组织成员之间具有特殊的利益或者心理需要。混合集团，由组织不同工作单元、不同地位或职级的成员交叉构成，在非正式组织中，混合集团往往呈现出复杂多样的特点。

非正式组织对于正式组织的功能具有两面性：

正面功能：它可以增强组织成员对于特定组织的归属感，从而形成有利于组织稳定和目标实现的凝聚力；它可以协调组织成员之间的关系，弥补组织成员之间由于能力和职位而形成的差异，调节他们之间的矛盾和纠纷，形成有利于组织成员协作的关系和氛围；它有利于组织成员的相互沟通，尤其有利于不同层次和职级的成员之间的沟通，不仅使得组织的管理者获得组织成员工作和心理的真实状况和信息，而且有利于形成和谐的管理者与被管理者的关系，从而有利于管理目标的实现；它可以在一定程度上调节组织成员的精神状态，提供组织成员宣泄其心理紧张、不安、焦虑的途径，从而有利于组织成员工作积极性的发挥；它可以为管理者在执行特殊管理任务时提供制度外的途径。

负面功能：组织成员形成非正式组织的心理需要与正式组织目标指向相反或者相悖时，会阻碍正式组织目标的实现；非正式组织以心理需要和情感为联系纽带，在组织实际运行中，往往会破坏以理性为基础的正式组织的制度和规则；非正式组织形成的人际集团，可能造成组织中的成员分裂，甚至造成与管理者抗衡的团体，从而严重妨碍组织的稳定和团结，妨碍管理者意志的贯彻和实际管理活动的进行。

四、组织结构

组织结构是指组织的各部门之间，根据权责关系确定的从属或并列关系的一种模式。组织结构是企业流程运转、部门设置及职能规划的依据，是工作任务如何进行分工、分组和协调合作的基础。集权与分权反映了组织的纵向职权关系，是指组织中决策权限的集中和分散程度。所谓集权，是指决策权在组织系统中较高层次上一定程度的集中；所谓分权，是指决策权在组织系统中较低层次上一定程度的分散。组织结构是组织的全体成员为实现组织目标，在管理工作中进行分工协作，在职务范围、责任、权利方面所形成的结构体系。组织结构是组织在职、责、权方面的动态结构体系，其本质是为实现组织战略目标而采取的一种分工协作体系，组织结构必须随着组织的重大战略调整而调整。组织结构的类型有直线制、职能制、直线职能制、事业部制、矩阵制、集团控股型、网络型等。

（一）直线制

直线制组织结构是最早使用也是最为简单的一种组织结构，又称单线制组织结构或军队式组织结构。直线制组织结构的组织中各种职位是垂直排列的，各级主管负责人执行统一指挥和管理的职能，不设专门的职能机构，如图 4—1 所示。

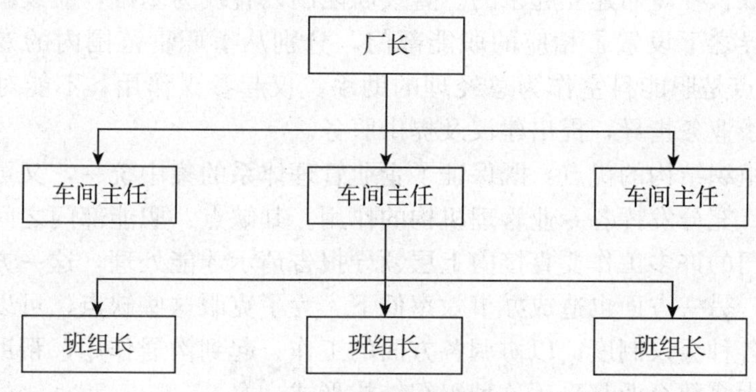

图 4—1　直线制组织结构

直线制组织结构的优点：结构比较简单，管理权力高度集中，决策迅速，指挥灵活。其缺点：要求最高管理者通晓多种专业知识，亲自处理各种业务，一旦企业规模扩大，管理工作复杂化，把所有管理职能都集中到最高管理者一个人身上，势必因经验、精力不足而难以胜任。因此，这种形式适用于规模较小、任务比较单一、人员较少的组织。

（二）职能制

职能制，又称多线制，是指在最高主管下面设置职能部门，各职能部门在其专项业务分工范围内都有权向下级下达命令和指示，直接指挥下属单位。下属单位既服从直线主管的命令指挥，又服从上级各职能部门的命令指挥。如图 4—2 所示，车间主任既接受厂长的指挥，又接受各职能部门的领导。

职能制组织结构的优点：适应现代生产技术比较复杂、管理分工比较细的特点，提高了管理的专业化程度，减轻了直线领导人员的工作负担。其缺点：妨碍了必要的集中领导和统一指挥；不利于建立和健全各级行政负责人和职能科室的责任制，在中间管理层往往会出现“有功大家抢，有过大家推”的现象；在上级行政领导和职能机构的指导和命令发

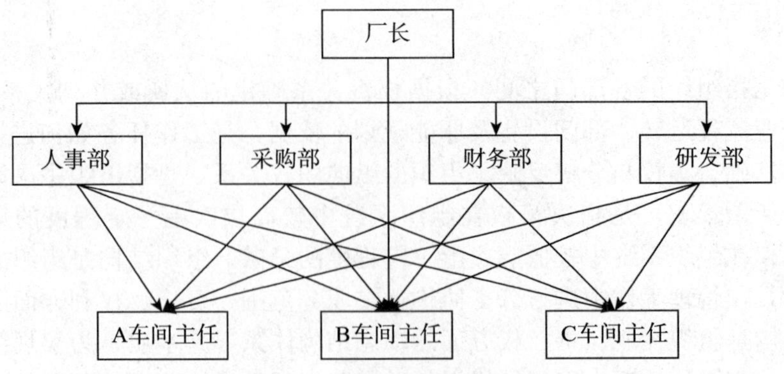

图 4—2　职能制组织结构

生矛盾时，下级就无所适从，影响工作的正常进行，容易造成纪律松弛，生产管理秩序混乱。由于这种组织结构存在明显的缺陷，现代企业一般不采用。

（三）直线职能制

直线职能制组织结构也叫直线参谋制组织结构。它是在直线制组织结构和职能制组织结构的基础上，取长补短而建立起来的。直线职能制以直线为基础，既设置了直线行政领导，又在各级领导之下设置了相应的职能部门，分别从事职责范围内的专业管理，如图4—3所示。其特点是职能科室作为总经理的助手，仅起参谋作用，不能对直线部门下达指令，但可以给予业务指导，提出建议及提供服务。

直线职能制组织结构的优点：既保证了企业管理体系的集中统一，又可以在各级行政负责人的领导下，充分发挥各专业管理机构的作用。其缺点：职能部门之间的协作和配合性较差，职能部门的许多工作要直接向上层领导报告请示才能处理，这一方面加重了上层领导的工作负担，另一方面也造成办事效率低下。为了克服这些缺点，可以设立各种综合委员会，或建立各种会议制度，以协调各方面的工作，起到沟通作用，帮助高层领导出谋划策。目前，绝大多数企业都采用这种组织结构形式。

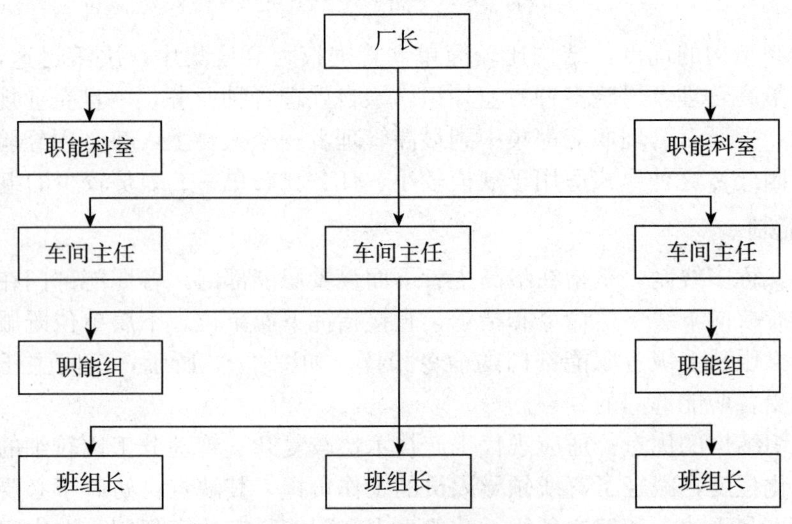

图 4—3　直线职能制组织结构

(四) 事业部制

事业部制（如图 4—4 所示）又称分权制，是指在集权的直线职能制中通过分权管理而形成的大型现代企业组织结构形式。即在总公司统一领导下，按产品、地区或市场划分成几个事业部，各事业部实行相对独立经营，独立核算，具有从生产到销售的全部职能。这是在总公司控制下的各个利润分中心，以各事业部为单位分别制订利润计划。其主要特点是集中政策、分散管理、集中决策、分散经营。

事业部制组织结构的优点：有利于总公司管理人员摆脱日常行政事务，集中精力考虑全局问题；各事业部主管摆脱事事请示汇报的限制，能自主处理各种日常工作，经营责任和权限明确，物质利益与经营状况紧密挂钩，更能发挥其经营管理的积极性；各事业部可集中力量从事某一方面的经营活动，实现高度专业化，整个企业可以容纳若干经营特点有很大差别的事业部，形成大型联合企业。其缺点：容易造成组织结构重叠、管理人员膨胀等现象；各事业部独立性强，考虑问题时容易忽略企业整体利益。事业部制是现代企业组织规模不断扩大的产物，是发达国家大型企业和跨国公司普遍采取的一种企业组织结构形式。

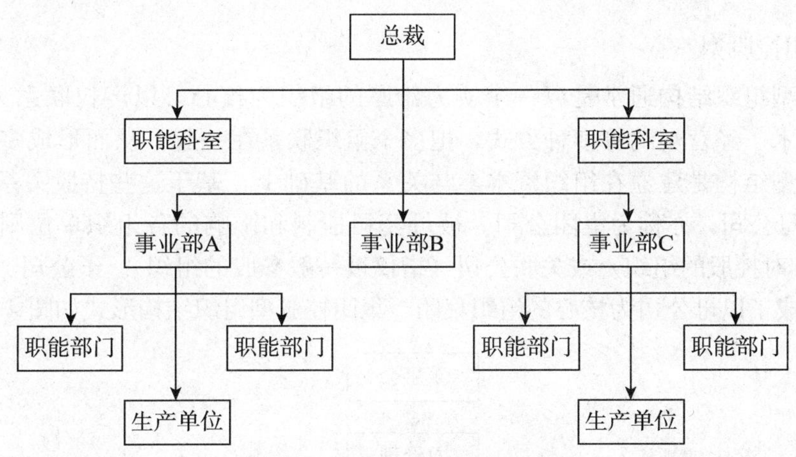

图 4—4 事业部制组织结构

(五) 矩阵制

矩阵制（如图 4—5 所示），也称为规划目标结构组织，是以成果及专业职能两个因素作为部门和人员结合基础的一种组织结构形式。即矩阵制组织由两个条线组成：一是相对固定的机构应包括组织日常性的业务经营机构，例如人事部、财务部、市场开发部、工程部等；二是设立项目或任务小组的临时机构，这类机构的目的是解决组织一定时期所面临的重要问题。如新产品开发、技术攻关、专项任务突击等。

矩阵制组织结构的优点：机动、灵活，可随项目的开发与结束进行组织或解散。由于这种结构是根据项目组织的，任务清楚，目的明确，各方面有专长的人都是有备而来的，因此在新的工作小组里，能沟通、配合，把自己的工作同整体工作联系在一起，为攻克难关、解决问题献计献策，同时又保留将职能专家组合在一起所具有的经济性。其缺点：项目负责人的责任大于权力，因为参加项目的成员都来自不同部门，隶属关系仍在原单位，所以项目负责人对他们管理困难，没有足够的激励手段和惩治手段。这种人员上的双重管理是矩阵制的先天缺陷。该组织结构适用于一些重大攻关项目上，企业可用来完成涉及面广的、临时性的、复杂的重大工程项目或管理改革任务，特别适用于以开发与实验项目为主的单位。

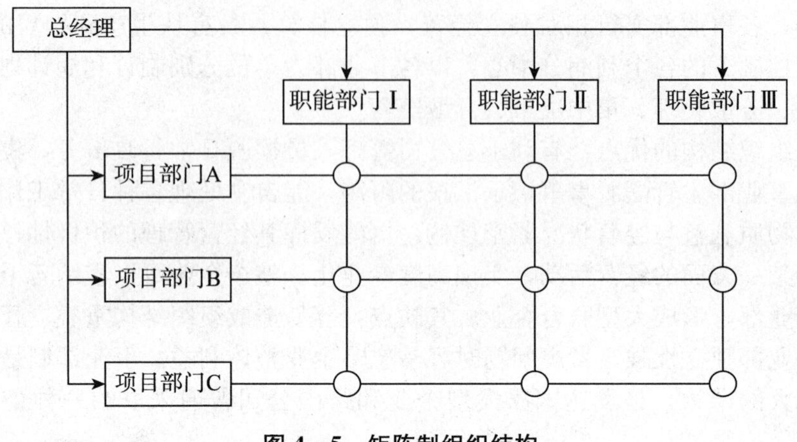

图 4—5　矩阵制组织结构

（六）集团控股型

集团控股型组织结构通常是以一个实力雄厚的组织为核心，以产权联系为主要纽带，通过产品、技术、经营契约等多种方式，把多个组织联系在一起，从而形成多层次的法人联合体。控股型结构是建立在组织资本参与关系的基础上，基于这些持股关系，持股权的大公司便成为母公司，亦称为集团公司。被母公司控制和影响的各组织单位则成为子公司（指被绝对或相对控股的组织）或关联公司（指仅被一般参股的组织）。子公司、关联公司和母公司一起构成了以母公司为核心的组织集团。集团控股型组织结构形式如图 4—6 所示。

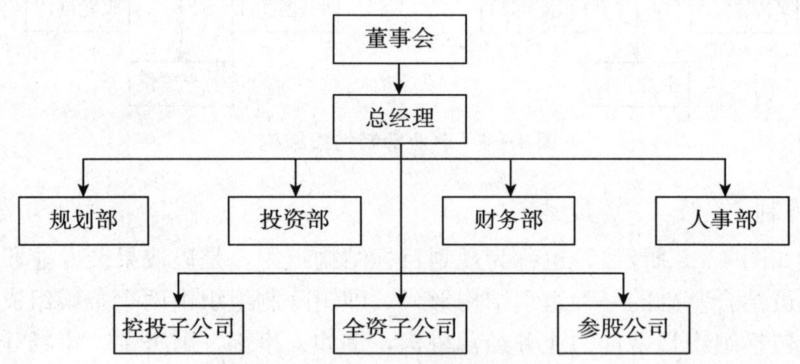

图 4—6　集团控股型组织结构

集团公司与它所持股的组织单位之间不是上下级之间的行政管理关系，而是出资人对被持股公司的产权管理关系。控制的主要手段是：集团公司凭借所掌握的股权向子公司派遣产权代表和董事、监事，通过这些人员在子公司股东会、董事会、监事会中发挥积极作用而影响子公司的经营决策。

集团控股型组织结构的优点：总公司对子公司具有有限责任，风险得到控制。大大增加企业之间联合和参与竞争的实力。其缺点：战略协调、控制、监督困难，资源配置也较难，缺乏各公司的协调，治理变得间接。

（七）网络型

网络型组织（如图 4—7 所示）是利用现代信息技术手段建立和发展起来的一种新兴组织结构，是一种只有很精干的中心机构，以契约关系为基础，依靠外部机构进行制造、销售或其他业务活动的组织结构形式。被联结在这一结构中的两个或两个以上的单位之间并没有正式的资本所有关系和行政隶属关系，但却通过相对松散的契约纽带，通过一种互惠互利、相互协作、相互信任的机制来进行密切合作。

网络型组织结构的优点：高度灵活；减少了自己创建相关业务部门的成本；组织集中精力做自己擅长的事情；组织规模不大，易于管理；所创造的人均效益往往较高。其缺点：缺乏对外包活动的有利控制；存在大量的沟通协调成本；以设计为核心业务的企业，在外包业务时容易导致设计创新泄密或被窃取。

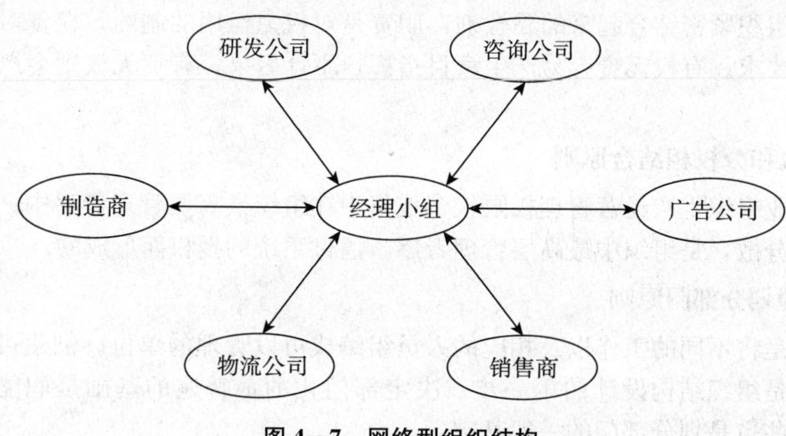

图 4—7 网络型组织结构

第二节 组织设计

一、组织设计的定义

组织设计是对一个组织的结构进行规划、构造、创新和再构造，以便从组织结构上确保组织目标的有效实现。组织结构的内涵表现为人们为实现组织目标而进行分工协作，在职务范围、责任、权利方面所形成的结构体系。具体表现在三个方面：

（1）组织结构的本质是员工的分工协作关系。

（2）设计组织结构的目的是实现组织目标。

（3）组织结构还可称为权责结构。

1）职能结构：完成组织目标所需的各项工作及其比例和关系。

2）层次结构：各管理层次的构成，又称组织的纵向结构。

3）部门结构：各管理部门的构成，又称组织的横向结构。

4）职权结构：各层次、各部门在权力和责任方面的分工及相互关系。

二、组织设计的原则

不同的组织通过应用组织结构设计原则的不同组合，构成不同的组织结构类型。随着环境的变化，组织也日益复杂化，组织结构设计的原则也在变化。不同的组织、部门应当根据自身面对的组织环境的情况，来考虑不同的设计，即应当采用系统的、应变的组织结构设计程序或原则。

（一）管理幅度与层次适度原则

组织工作的目的是使人们更有效率地合作，由于一个管理人员可以有效管理下属人员的数量是有限的，所以管理幅度的选择对组织层次和组织效率有很大影响。应根据影响管理幅度的各种权变因素，选择和确定合适的管理幅度范围。

（二）权责对等原则

职权是把组织紧密结合起来的黏合剂，职责是对权力运用的制约，权责对等是组织正常运行的基本要求。有权无责容易产生盲目指挥，不计后果；有责无权则会严重挫伤员工的积极性。

（三）集权和分权相结合原则

集权是企业组织生产经营管理权限较多地集中在组织最高层管理者手中；分权则是一种组织的权力分散，是组织中最高层管理者逐步通过系统的授权而形成的。

（四）合理划分部门原则

部门化就是将不同的工作以及相应的人员组编成可以管理的单位。创建可管理的单位的过程，通常是组织结构设计的第一步。决定部门化的最普遍的基础是职能、产品、顾客、地区，这些也是划分部门的一般基础。

（五）统一指挥原则

统一指挥原则是企业组织管理的一个基本原则，是建立在明确的权力系统之上的。保证政令畅通和效率提高，是这项原则的基本目的和根本要求。为了确保统一指挥，应注意保持信息通道畅通，切忌多头领导，不能越级指挥。

三、组织设计的影响因素

面对竞争日趋激烈的外部环境和不确定的市场需求变化，任何组织都会察觉到管理的日趋复杂和能力有限，这就必须把权变的组织设计观引入组织设计的思想中。所谓权变的组织设计是指以系统、动态的观点来思考和设计组织，它要求把组织看成一个与外部环境有着密切联系的开放式组织系统。因此，权变的组织设计必须考虑战略、环境、规模、技术等一系列因素，针对不同的组织特点，设计不同的组织结构。环境、战略、技术、组织规模和生命周期等是影响组织设计的主要因素。

（一）环境的影响

环境包括一般环境和特定环境两部分。一般环境包括对组织管理目标产生间接影响的诸如经济、政治、社会文化以及技术等环境条件，这些条件最终会影响到组织现行的管理实践。特定环境包括对组织管理目标产生直接影响的诸如政府、顾客、竞争对手、供应商等具体环境条件，这些条件对每个组织而言都是不同的，并且会随着一般环境条件的变化而变化，两者具有互动性。环境的复杂性和变动性决定了环境的不确定性。所谓的不确定性是指决策者由于缺乏完整的外部环境信息，而无法预测未来的变化以做出正确的判断和决策。当环境由简单的稳定性向复杂的变动性转移时，关于环境的信息不完整性也逐渐增强，管理决策过程中的不确定因素也大为增加，只有那种与外部环境相适应的组织结构才可能成为有效的组织结构。

（二）战略的影响

战略是指决定和影响组织活动性质及根本方向的总目标，以及实现这一总目标的路径和方法。美国企业史学家钱德勒的研究认为，新的组织结构如不因战略而异，就将毫无效果。具体来讲，战略发展有四个不同阶段，每个阶段应有与之相适应的组织结构。

第一个阶段为数量扩大阶段，即许多组织开始建立时，往往只有一个单独的工厂，只是比较单一地执行制造或销售等职能。这个阶段的组织结构很简单。组织面临的重要战略是如何扩大规模。

第二个阶段为地区开拓阶段，即组织随着向各地区开拓业务。为了把分布在不同地区的同行业组织有机地组合起来，就产生了协调、标准化和专业化的问题。这就要求建立一种新的组织结构即职能部门。

第三个阶段为纵向联合发展阶段，即在同一行业发展的基础上进一步向其他领域延伸扩展，如从专门销售服装用品的零售商店，扩大到销售各种用具和家具等。这种发展战略要求建立与之相适应的职能结构。

第四个阶段为产品多样化阶段，即为了在原产品的主要市场开始衰落的时候，更好地利用和组织现有的资源、设备和技术，而转向新行业内新产品的生产和新服务的提供。这种战略的组织结构要考虑对新产品与新服务的评价和考核，考虑到对资源的分配以及部门的划分、协调等问题，要求建立与之相适应的产品型组织结构。

研究发现，许多经营成功的公司，如保持在单一行业内发展，则偏好采用集权的职能结构，而那些实施多元化经营的公司，一般采用分权的事业部结构。为了不断适应公司新的发展战略的要求，公司也要适时地变革组织结构，以保持组织的自适应性。

（三）技术的影响

技术是指把原材料等资源转化为最终产品或服务的机械力和智力的过程。任何组织都需要通过技术将投入转化为产品。组织必须使用新技术来发展不同的部门和相应的组织结构。英国学者伍德沃德曾调查英国南方近 100 家制造企业并分析其组织结构。他根据技术复杂程度将制造企业划分为三类：

（1）小批量单件生产（制造客户定做的单件或小批量产品，其生产过程属于低技术性，如裁缝为客户量身定做西装）。

（2）大批量规模生产（大批量生产产品，如电冰箱和汽车）。

（3）持续性流水作业（有连续不断的生产过程，如石化及化工提炼业）。

对不同类型企业所使用的制造科技与组织结构进行研究分析，伍德沃德发现，企业所使用的技术类型会影响组织结构、公司规模、成功与否、人际关系等。一般来说，在技术简单（小批量单件生产）和技术复杂（持续性流水作业）的企业适合有机式组织，因为它们有较少的程序化和标准化；而大批量规模生产具有标准化的工作和正式化的程序特征，故适合于机械式组织。

值得注意的是，随着计算机革命和信息技术的发展，制造业技术有了质的飞跃。包括机器人、计算机数控（CNC）、计算机辅助制造（CAM）、计算机辅助设计（CAD）、管理自动化等技术在内的计算机集成制造系统（CIMS）或柔性制造系统（FMS）的运用，使得生产部门能够以较低的成本、在较短的时间内大量生产出高质量的各种定制产品来，从而改变了大批量生产技术无法实现定制生产的传统格局。拥有 CIMS 或 FMS 技术的企业组织具有管理幅度较小、层级较少、专业化程度较低、高度分权的结构特点，容易实现理想中的规模经济和范围经济。

（四）组织规模的影响

美国社会学家布劳等人曾对组织规模与组织设计之间的关系做了大量研究，认为组织规模是影响组织结构的最重要的因素，即大规模会提高组织复杂性程度，并连带提高专业化和规范化的程度。可以想象，当组织业务呈现扩张趋势、组织员工增加、管理层次增多、组织专业化程度不断提高时，组织的复杂化程度也会不断提高，这必然给组织的协调管理带来更大的困难，而随着内外环境不确定因素的增加，管理层也愈难把握实际变化的情况并迅速做出正确决策，组织进行分权式的变革成为必要。

大型组织与小型组织在组织结构上的区别主要体现在以下几个方面：

1. 规范化程度

大型组织可以通过制定和实施严格的规章制度，并按照一定的工作程序来控制和实现标准化作业，员工和部门的业绩也容易考核，因而组织的规范化程度也比较高；相反，小型组织可以凭借管理者的能力来对组织进行控制，组织显得比较松散而富有活力，因而规范化程度也比较低。

2. 集权化程度

在大型官僚型层级组织中，决策往往是由那些具有完全控制权的高层主管做出的，因而组织的集权化程度也比较高。事实上，为了快速响应日趋复杂的环境变化，组织规模越大就越需要分权化，而在分权化程度较高的组织中，决策更多地是在较低的层级上做出的，决策速度越快，信息反馈也就越及时。

3. 复杂化程度

大型组织的高度复杂性是显而易见的，由于横向和纵向的复杂性，大型组织经常需要建构新的部门来应对由于规模扩大所带来的新问题，同时，随着组织中部门规模的扩大，部门管理者控制力也会不断减弱，又会产生新的部门再细分压力，结果造成部门林立的臃肿格局，另外，随着员工数量的增加，管理的层级数也必然增多，这都会大大增加管理的成本，降低管理的效率。

4. 人员结构比率

“帕金森定律”认为，出于各种原因，受到激励的管理者往往会增加更多的管理者，包括建构自己的帝国大厦以巩固他们的地位。研究表明，在迅速成长的组织中，管理人员要比其他人员增幅大得多，在组织衰退过程中，管理人员要比其他人员减幅小得多，这说明，管理人员最先被聘用而最后被解聘。也有研究表明，随着组织规模的扩大，管理人员的比率是下降的而其他人员的比率则是上升的。总体而言，高层管理人员与一般员工之间的结构比率应当是均衡配置的，任何不一致都应当通过积极主动的变革来加以调整。

（五）生命周期的影响

组织的演化成长呈现出明显的生命周期特征，因此，组织结构、内部控制系统以及管理目标在各个阶段都可能是不相同的。

美国哈佛大学教授葛瑞纳最早提出企业生命周期理论，他认为企业的成长如同生物的成长一样要经过诞生、成长和衰退几个过程。美国组织行为专家奎因和卡梅隆把组织的生命周期细划为四个阶段：创业阶段、集合阶段、规范化阶段和精细阶段。他认为，企业的成长是一个由非正式到正式、低级到高级、简单到复杂、幼稚到成熟的阶段性发展过程。具体来讲，每个阶段都由两个时期组成：一个是组织的稳态发展时期，组织在这个时期的结构与活动都比较稳定，内外条件较为吻合；另一个是组织的变革时期，即当组织进一步发展时，就会从内部产生一些新的矛盾和问题，使组织结构与活动不相适应，此时必须通过变革使结构适应内外环境的变化，使组织保持适应性，组织的发展就是如此循环往复不断得以成长的。综合来看，组织生命周期对于组织设计的影响是：

1. 创业阶段

起初，组织是小规模的、非官僚制的和非规范化的。高层管理者制定组织结构框架并控制整个运行系统，组织的精力放在生存和单一产品的生产和服务上。随着组织的成长，组织需要及时调整产品的结构，这就必然会产生调整组织结构和调换更具能力的高层管理者的压力。

2. 集合阶段

集合阶段是组织发展的成长期。一般情况下，组织在调换了高层主管之后便会明确新的目标和方向，此时便进入了迅速成长期，员工受到不断激励之后也开始与组织的使命保持一致，尽管某些职能部门已经建立或调整，可能也已开始程序化工作，但组织结构可能仍然欠规范合理。一个突出的矛盾是，高层主管往往居功自傲，迟迟不愿放权。组织面临的任务是如何使基层的管理者更好地开展工作，如何在放权之后协调和控制好各部门的工作。

3. 规范化阶段

组织进入成熟期之后就会出现官僚制特征。组织可能会大量增加人员，并通过建构清晰的层级制和专业化劳动分工进行规范化、程序化工作。组织的主要目标是提高内部的稳定性和扩大市场。组织往往会通过建立独立的研究和开发部门来实现创新，这又使得创新的范围受到了限制。因此，高层管理者不仅要懂得如何通过授权调动各个层级管理者的积极性，还要能把控全局。

4. 精细阶段

成熟的组织往往显得规模巨大和官僚化，继续演化可能会使组织步入僵化的衰退期。这时，组织管理者可能会尝试跨越部门界限组建团队来提高组织的效率，阻止进一步的官僚化。如果绩效仍不明显，必须考虑更换高层管理者并进行组织重构以重塑组织的形象，否则，组织的发展将会受到很大的限制。

四、组织结构设计

分工的出现和深化提高了组织的效率，并导致了管理的必要，而管理本身也存在分工，这种分工使得管理职能分化和专业化。管理劳动的分工包括横向和纵向两个方面。组织结构设计也分为横向结构设计和纵向结构设计。

（一）横向结构设计——部门划分

所谓组织的横向结构设计，主要解决组织内部如何按照分工协作原则，对组织的业务与管理工作进行分析归类，组成横向合作的部门问题，即划分部门问题。部门划分通常采用以下方法：

（1）按人数划分。

按人数划分是按照组织中人数的多少来划分部门，即抽取一定数量的人在主管人员的指挥下去执行一定的任务。这是最原始、最简单的划分方法，军队中某一兵种的师、旅、团、营、连、排、班就是以这种方法划分的。

（2）按时序划分。

按时序划分是最古老的划分部门的形式之一。是在正常的工作日不能满足工作需要时所采用的划分部门的方法。通常实行三班制，适用于医院、警察局、消防部门、电信部门等组织的基层部门设置。

（3）按产品划分。

按产品划分即按组织向社会提供的产品和服务的不同来划分。它是随着科学技术的发展，为了适应新产品的生产而产生的。这种划分方法有利于发挥专用设备效益，发挥个人的技能和专业知识并有利于部门内的协调。但是它要求更多的人具有全面管理的能力，各产品部门独立性较强而整体性较差，从而增加了主管部门协调控制的困难。

（4）按地区划分。

按地区划分是按照企业活动分布的地区不同来划分部门。这种划分能够调动地方、区域的积极性，能够因地制宜以谋取地方化经营的最佳经济效果。但是由于地域的分散性，增加了主管部门控制的困难，容易出现各自为政的局面，不利于企业总体目标的实现。这种划分方法多用于大的集团公司和跨国公司。

（5）按职能划分。

按职能划分是以组织的经营职能为基础划分部门。按职能划分部门是企业组织广泛采用的方式，几乎所有企业组织结构的某些层次都存在职能分工的形式。这种划分方法有利于专业化分工，有利于各专业领域的最新思想和工具的引入，能够促进专业领域的深入发展。但易导致所谓的“隧道视野”现象：形成经理导向，关注部门目标。这种部门主义或本位主义，给部门之间的相互协调带来很大的困难。

（6）按顾客划分。

按顾客划分是基于顾客需求的一种划分方法，即按组织服务的对象类型来划分部门。这种划分能够满足顾客特殊的而又多样化的需求。但是这一部门与其他部门的协调极为困难。

以上我们仅仅列举了组织在实现目标过程中划分部门的基本方法，在现实的管理活动中，企业部门的划分方法往往不是单一的，而是以上多种方法的结合，即常常使用混合的方法划分部门。

（二）纵向结构设计——管理幅度和管理层次

1. 管理幅度

管理幅度，又称控制幅度，是指一名主管人所能够直接领导、指挥和监督的下级人员或下级部门的数量及范围。从形式上看，管理幅度仅仅表示了一名领导人直接领导的下级人员的人数，但由于这些下级人员都承担着某个部门或某个方面的业务，所以，管理幅度的大小，实际上意味着上级领导人直接控制和协调的业务活动量的多少。决定管理幅度宽窄的主要因素一般有三个：

（1）管理者与被管理者的性格、知识、才干、精力、经验、习惯、年龄、动机、作风等；

（2）组织的正式规定，如规章、制度、规划、纪律、责任、待遇、惯例以及技术设备、氛围、人际关系、权力的集中程度等；

（3）社会的总体发展水平、社会对组织的需求、社会道德风尚及意识形态，以及与组织有关的家庭或家族意志等。

2. 管理层次

管理层次也称组织层次，是描述组织内部纵向划分管理层数的数额。如果从构成组织纵向结构的各级组织来定义，管理层次是指从最高一级组织到最低一级组织的各个组织等级。每一个组织等级即为一个管理层次。如果从纵向结构的各级领导的职务等级来说，组织有多少个领导职务等级，就有多少级管理层次。不同的行政组织其管理层次的多寡不同，但多数可以分为上、中、下三级或高、中、低、基层四级。前者如通用的部、局、处三级建制，后者如国务院、省政府、县政府、乡政府四级领导体制。但无论哪一种层次组建方式，其上下之间都有比较明确和严格的统属关系，都是自上而下的金字塔结构。

3. 管理幅度和管理层次的关系

管理层次和管理幅度是决定组织结构的两个重要参数，而且，管理层次与管理幅度是密切相关的。

管理幅度×管理层次＝组织规模

（1）一个组织的管理层次多少，受到组织规模和管理幅度的影响。在管理幅度给定的条件下，管理层次与组织的规模大小成正比，组织规模越大，包括的成员数越多，其所需的管理层次就越多。

（2）在组织规模给定的条件下，管理层次与管理幅度成反比，每个主管所能直接控制的下属人数越多，所需的管理层次就越少。

（3）较宽的管理幅度有利于降低管理成本。

管理层次与管理幅度的反比关系决定了两种基本的管理组织结构形态：扁平结构形态和锥形结构形态。组织设计要尽可能地综合两种基本组织结构形态的优势，克服它们的局限性。扁平结构是指组织规模一定、管理幅度较大、管理层次较少的一种组织结构形态。这种形态的优点是：由于层次少，信息的传递速度快，从而可以使高层尽快地发现信息所反映的问题，及时采取相应的纠偏措施；同时，由于信息传递经过的层次少，所以传递过程中失真的可能性也较小；此外，较大的管理幅度，使主管人员不可能对下属控制得过多，从而有利于下属主动性和首创精神的发挥。但是过大的管理幅度，也会带来一些局限性：比如主管不能对每位下属进行充分、有效的指导和监督；每个主管从较多的下属处获取信息，众多的信息量可能淹没了其中最重要、最有价值的，从而可能影响信息的及时利用等等。锥形结构是管理幅度较小、管理层次较多的金字塔形态。其优点与局限性正好与扁平结构相反：较小的管理幅度可以使每位主管仔细地研究从下属那里得到的有限信息，并对每个下属进行详尽的指导。但过多的管理层次不仅影响了信息从基层传递到高层的速度，而且由于经过的层次太多，每次传递都被各层主管加进了许多自己的理解和认识，从而可能使信息在传递过程中失真。还可能使各层主管感到自己在组织中的地位相对渺小，从而影响积极性的发挥，容易使计划的控制工作复杂化。

第三节　组织变革与发展

根据系统理论，组织是处在一定的外部环境中的，由多个要素组成的相互联系、相互作用的，为实现一定目的而构成的有机整体。组织作为一个有机体，它与其他有机体一样，经历着产生、成长、成熟和衰退的过程。组织作为一个开放系统，为了能够继续生存和发展，在不断地与外部环境进行物质、能量、人员和信息的交流过程中，就要不断地发生变革，使其自身能够不断地适应组织内外环境的变化。

一、组织变革

（一）组织变革的概念和内容

1. 组织变革的概念

美国著名的管理学家哈默和钱皮曾在《公司再造》一书中把 3C 力量，即顾客、竞争、变革看成是影响市场竞争最重要的三种力量，并认为三种力量中尤以变革最为重要，“变革不仅无所不在，而且还持续不断，这已成了常态”。

所谓组织变革是指组织管理人员主动对组织的原有状态进行改变，以适应外部环境变化，更好地实现组织目标的活动。这种变革的范围包括组织的各个方面，如组织行为、组织结构、组织制度、组织成员和组织文化等。任何一个组织，无论过去如何成功，都必须随着环境的变化而不断地调整自我并与之相适应。组织变革的根本目的是提高组织的效能，特别是在动荡不定的环境下，要想使组织顺利地成长和发展，就必须自觉地研究组织变革的内容、阻力及其一般规律，研究有效管理变革的具体措施和方法。

2. 组织变革的内容

组织变革具有互动性和系统性，组织中的任何一个因素改变，都会带来其他因素的变化。然而，就某一阶段而言，由于环境情况各不相同，变革的内容和侧重点也有所不同。综合而言，组织变革过程的主要变量因素包括人员、结构、任务和技术。

（1）对人员的变革。

人员的变革是指员工在态度、技能、期望、认知和行为上的改变。组织发展虽然包括各种变革，但是人是最主要的因素，人既可能是推动变革的力量，也可能是阻碍变革的力量。变革的主要任务是组织成员之间在权力和利益等资源方面的重新分配。要想顺利实现这种分配，组织必须注重员工的参与，注重改善人际关系并提高实际沟通的质量。

(2) 对结构的变革。

结构的变革包括权力关系、协调机制、集权程度、职务与工作再设计等其他结构参数的变化。管理者的任务就是要对如何选择组织设计模式、如何制订工作计划、如何授予权力以及授权程度等一系列行动做出决策。现实中，固化式的结构设计往往不具有可操作性，需要随着环境条件的变化而改变，管理者应该根据实际情况灵活改变其中的某些要素组成。

(3) 对技术与任务的变革。

技术与任务的改变包括对作业流程与方法的重新设计、修正和组合，包括更换机器设备，采用新工艺、新技术和新方法等。由于产业竞争的加剧和科技的不断创新，管理者应能与当今的信息革命相联系，注重在流程再造中利用最先进的计算机技术进行一系列的技术改造，同时，组织还需要对组织中各个部门或各个层级的工作任务进行重新组合，如工作任务的丰富化、工作范围的扩大化等。

(二) 组织变革的动因

推动组织变革的因素可以分为外部环境因素和内部环境因素两个部分。

1. 外部环境因素

(1) 整个宏观社会经济环境的变化。诸如政治、经济政策的调整，经济体制的改变，市场需求的变化等都会引起组织内部深层次的调整和变革。

(2) 科技进步的影响。知识经济的社会，科技的发展日新月异，新产品、新工艺、新技术、新方法层出不穷，对组织的固有运行机制构成了强有力的挑战。

(3) 资源变化的影响。组织发展所依赖的环境资源对组织具有重要的支持作用，如原材料、资金、能源、人力资源、专利使用权等。组织必须要克服对环境资源的过度依赖，同时要及时根据资源的变化顺势变革组织。

(4) 竞争观念的改变。基于全球化的市场竞争将会越来越激烈，竞争的方式也将会多种多样，组织若要想适应未来竞争的要求，就必须在竞争观念上顺势调整，争得主动，才能在竞争中立于不败之地。

2. 内部环境因素

(1) 组织机构适时调整的要求。组织机构的设置必须与组织的阶段性战略目标相一致，组织一旦需要根据环境的变化调整机构，新的组织职能必须得以充分的保障和体现。

(2) 保障信息畅通的要求。随着外部不确定性因素的增多，组织决策对信息的依赖性增强，为了提高决策的效率，必须通过变革保障信息沟通渠道的畅通。

(3) 克服组织低效率的要求。组织长期运行极可能会出现某些低效率现象，其原因既可能是由于机构重叠、权责不明，也有可能是人浮于事、目标分歧。组织只有及时变革才能进一步制止组织效率的下降。

(4) 快速决策的要求。决策的形成如果过于缓慢，组织常常会因决策的滞后或执行中的偏差而错失良机。为了提高决策效率，组织必须通过变革对决策过程中的各个环节进行梳理，以保证决策信息的真实、完整和迅速。

(5) 提高组织整体管理水平的要求。组织整体管理水平的高低是竞争力的重要体现。组织在成长的每一个阶段都会出现新的发展矛盾，为了达到新的战略目标，组织必须在人员素质、技术水平、价值观念、人际关系等各个方面都做出进一步的改善和提高。

(三) 组织变革的类型

依据不同的划分标准，组织变革可以有不同的类型。如按照变革的程度与速度不同，可以分为渐进式变革和激进式变革；按照工作的对象不同，可以分为以组织为重点的变革、以人为重点的变革和以技术为重点的变革；按照组织的内容的不同则分为：

1. 战略性变革

战略性变革是指组织对其长期发展战略或使命所做的变革。如果组织决定进行业务收缩，就必须考虑如何剥离非关联业务；如果组织决定进行战略扩张，就必须考虑购并的对象和方式，以及组织文化重构等问题。

2. 结构性变革

结构性变革是指组织需要根据环境的变化适时对组织的结构进行变革，并重新在组织中进行权力和责任的分配，使组织变得更为柔性灵活、易于合作。

3. 流程主导性变革

流程主导性变革是指组织紧密围绕其关键目标和核心能力，充分应用现代信息技术对业务流程进行重新构造。这种变革会对组织结构、组织文化、用户服务、质量、成本等各个方面产生重大的影响。

4. 以人为中心的变革

组织中人的因素最为重要，组织如若不能改变人的观念和态度，组织变革就无从谈起。以人为中心的变革是指组织必须通过对员工的培训、教育等，使他们能够在观念、态度和行为方面与组织保持一致。

(四) 组织变革的阻力及其减少方法

组织变革意味着打破原有状态，建立新的组织状态。面对变革，组织中的一些人必须放弃自己原有的观念和行为方式，以适应新的方式。因此，组织变革不可能一帆风顺，势必遇到来自各个方面的阻力。充分认识这些阻力，并设法排除阻力是保证组织变革取得成功的基本条件。

1. 组织变革的阻力

组织变革是一种对现有状况进行改变的努力，任何变革都常常会遇到来自各种变革对象的阻力和反抗。产生这种阻力的原因可能是传统的价值观念和组织惯性，也可能是来自于对变革结果不确定性的担忧，这集中表现为来自个人的阻力和来自团体的阻力。

(1) 个人阻力。

个人的阻力包括：

1) 利益上的影响。变革从结果上看可能会威胁到某些人的利益，如机构的撤并、管理层级的扁平等都会给组织成员造成压力和紧张感。过去熟悉的职业环境已经形成，而变革要求人们调整不合理的或落后的知识结构，更新过去的管理观念、工作方式等，这些新要求都可能会使员工面临失去权利的威胁。

2）心理上的影响。变革意味着原有的平衡系统被打破，要求成员调整已经习惯了的工作方式，而且变革意味着要承担一定的风险。对未来不确定性的担忧、对失败风险的惧怕、对绩效差距拉大的恐慌以及对公平竞争环境的担忧，都可能造成人们心理上的倾斜，进而产生心理上的变革阻力。另外，平均主义思想、厌恶风险的保守心理、因循守旧的习惯心理等也都会阻碍或抵制变革。

（2）团体阻力。

团体对变革的阻力包括：

1）组织结构变动的影响。组织结构变革可能会打破过去固有的管理层级和职能机构，并采取新的措施对责任、权利重新做出调整和安排，这就必然要触及某些团体的利益和权力。如果变革与这些团体的目标不一致，团体就会采取抵制和不合作的态度，以维持原状。

2）人际关系调整的影响。组织变革意味着组织固有结构的改变要求组织成员之间的关系也需要随之调整。非正式团体的存在使得这种新旧关系的调整需要有一个较长的过程。在这种新的关系结构未被确立之前，组织成员之间很难磨合一致，一旦发生利益冲突就会对变革的目标和结果产生怀疑和动摇，特别是一部分能力有限的员工将在变革中处于相对不利的地位。随着利益差距的拉大，这些人必然会对组织的变革产生抵触情绪。

2. 减小组织变革阻力的方法

为了确保组织变革的顺利进行，必须要事先针对变革中的种种阻力进行充分的研究，并要采取一些具体的管理对策。

（1）客观分析变革的推力和阻力。

德裔美国心理学家勒温曾提出运用力场分析的方法研究变革的阻力。其要点是：把组织中支持变革和反对变革的所有因素分为推力和阻力两种力量，前者发动并维持变革，后者反对和阻碍变革。当两力均衡时，组织维持原状，当推力大于阻力时，变革向前发展，反之变革受到阻碍。管理层应当分析推力和阻力的强弱，采取有效措施，增强支持因素，削弱反对因素，进而推动变革的深入进行。

（2）创新组织文化。

冰山理论认为，假如把水面之上冰山比作组织结构、规章制度、任务技术、生产发展等要素的话，那么，水面之下的冰体便是组织的价值观体系、组织成员的态度体系、组织行为体系等组成的组织文化。只有创新组织文化并渗透到每个成员的行为之中，才能使露出水面的变革行为变得更为坚定，也才能使变革具有稳固的发展基础。

（3）创新策略方法和手段。

为了避免组织变革中可能会造成的重大失误，使人们坚定变革成功的信心，必须采用比较周密可行的变革方案，并从小范围逐渐延伸扩大。特别是要注意调动管理层变革的积极性，尽可能削减团体对组织变革的抵触情绪，力争使变革的目标与团体的目标相一致，提高员工的参与程度。

总之，无论是个人还是组织都有可能对变革形成阻力，变革成功的关键在于尽可能消除阻碍变革的各种因素，削弱反对变革的力量，使变革的阻力尽可能降低，必要时还应该运用行政的力量保证组织变革的顺利进行。

(五) 组织变革的过程与程序

1. 组织变革的过程

为使组织变革顺利进行，并能达到预期效果，必须先对组织变革的过程有一个全面的认识，然后按照科学的程序组织实施。组织变革的过程包括解冻—变革—再冻结三个阶段。

(1) 解冻阶段。

这是改革前的心理准备阶段。一般来讲，成功的变革必须对组织的现状进行解冻，然后通过变革使组织进入一个新阶段，同时对新的变革予以再冻结。组织在解冻期间的中心任务是改变员工原有的观念和态度，为此组织必须通过积极的引导，激励员工更新观念、接受改革并参与其中。

(2) 变革阶段。

这是变革过程中的行为转换阶段。进入这一阶段，组织上下已对变革做好了充分的准备，变革措施就此开始。组织要把激发起来的改革热情转化为改革的行为，关键是要能运用一些策略和技巧减少对变革的抵制，进一步调动员工参与变革的积极性，使变革成为全体员工的共同事业。

(3) 再冻结阶段。

这是变革后的行为强化阶段，其目的是要能通过对变革驱动力和约束力的平衡，使新的组织状态保持相对的稳定。由于人们的传统习惯、价值观念、行为模式、心理特征等都是在长期的社会生活中逐渐形成的，并非一次变革所能彻底改变的，因此，改革措施顺利实施后，还应采取种种手段对员工的心理状态、行为规范和行为方式等进行不断地巩固和强化。否则，稍遇挫折便会反复，使改革的成果无法巩固。

2. 组织变革的程序

(1) 通过组织诊断，发现变革征兆。

组织变革的第一步就是要对现有的组织进行全面的诊断。这种诊断必须有针对性，要通过搜集资料的方式，对组织的职能系统、工作流程系统、决策系统以及内在关系等进行全面的诊断。组织除了要从外部信息中发现对自己有利或不利的因素之外，更主要的是能够从各种内在征兆中找出导致组织或部门绩效差的具体原因，并确立需要进行整改的具体部门和人员。

(2) 分析变革因素，制定变革方案。

组织诊断任务完成之后，就要对组织变革的具体因素进行分析，如职能设置是否合理、决策中的分权程度如何、员工参与改革的积极性怎样、流程中的业务衔接是否紧密、各管理层级间或职能机构间的关系是否易于协调等。

(3) 选择正确方案，实施变革计划。

制定变革方案的任务完成之后，组织需要选择正确的实施方案，然后制订具体的改革计划并贯彻实施。推进改革的方式有多种，组织在选择具体方案时要考虑到难度、速度以及员工的可接受和参与程度等，做到有计划、有步骤、有控制地进行。当改革出现某些偏差时，要有备用的纠偏措施并及时纠正。

(4) 评价变革效果，及时进行反馈。

组织变革是一个包括众多复杂变量的转换过程，再好的计划也不能保证完全取得理想的效果。因此，变革结束之后，管理者必须对变革的结果进行总结和评价，及时反馈新的信息。对于没有取得理想效果的变革措施，应当给予必要的分析和评价，然后再做取舍。

二、组织发展

（一）组织发展的概念

组织发展是指以变革的方式改进组织行为、提高组织效率的过程。组织变革与组织发展是相互区别、紧密联系的两个概念。组织发展要通过组织变革来实现，变革是手段、发展是目的。组织的效率一般取决于组织的管理体系和组织结构，组织的技术水平和工作安排体系，组织成员的态度、行为、价值观等文化系统。组织发展就是对这些因素进行的一系列变革，其中改变人的因素、发展人的潜能和特性是组织发展的本质。

组织发展是一个连续不断的动态过程，组织领导者不能期望运用某种方法在短期内解决所有的问题，而是需要经历一个由低级到高级的动态过程。组织发展从组织系统出发，综合运用多学科知识调整领导与员工之间、员工与员工之间、部门与部门之间的关系，力图创造信任、和谐的工作氛围。组织发展一般采用有计划的再教育手段实现自己的目的，通过有目的地改变人的态度，影响人的行为，不断创新，推动组织的发展。

（二）未来组织的特征

1. 高速度

随着信息化和网络经济的发展，“规模经济”时代正在向“速度经济”时代转变，正如美国思科公司总裁钱伯斯所言：“新经济规则不是大鱼吃小鱼，而是快的吃慢的。”因此，未来的竞争在很大程度上依赖于速度，未来的社会是“快者生存”的时代。

2. 组织扁平化

由于计算机互联网在组织中的应用，组织的信息收集、整理、传递和控制手段日趋现代化，“金字塔”式的传统层级结构正在向层次少、扁平式的组织结构演进。因此在组织结构的变革中，减少中间层次，加快信息传递速度，实现直接控制是一个基本趋势。

3. 组织运行柔性化

柔性是指组织结构的可调整性，对环境变化、战略调整的适应能力。在知识经济时代，外部环境变化以高于工业经济时代的变化速度在发生变化，因此，组织的战略调整和组织结构调整必须及时，应运而生的柔性组织结构使得组织结构运作带有柔性的特征。

4. 组织协作团队化

这里的团队是指在组织内部形成的具有自觉的团结协作精神的，能够独立完成任务的集体。团队组织与传统的部门不一样，它是自觉形成的，是为完成共同的任务，建立在自觉的信息共享、横向协调基础上的。在团队中，没有拥有制度化权力的管理者，只有组织者；团队中的成员不是专业化的，而是多面手，分工的界限不像传统的分工那么明确，相互协作是最重要的特征。

5. 组织管理人本化

知识经济时代，组织中最重要的资源是人，特别是具有特殊才能的人。组织的高效率和高效益，依赖于组织成员的积极性和创造性。因此，组织要尊重每个成员的合理需要，建立科学有效的激励制度和各项规章制度，为员工创造充分发展的机会和环境，使员工得到全面、自由的发展。

6. 学习型组织

知识经济时代的组织必须不断地学习，组织要运用能在所有层次上促进学习和实验的知识基础来支持。阿里·德·格斯在领导皇家荷兰壳牌公司策划时曾说过："比你的竞争对手更快学习的能力可能是唯一的持久性竞争优势。"可见，组织要保持领先的唯一方法就是比对手更快、更好地学习。

本章小结

所谓组织，就是为了达到某些特定的目标，由分工合作及不同层次的权力和责任制度构成的人的集合。组织工作是指在组织目标已经确定的情况下，将实现组织目标所需要的各项业务活动加以分类组合，并根据管理幅度原则，划分出不同的管理层次和部门，将监督各类活动所必需的职权授予各层次、部门的主管理人员，并规定这些层次和部门间的相互配合关系。根据组织的目标，可以把组织划分为公共组织和非公共组织；根据人为设定还是自发形成，可以把组织划分为正式组织和非正式组织。非正式组织对于正式组织的功能具有两面性。组织结构是指组织的各部门机构之间，根据权责关系而确定的从属和并列关系的一种模式。集权与分权反映了组织的纵向职权关系，其意思是指组织中决策权限的集中和分散程度。组织结构的类型包括直线制、职能制、直线职能制、事业部制、矩阵制、集团控股型、网络型。

组织设计是对一个组织的结构进行规划、构造、创新和再构造，以便从组织结构上确保组织目标的有效实现。组织设计的原则包括：管理幅度与层次适度原则、权责对等原则、集权和分权相结合原则、合理划分部门原则、统一指挥原则。组织设计的影响因素包括环境、战略、技术、组织规模、生命周期的影响。组织结构设计分为横向结构设计和纵向结构设计。管理幅度×管理层次＝组织规模。管理层次与管理幅度的反比关系决定了两种基本的管理组织结构形态：扁平结构形态和锥形结构形态。

组织变革是组织适应内外部变化的要求，是不以人的意志为转移的，变革需要借助一定的动力克服来自各方面的阻力并遵循一定的原则和程序来进行。组织发展是指以变革的方式改进组织行为、提高组织效率的过程。

思考与练习

一、选择题

1. 以下关于组织的说法中不准确的是（　　）。

A. 组织有分工合作　　B. 组织有不同层次的权力和责任制度

C. 组织必须有既定的目标　　D. 任意一个群体都可称为一个组织

2. 管理层次的存在是由于（　　）。

A. 管理幅度的存在　　B. 美学上的原因

C. 增加组织灵活性　　D. 有利于有效沟通

3. 某研究所中存在许多不同的非正式群体，并因为需求不同而发生冲突，以致影响组织的发展。作为该研究所所长，你认为应该采取的措施是（　　）。
A. 尽力满足各个非正式群体的不同需求
B. 协调各个非正式群体的分歧
C. 禁止非正式群体的活动
D. 引导非正式群体的活动
4. 我国大部分企业采取的组织形式是（　　）。
A. 直线制　B. 职能制　C. 直线职能制　D. 事业部制
5. 没有反映出管理专业化分工的组织结构为（　　）。
A. 职能结构　B. 直线制结构　C. 事业部制结构　D. 矩阵型结构
6. 职能制组织结构的最大缺点是（　　）。
A. 横向协调差　B. 多头领导
C. 不利于培养上层领导　D. 适用性差
7. 直线职能制组织形式一般适用于（　　）。
A. 中小企业　B. 大企业　C. 所有企业　D. 不能判断
8. 对于科研院所等研究项目较多、创新功能较强的组织或企业，适合采用（　　）组织结构。
A. 直线制　B. 事业部制　C. 矩阵制　D. 职能制
9. 把相似的作业任务编在一起形成一个单位，是按照（　　）划分部门。
A. 时间　B. 人数　C. 职能　D. 过程
10. 组织规模一定时，组织层次和管理宽度呈（　　）关系。
A. 正比　B. 指数　C. 反比　D. 相关

二、多项选择题

1. 事业部型结构的优点是（　　）。
A. 使高层管理者摆脱日常的行政事务　B. 能促进资源的有效整合
C. 便于培养“多面手”级管理通才　D. 易于发挥机构灵活的特点
2. 组织设计的原则主要有（　　）。
A. 管理幅度与层次适度原则　B. 权责对等原则
C. 集权和分权相结合原则　D. 统一指挥原则
3. 下列关于扁平结构与锥形结构的比较中，描述正确的是（　　）。
A. 扁平结构信息纵向流通快　B. 锥形结构分工明确细致，管理监督严密
C. 扁平结构有更多的提升机会　D. 锥形结构更有利于密切上下级之间的关系
4.（　　）等因素不利于扩大管理幅度。
A. 管理人员的能力较强　B. 被管理人员的工作差别较大
C. 上下级沟通容易　D. 组织变革的速度较快
E. 下属在空间上比较分散
5. 事业部制组织结构适用于（　　）。
A. 中小企业　B. 发达国家大型企业
C. 科研院所　D. 跨国公司

三、简答题

1. 什么是组织？组织工作包括哪些内容？
2. 如何理解非正式组织对于正式组织的功能的两面性？
3. 组织结构的含义？什么是集权、分权？
4. 组织结构有哪些类型？各有何优缺点？
5. 什么是组织设计？组织设计有哪些原则？
6. 如何进行组织结构设计？
7. 简述扁平结构形态和锥形结构形态。
8. 什么是组织变革？组织变革的内容和类型包括哪些？
9. 组织变革的阻力主要有哪些？如何消除这些阻力？
10. 简述组织变革的过程与程序。
11. 未来组织将具有哪些特征？

四、案例分析

明鑫公司调整组织结构

江西明鑫企业集团公司的前身是江西省农业厅下属的国营明鑫生物制药厂，集团现有职工 1 200 余人，产品涉及饲料、兽药、化肥、绿色食品等 6 个产业，在省内外共有生产经营企业和科研机构 20 余个，是一个集科、工、贸为一体的大型集团公司。集团自 1987 年开始效益一直很好，但是进入 2003 年以来产品效益出现了滑坡。集团聘请了一些知名专家为企业做诊断，专家经过深入调查认为：明鑫企业集团的管理体制不能适应其发展，必须进行大的改革。

客观地说，明鑫集团所采取的管理组织结构确实是一种比较简单的两级管理形式。上面是集团总部，下面就是各个工厂、公司、科研所等。工厂、公司、科研所之间的关系是并列的，它们均直属集团总部领导。经过 3 天的思考，集团总经理认为，集团的管理组织结构必须进行调整。

资料来源：国试书业：《管理学原理·自学考试同步训练》，武汉，华中师范大学出版社，2010。

问题：

(1) 你认为明鑫企业集团的管理组织结构属于哪种类型，为什么？它具有哪些优点和不足？

(2) 你认为明鑫企业集团应采取什么样的管理组织结构形式？为什么？

第五章
领　导

学习要点

◇ 理解并掌握领导的概念，区分领导与管理，了解领导职能的作用

◇ 掌握领导的实质、领导方式的划分

◇ 掌握领导特性理论、领导行为理论和领导权变理论

◇ 了解领导的艺术

引入案例

鹦鹉老板

有一个老人非常寂寞，看到邻居家养了几只鹦鹉，就想自己也买一只。有一天，他来到鸟市，这里有许多大大小小的鹦鹉。

他看到一只鹦鹉前面标着：此鹦鹉会两门语言，售价200元。

他又来到另一只鹦鹉前面，这只鹦鹉前面标着：此鹦鹉会四门语言，售价400元。

这个人犯难了，买哪一只更好呢？两只鹦鹉都毛色光鲜，非常灵活可爱。他又在鸟市上溜达，看看还有没有更合适的。

最后，他发现了一只老掉牙的鹦鹉，毛色暗淡散乱，他想：这样的鹦鹉有谁愿意买呢？但他凑近了一看标签。吓了一跳：标价800元。

他赶紧将老板叫来："这只鹦鹉是不是会说8门语言？"

店主摇摇头说："不。"

他很奇怪地问："那为什么它又老又丑，又没有什么能力，却会值这个价格呢？"

店主回答道："因为另外两只鹦鹉叫这只鹦鹉老板。"

资料来源：闫树全：《管理学原理》，北京，人民邮电出版社，2014。

案例提示：真正的领导人，不一定自己能力有多强，只要懂信任、懂放权、懂珍惜，就能团结比自己更强的力量，从而提升自己的身价。相反，许多能力非常强的人却因为过于完美主义，事必躬亲，认为别人都不如自己，最后只能做最好的业务人员、销售代表，成不了优秀的领导人。

作为管理的一种职能，领导职能的作用主要是通过有效的领导行为和领导方式，对下属产生影响力，带领和激励组织中的成员去实现组织目标。因此，管理的领导职能主要是通过指挥、激励和沟通等手段，去影响组织成员的行为，提高下属工作的积极性，接受领导的统筹安排，使组织成员为实现组织目标而共同努力。

第一节　领导概述

一、领导的概念

从管理学意义上讲，领导的定义可概括为：领导是指管理者依靠其影响力，通过激励、沟通、指挥等手段，带领被领导者或追随者，去实现组织目标的活动过程。其基本涵义可以从以下几个方面理解：

第一，领导包含领导者和被领导者两个方面。领导者是指能够影响他人并拥有管理的职位权力、承担领导职责、开展领导工作的人。领导者一定要有领导的对象，如果没有被领导者，领导者将变成“光杆司令”，领导工作就失去意义，领导职能也就不复存在。在领导过程中，被领导者都甘愿追随领导者并接受领导者的指导。

第二，领导是一种活动，是引导人们的行为过程，是领导者带领、引导和鼓舞被领导者去完成工作、实现目标的过程，是管理的一项重要职能。

第三，领导的基础是领导者的影响力。领导者拥有影响被领导者的能力或力量，它既包括由组织赋予的职位权力，也包括领导者个人所具有的影响力。一个领导者如果一味地行使职权而忽视社会和情绪因素的影响力，就会使被领导者产生逃避或抵触行为。当一个领导者的权力不能使被领导者跟随时，领导工作是无效的。

第四，领导者施加影响力的方式或手段主要有激励、沟通和指挥。激励是指领导者通过作用于被领导者来激发其动机、推动其行为的过程。沟通是指领导者为有效开展工作而交换信息、交流感情、协调关系的过程。指挥是领导者凭借权力，直接命令或指导被领导者行事的行为。

第五，领导的目的是实现组织的目标。不能为了领导而领导，不能为了体现领导的权威而领导。领导的根本目的在于影响被领导者为实现组织的目标而努力。

二、领导与管理的联系与区别

（一）联系

从行为方式看，两者都是一种在组织内部通过影响他人的行为活动，实现组织目标的过程。从权力的构成看，两者也都是组织层级的岗位设置的结果。

（二）区别

从本质上看，管理是建立在合法的、有报酬的和强制性权力基础上的对下属命令的行为。而领导则还可以甚至更多地建立在个人影响力以及模范作用的基础上，且两者所担负的工作内容不同。具体区别如表 5—1 所示。

表 5—1　　管理和领导的区别

比较项目	管　理	领　导
从职能上看	管理的范围大	领导行为属于管理的范围
从岗位上看	管理者未必是领导者	领导者必定是管理者
制订计划	为达成目标，制定出详细的步骤和计划进度，进行资源分配	展现未来的前景与目标，指明达到远景目标的战略
组织和人员配备思路	组建所需组织结构及配备人员，规定权责关系，制定具体政策和规程，建立一系列的制度监督下属的工作状况	重在指导人员。同协作者沟通，指明方向、路线。帮助人们更好理解目标、战略及实现目标后的效益。引导人们根据需要组建工作组、建立合作伙伴关系
执　行	在执行中强调采用控制的方式来解决问题。通过具体的详细的计划监督进程和结果	一般采取鼓动和激励的方式。在思想上动员和鼓励人们克服工作中的障碍与困难，推动各项工作顺利开展
效　果	一般只能发挥组织成员的现有能力	可充分挖掘组织成员的潜在能力

三、领导职能的作用

领导活动直接影响着现代管理水平和经济效益的好坏，而领导的作用就是引导部下以最大的努力去实现企业的目标。领导的作用具体表现在以下四个方面：

（一）指挥作用

有人将领导者比作乐队指挥，一个乐队指挥的作用是与演奏家共同努力，演奏出一种和谐的声调和正确的节奏。由于乐队指挥的才能不同，乐队也会做出不同的反应。领导者不是站在群体的后面去推动群体中的人们，而是站在群体的前面去领导人们前进并鼓励人们去实现目标。

（二）激励作用

领导者为了使组织内的所有人都最大限度地发挥其才能，以实现组织的既定目标，就必须关心下属，激励和鼓舞下属的斗志，发掘、充实和加强下属积极进取的动力。

（三）协调作用

在组织实现其既定目标的过程中，人与人之间、部门与部门之间发生各种矛盾和冲突及在行动上出现偏离目标的情况是不可避免的。因此，领导者的任务之一就是协调各方面的关系和活动，保证各方面都朝着既定的目标前进。

（四）沟通作用

领导者是组织的各级首脑和联络者，在信息传递方面发挥着重要作用，是信息的传播者、监听者、发言人和谈判者，在管理的各层次中起到上情下达、下情上达的作用，以保证管理决策和管理活动的顺利进行。

四、领导的实质

领导实质上是一种对他人的影响力，即管理者对下属及组织行为的影响力，这种影响力能改变或推动下属及组织的心理与行动，为实现组织目标服务。这种影响力可以称为领导力量或者领导者影响力，管理者对下属及组织施加影响力的过程就是领导的过程。领导者对下属及组织的影响力来自两方面：一是权力（又称为制度权力）影响力，二是非权力（又称为个人权力）影响力。

（一）权力影响力及其影响因素

1. 权力影响力

权力影响力包括法定的权力、强制的权力、奖励的权力。它由组织正式授予管理者并受组织规章的保护。这种权力与特定的个人没有必然的联系，它只同职务相联系。权力是管理者实施领导的基本条件。没有这种权力，管理者就难以有效地影响下属，实施真正的领导。

（1）法定的权力来自于上级的任命。组织正式授予领导者一定的职位，从而使领导者占据权势地位和支配地位，使其有权对下属发号施令。这种支配权，是领导者的地位或在权力阶层中的角色所赋予的。

（2）强制的权力是与惩罚权相联系的迫使他人服从的力量。在某些情况下，领导者是依赖于强制的权力与权威施加影响的，对于一些心怀不满的下属来说，他们不会心悦诚服地服从领导者的指示，这时领导者就运用惩罚权迫使其服从。这种权力的基础是下属的惧怕。这种权力对那些认识到不服从命令就会受到惩罚或承担不良后果的下属的影响力是最大的。

（3）奖励的权力是在下属完成一定的任务时给予相应的奖励，以鼓励下属的积极性。这种奖励包括物质奖励如奖金等，也包括精神奖励如晋升等。依照交换原则，领导者通过提供心理或经济上的奖励来换取下属的遵从。

2. 影响权力影响力的主要因素

（1）传统观念。几千年的社会生活，使人们对领导者形成服从的心理观念，由于这种传统观念从小就影响着每一个人的思想，从而加强了领导者言行的影响力。

（2）职位因素。由于领导者凭借所授予的指挥他人开展具体活动的权力，可以左右被领导者的行为、处境，甚至前途命运，从而使被领导者对领导者产生敬畏感。领导者的职位越高，权力越大，被领导者对他的敬畏感越强，领导者的影响力也越大。

（3）资历的影响。一个人的资历与经历是历史性的东西，它反映了一个人过去的情况。一般而言，人们对资历较深的领导者比较尊敬，因此其言行也容易在人们的心中占据一定的位置。

权力是通过正式的渠道发挥作用的。当领导者担任管理职务时，由传统心理、职位、资历构成的权力的影响力会随之产生，当领导者失去管理职位时，这种影响力将大大削弱甚至消失。

（二）非权力影响力及其构成因素

1. 非权力影响力

非权力性影响力是由领导者自身素质形成的一种自然影响力，它既没有正式的规定和上下授予形式，也没有合法权力那种形式的命令与服从的约束力，但其影响力却比权力性影响力广泛、持久得多。非权力影响力包括专长影响力和品质影响力。

第一，专长影响力是指领导者具有各种专门知识和特殊技能或学识渊博而获得同事及下属的尊重和佩服，从而在各项工作中显示出的在学术上或专长上的举足轻重的影响力。这种影响力的影响基础通常是狭窄的，仅仅被限于专长范围之内。

第二，品质影响力是指由于领导者优良的作风、思想水平、品德修养，而在组织成员中树立的德高望重的影响力。这种影响力是建立在下属对领导者承认的基础之上的，它通常与具有超凡魅力或名声卓著的领导者有关。

2. 构成非权力影响力的主要因素

（1）品格。主要包括领导者的道德、品行、人格等，优秀的品格会给领导者带来巨大的影响力。因为品格是一个人的本质表现，好的品格能使人产生敬佩感，并能吸引人，使人模仿。

（2）才干。领导者的才干是决定其影响力大小的主要因素之一。才干通过实践来体现，主要反映在工作成果上。一个有才干的领导者，会给事业带来成功，从而使人们对他产生敬佩感，吸引人们自觉地接受其影响。

（3）知识。一个人的才干是与知识紧密地联系在一起的。知识水平的高低主要表现在对自身和客观世界认识的程度上。知识本身就是一种力量。知识丰富的领导者，容易取得人们的信任，并由此产生信赖感和依赖感。

（4）感情。感情是人的一种心理现象，它是人们对客观事物好恶倾向的内在反映。人与人之间建立了良好的感情关系，便能产生亲切感；相互的吸引力越大，彼此的影响力也越大。因此，一个领导者平时待人和蔼可亲，关心体贴下属，与群众的关系融洽，他的影响力往往就较大。

由品格、才干、知识、感情因素构成的非权力影响力，是由领导者自身的素质与行为造就的。在领导者从事管理工作时，它能增强领导者的影响力。在不担任管理职务时，这些因素仍会对人们产生较大的影响。

领导工作有效性的核心内容就是领导者影响力的大小及其有效程度。管理者要实施有效的领导，最关键的就是要增强其对下属及组织影响力的强度与有效性。如何提高影响力的机制与途径，一般有最常见的三种手段，即激励、沟通、指挥。

五、领导的方式

领导方式指领导者与被领导者之间发生影响和作用的方式。按照不同的标准可对领导方式类型进行不同的划分。

（一）按权力控制程度划分

按权力控制程度划分，可分为集权型领导、分权型领导和均权型领导。

（1）集权型领导是工作任务、方针、政策及方法，都由领导者决定，然后布置给下属执行。

（2）分权型领导是领导者只决定目标、政策、任务的方向，对下属在完成任务各个阶段上的日常活动不加干预。领导者只问效果，不问过程与细节。

(3) 均权型领导是领导者与工作人员的职责权限明确划分。工作人员在职权范围内有自主权。这种领导方式主张分工负责、分层负责，以提高工作效率，更好地达成目标。

(二) 按领导重心所向划分

按领导重心所向划分，可以分为“以事为中心”的领导、“以人为中心”的领导、“人事并重式”的领导。

(1)“以事为中心”的领导者认为，以工作为中心，强调工作效率，以最经济的手段取得最大工作成果，以工作的数量与质量及达成目标的程度作为评价成绩的指标。

(2)“以人为中心”的领导者认为，只有下属是愉快的、愿意工作的，才会产生最高的效率、最好的效果。因此，领导者尊重下属的人格，不滥施惩罚，注重积极的鼓励和奖赏，注意发挥下属的主动性和积极性，注意改善工作环境，注意给予下属合理的物质待遇，从而保证其身心健康和精神愉快。

(3)“人事并重式”的领导者认为，既要重视人，也要重视工作，两者不可偏废。既要充分发挥主观能动性，也要改善工作的客观条件，使下属既有饱满的工作热情，又有主动负责的精神。领导者对工作要求严格，必须按时保质保量地完成工作计划，创造出最佳成果。

(三) 按领导者的态度划分

按领导者的态度划分，可分为体谅型领导、严厉型领导。

(1) 体谅型领导是领导者对下属十分体谅，关心其生活困难，注意建立互相依赖、互相支持的友好关系，注意赞赏下属的工作成绩，提高其工作水平。

(2) 严厉型领导是领导者对下属要求十分严厉，重组织、轻个人，要求下属牺牲个人利益服从组织利益，明确每个人的责任，执行严格的纪律，重视监督和考核。

(四) 按决策权力大小划分

按决策权力大小划分，可分为专断型领导、民主型领导、自由型领导。

(1) 专断型领导是领导者把决策权集于一人手中，这种领导方式可以说是权威式的以行政权威推行工作，下属无权参与，没有自主权，完全处于被动的地位。重视行政手段，严格规章制度，缺乏灵活弹性。由于决策错误或客观条件变化，导致执行发生困难时，不查明原因，多归罪下级。对下级奖惩缺乏客观标准，只是按领导者的好恶决定。

(2) 民主型领导是一种权力集中在集体，重大决策和政策均由集体成员参与讨论决定，共同执行的领导方式。领导者同下属互相尊重，彼此信任。领导者通过交谈、会议等方式同下属交流思想，商讨决策，注意按职授权，注重使下属能自主发挥应有的才能。奖惩有客观标准，不以个人好恶行事。

(3) 自由型领导是一种自由放任、各行其是、各自为政的领导方式。这种领导方式是领导者对工作关心不多，任其自然，所以，又称放任型领导方式。领导者有意分散领导权，给下属以极大的自由度。

第二节　领导理论

20 世纪 30 年代以来，人们对于领导及其效能问题，有各种各样的解释或理论，内容十分丰富，但总的说来，还有待整理和提高。西方国家有很多学者从不同角度研究了关于领导的理论。有研究领导者个性特征的，有研究领导行为的，也有研究领导环境对领导方式的作用的。大体上说来，按提出理论的时间顺序，现有的有关领导的理论可以分为三大类：领导特性理论、领导行为理论和权变理论。

一、领导特性理论

特性理论是最古老的领导理论。管理学家对领导者特性进行了长期研究。他们关注领导者个人性格，并试图确定能够造就伟大管理者的共同特性。这实质上是对管理者素质进行的早期研究。

传统特性理论认为领导者的特性来源于生理遗传，是先天具有的，且领导者只有具备这些特性才能成为有效的领导者。特性理论的创始人，美国的心理学家阿尔波特及其同事们曾分析过 17 953 个用来描写人的特点的形容词。美国行为科学家亨利 1949 年在调查研究的基础上指出，成功的领导者应具备 12 种品质：（1）成就需要强烈，他把工作成就看成是最大的乐趣；（2）干劲大，工作积极努力，希望承担富有挑战性的工作；（3）用积极的态度对待上级，尊重上级，与上级关系较好；（4）组织能力强，有较强的预测能力；（5）决断力强；（6）自信心强；（7）思维敏捷，富于进取心；（8）竭力避免失败，不断地接受新的任务，树立新的奋斗目标，驱使自己前进；（9）讲求实际，重视当下；（10）眼睛向上，对上级亲近而对下级较疏远；（11）对父母没有情感上的牵扯；（12）效力于组织，忠于职守。

现代特性理论认为领导者的特性和品质并非全是与生俱来的，而是可以在领导实践中形成的，也可以通过训练和培养的方式予以造就。主张现代特性理论的学者提出了不少富有见地的观点。美国普林斯顿大学教授威廉·杰克·鲍莫尔针对美国企业界的实况，提出了企业领导者应具备的 10 个条件：（1）合作精神；（2）决策能力；（3）组织能力；（4）精于授权；（5）善于应变；（6）勇于负责；（7）勇于求新；（8）敢担风险；（9）尊重他人；（10）品德超人。

尽管一些杰出的领导者的特性差异很大，很难确定几条完全统一的公认特性，但到 20 世纪 90 年代，特性理论研究者还是提出了一些有效反映领导者特性的个性特点，即领导者有 6 项特质不同于非领导者：

第一，进取心。领导者表现出高努力水平，拥有较高的成就渴望。他们进取心强，精力充沛，对自己所从事的活动坚持不懈，并有高度的主动精神。

第二，领导愿望。领导者有强烈的愿望去影响和领导别人，他们表现为乐于承担责任。

第三，诚实与正直。领导者通过真诚与言行一致来建立他们与下属之间相互信赖的关系。

第四，自信。领导者为了使下属相信他的目标和决策的正确性，必须表现出高度的自信。

第五，智慧。领导者需要具备足够的智慧来收集、整理和解释大量信息，并能够确立目标、解决问题和作出正确的决策。

第六，工作相关知识。有效的领导者对于公司、行业和技术事项拥有较高的知识水平。广博的知识能够使他们做出富有远见的决策，并能理解这种决策的意义。

二、领导行为理论

领导行为理论认为，领导者最重要的方面不是领导者个人的性格特征，而是领导者实际在做什么。主要的理论有美国著名企业管理学家坦南鲍姆和施米特的领导行为连续统一体理论，美国教育家和组织心理学家利克特的四种管理模式，美国俄亥俄州立大学的研究人员们提出的领导行为四分图理论，美国行为科学家布莱克和穆顿的管理方格理论，日本心理学家三隅二不二的PM型领导行为理论等。下面主要介绍领导行为连续统一体理论和管理方格理论。

（一）领导行为连续统一体理论

这一理论认为，领导方式是一个连续变量，从"独裁式"的领导方式到极度民主化的"放任式"领导方式之间列举出了七种有代表性的模式，如图5—1所示。

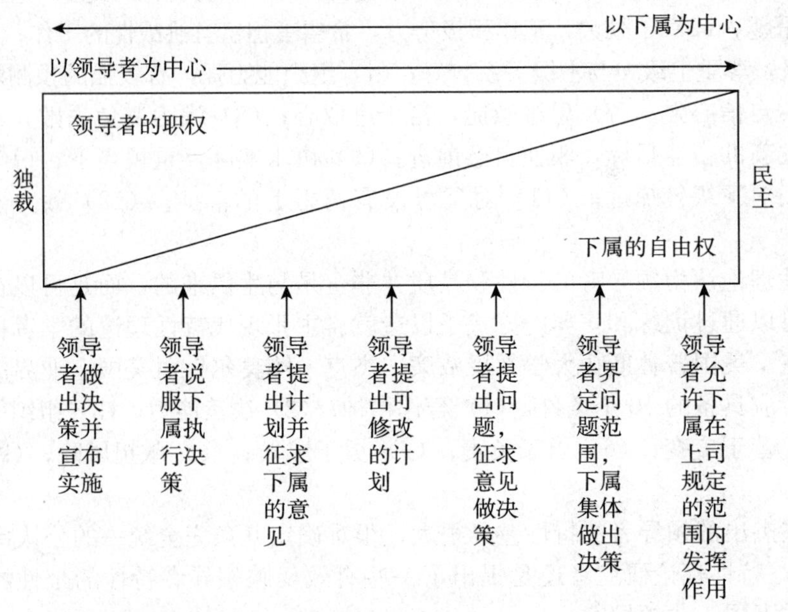

图5—1　领导行为连续统一体理论

1. 领导者做出决策并宣布实施

在这种模式中，领导者确定一个问题，并考虑各种可供选择的方案，从中选择一种，然后向下属宣布执行，不给下属直接参与决策的机会。

2. 领导者说服下属执行决策

在这种模式中，同前一种模式一样，领导者承担确认问题和做出决策的责任。但他不是简单地宣布实施这个决策，而是认识到下属中可能会存在反对意见，于是试图通过阐明这个决策可能给下属带来的利益来说服下属接受这个决策，消除下属的反对。

3. 领导者提出计划并征求下属的意见

在这种模式中，领导者提出了一个决策，并希望下属接受这个决策，他向下属提出一个有关自己的计划的详细说明，并允许下属提出问题。这样，下属就能更好地理解领导者的计划和意图，领导者和下属能够共同讨论决策的意义和作用。

4. 领导者提出可修改的计划

在这种模式中，下属可以对决策发挥某些影响作用，但确认和分析问题的主动权仍在领导者手中。领导者先对问题进行思考，提出一个暂时的可修改的计划，并把这个暂定的计划交给有关人员进行征求意见。

5. 领导者提出问题，征求意见做决策

在以上几种模式中，领导者在征求下属意见之前就提出了自己的解决方案，而在这个模式中，下属有机会在决策做出以前就提出自己的建议。领导者的主动作用体现在确定问题，下属的作用在于提出各种解决的方案，最后，领导者从自己和下属所提出的解决方案中选择一种他认为最好的解决方案。

6. 领导者界定问题范围，下属集体做出决策

在这种模式中，领导者已经将决策权交给了下属的群体。领导者的工作是弄清所要解决的问题，并为下属提出做决策的条件和要求，下属按照领导者界定的问题范围进行决策。

7. 领导者允许下属在上司规定的范围内发挥作用

这种模式体现了极度的团体自由。如果领导者参加了决策的过程，他应力图使自己与团队中的其他成员处于平等的地位，并事先声明遵守团体所做出的任何决策。

在上述各种模式中，坦南鲍姆和施米特认为，不能抽象地认为哪一种模式一定是好的，哪一种模式一定是差的。成功的领导者应该是在一定的条件下，善于考虑各种因素的影响，采用最恰当行动的人。当需要果断指挥时，他应善于指挥；当需要员工参与决策时，他能适当放权。领导者应根据具体的情况，如领导者自身的能力，下属及环境状况、工作性质、工作时间等，适当选择连续体中的某种领导风格，才能达到领导行为的有效性。

（二）管理方格理论

这一理论采用两种因素的不同组合来表示领导者的行为。这两种因素分别是对生产的关心程度和对人的关心程度。将这两种因素用二维坐标来表示，横坐标表示对生产的关心程度，纵坐标表示对人的关心程度，作图后就形成了管理方格图。这张方格图有 81 种领导方式，其中最具代表性的有 5 种，如图 5—2 所示。

1. 1.1 型

放任式领导，这种领导方式对生产和人的关心程度都很小，领导仅仅扮演一个“信使”的角色，即把上级的信息单纯地传达给下级。

2. 9.1 型

任务式领导，这种领导方式对生产和工作的完成情况很关心，但是很少重视下属的心理、情绪和发展状况。

3. 1.9 型

关系式领导，这种领导方式只注重去创造一种良好的人际关系环境，让组织中的每一

个人都感到轻松、友好和快乐，很少去关心其工作和任务的完成情况及存在的问题。

4. 5.5 型

中庸式领导，这种领导方式对人和生产都有中等程度的关心，其目的是维持正常的生产效率和人际关系。

5. 9.9 型

集体式领导，这种领导方式无论对于人员还是生产都表现出最大可能的献身精神，通过协调、综合等活动来提高生产和组织士气。布莱克和穆顿认为，只有这种领导才是真正的“集体的管理者”，他们能够把企业的生产需要同个人的需要紧密地结合起来。

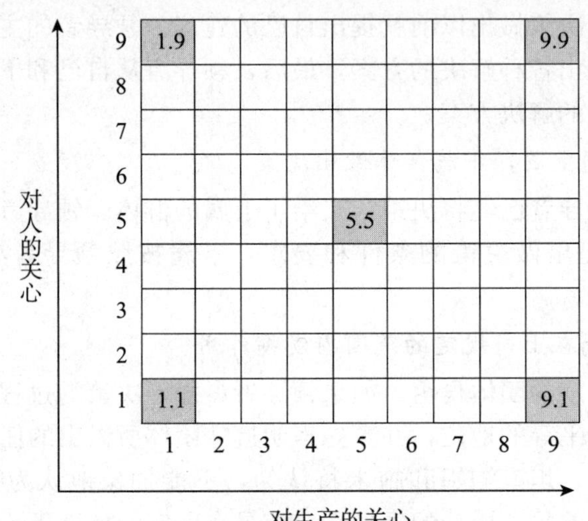

图 5—2 管理方格图

三、权变理论

随着研究的深入，人们开始把注意力转移到对领导所处情境的研究，并且认为领导的有效性受环境因素的影响很大，这种理论就是权变领导理论。从其内容来看，权变领导理论关注的是领导者与被领导者及环境之间的相互影响。

（一）菲德勒模型

美国管理学家菲德勒提出的权变理论意味着领导工作是一个过程。在这一过程中，领导者施加影响的能力取决于群体的工作环境，领导者的风格和个性，以及领导方法对群体的适合程度。换句话说，按照菲德勒的理论，人们之所以成为领导者，不仅仅是由于他们的个性，而且还由于各种环境因素以及领导和环境之间的相互作用。菲德勒认为，各种领导方式都可能在一定的环境内有效，这种环境是各种外部与内部因素的综合作用体。菲德勒指出，对一个领导者的领导方式起影响作用的有三个基本因素，它们分别是职位权力、任务结构和上下级关系。

1. 职位权力

职位权力是指领导者所处的职位具有的权威和权力的大小，或者说领导的法定权、强制权、奖励权的大小。权力越大，群体成员遵从指导的程度越高，领导的环境也就越好；

反之，则越差。

2. 任务结构

任务结构是指任务的明确程度和人们对这些任务的负责程度（分为高与低两种程度）。当下属人员对所担任的任务的性质越清晰、明确而且例行化，下属的责任心越强，则领导者对工作质量越易控制，领导环境越好。反之，当群体成员对自己所担任的任务的性质模糊不清或其任务多有变化时，领导环境则越差。

3. 上下级关系

上下级关系是指下属乐于追随的程度，菲德勒认为，从领导者的角度看这是最重要的。如果下属对上级越尊重，并且乐于追随，则上下级关系越好，领导环境就越好。反之，则越差。

菲德勒认为，根据这三个基本因素的情况，领导者所处的环境从最有利到最不利，可分为8种类型，如表5—2所示。其中三个条件齐备的是最有利的领导环境，三者都缺乏的是最不利的领导环境。领导者所采取的领导方式，应该与环境类型相适应，才能获得有效的领导。菲德勒用很多时间对1 200个团体进行了调查分析，证明在最不利和最有利的两种情况下，采取以“任务为中心”的指令型领导方式，效果较好；而对处于中间状态的环境，则采用“以人为中心”的宽容型领导方式，效果较好。例如，当工作任务有严格明确的规定，但领导者又不为人们所欢迎，必须采用机敏手段时，“以人为中心”的领导方式可获得好的成效。在领导者为下属所欢迎，而任务却没有明确规范的情况下，这种领导方式也能有实效。

表5—2　　菲德勒对领导方式与绩效的调查总结表

对领导的有利性	有利			中间状态				不利
环境类型因素	1	2	3	4	5	6	7	8
上下级关系	好	好	好	好	差	差	差	差
任务结构	明确	明确	不明确	不明确	明确	明确	不明确	不明确
职位权力	强	弱	强	弱	强	弱	强	弱

（二）情境领导理论

情境领导理论是由美国管理学者郝塞和布兰查德共同提出的。该理论的研究重点放在下属人员的成熟度上，他们认为领导者的领导方式必须随着下属的成熟度而加以改变。领导方式的有效性取决于下属的行为，对其他领导方式是一个很好的补充。

研究中把下属的成熟度定义为：个体对自己的直接行为负责任的能力和意愿，它包括两个方面：心理成熟度和任务成熟度。所谓心理成熟度是指下属工作的动机和意愿，心理成熟度高的下属一般不需要过多的外在激励，愿意自觉地工作；工作成熟度是指下属完成工作的能力和技能，工作成熟度高的下属不需要上级的指导，可以独立完成工作。而下属会逐渐由不成熟走向成熟。两位研究者把下属的成熟度由低到高分为四个阶段：

M1代表不成熟，即下属对执行的工作既无能力又不愿意完成，也就是说他们既不能胜任又不能得到信任。

M2 代表稍成熟，即下属缺乏能力但愿意从事必要的工作任务，也就是说他们有工作积极性但是缺乏足够的经验和能力。

M3 代表较为成熟，即下属有能力但是不愿意干领导希望他做的工作。

M4 代表很成熟，即下属既有能力又有意愿从事领导分派他做的工作。

当下属的成熟度水平逐渐提高的时候，领导者应该改变其领导行为中的任务行为和关系行为。任务行为是指领导者和下属为完成任务而形成的有效形式，关系行为是指领导者给下属以帮助和支持的程度，高的任务行为能弥补下属能力的不足，而高的关系行为能使下属理解领导的意图并按领导的意志去做。所以，两位研究者提出了四种不同的领导方式，见图 5—3。

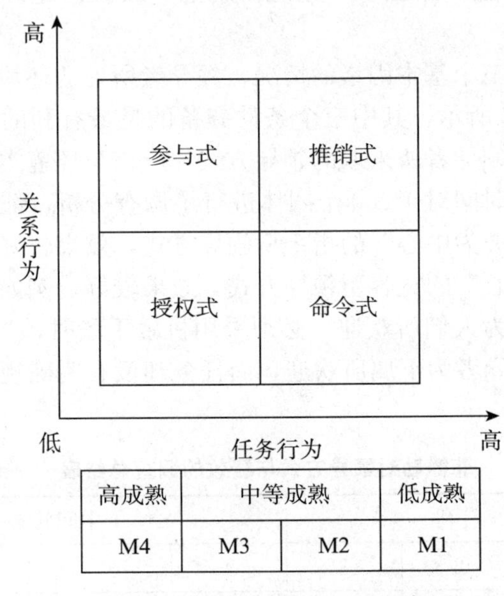

高成熟	中等成熟		低成熟
M4	M3	M2	M1

图 5—3　情境领导模式领导者类型

（1）命令式（高任务—低关系）：领导对下属的工作有明确的规定，甚至规定了什么时候做和怎么做，但是不注意下属的接受问题，即强调领导者对下属明确而具体的指导。

（2）推销式（高任务—高关系）：领导既给下属一定的指导，又给他一定的支持行为，以保护下属的工作积极性。

（3）参与式（低任务—高关系）：领导和下属共同参与决策，领导者主要给下属提供一定的便利条件，以激励下属积极地工作。

（4）授权式（低任务—低关系）：领导者不需要做太多的工作，因为下属既有能力又有责任心完成工作。

（三）路径—目标理论

路径—目标理论是由加拿大多伦多大学教授伊凡斯在 1968 年首先提出，并由其同事罗伯特·豪斯等加以扩充并逐渐完善的。这是目前最受人们关注的一种权变领导理论，原因是该模式并没有指出所谓的最佳领导方法，只是建议领导人选择最适合具体情况的领导风格。

该理论认为，领导者的工作是帮助下属达到他们的目标，并提供必要的指导和支持，以确保各自的目标与群体或组织的总体目标一致。该理论认为有效领导者能够明确指出实现工作目标的方式来帮助下属，并为他们清除各种障碍和危险，从而使下属的相关工作容易进行。该理论还认为，领导者的行为被下属接受的程度，取决于下属是将这种行为视为获得当前满足的源泉，还是作为未来满足的手段。

该理论确定了四种领导行为：(1) 指导型领导，领导者让下属知道他对他们的期望是什么，以及他们完成工作的时间安排，并对如何完成任务给予具体指导；(2) 支持型领导，领导者对下属需要表现出关怀；(3) 参与型领导，领导者与下属共同磋商，并在决策之前充分考虑他们的建议；(4) 成就导向型领导，领导者设定富有挑战性的目标，并期望下属发挥出最佳水平。

路径—目标理论，提出两类变量作为领导行为—结果关系的中间变量，即环境因素(任务结构、正式权力系统和工作群体) 和下属的个人特点 (控制点、经验、知觉能力)。控制点是指个体对环境变化影响自身行为的认识程度。根据这种认识程度的大小，控制点分为内向控制点和外向控制点两种。内向控制点是说明个体充分相信自我行为主导未来而不是环境控制未来的观念；外向控制点则是说明个体把自我行为的结果归于环境影响的观念。依此标准，也可把下属分为内向控制点和外向控制点两种类型。环境因素和下属个人特点决定着领导行为类型的选择。图 5—4 即为路径—目标理论模型。

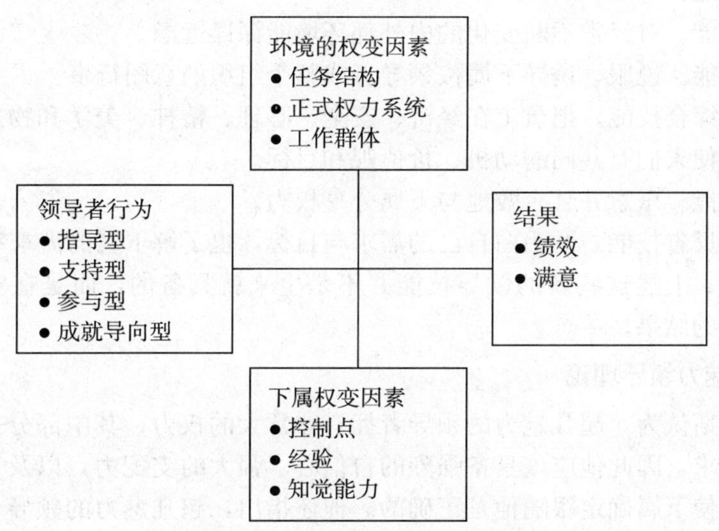

图 5—4 路径—目标理论模型

路径—目标理论要求最有效的领导者应能帮助其下属实现组织目标和个人目标，特别是一些成就与报酬目标。领导者要做到这一点，就要明确规定职位与工作职责，消除工作中的障碍，在制定目标时谋求全体成员的帮助，促进群体内部的团结和协作，增进个人在工作中得到满足的机会，减少不必要的紧张与外部控制，使酬劳的期望得以实现，以及做其他一些能满足人们期望的事情。如上述模型所示，该理论认为存在四种不同的领导行为、三类员工特征和三种环境条件，这三者的综合就导致员工在满意度、受激励程度和对领导的接受程度方面出现不同的结果。

研究结果表明，路径—目标理论对于上层职位和专业性工作特别有用，因为在这些岗位上的领导者的行为，能对工作环境的设计工作施加相当大的影响。但它用于日常生产工作则不明显，因为领导者无法为这些日常工作得到更令人满意的结果而做更多的事情。

四、领导新理论

（一）改革精神的领导理论

美国管理学家巴斯把领导者分为两类："执行型"和"改革型"。前者为下属提出需要做什么、有哪些要求，并且帮助下属树立信心，只要付出必要的努力，定能达到组织与个人的目标；后者则通过提高对完成任务的价值与重要意义的认识，通过强调集体和组织的利益高于个人的利益，以及通过强调追求更高层次的需求等，来激励下属完成比原来预期的更多的工作。

巴斯认为，前述三种领导理论完全适合于执行型的领导者。当然，这些理论在过去、现在甚至将来都仍然还是可用的、有益的。但是，作为一个领导者，为了更有成效，以及对自己的组织发挥重大的影响力，就必须运用自己的想象力和精力去鼓舞下属。

（二）领导技能理论

美国管理学家博伊德在巴斯理论的基础上，提出了"改革精神"的领导者必须具备的五种新的领导技能：

（1）预见技能。对经常不断变化的内外部环境能深谋远虑。

（2）想象技能。说服、诱导下属按领导者或整个组织的意图行事。

（3）价值观综合技能。把员工在经济、安全、心理、精神、美学和物质等方面的需求综合起来，以便使人们有共同的动机、价值观和目标。

（4）授权技能。乐意并且有效地与下属分享权力。

（5）自知或反省技能。既明白自己的需求与目标，也了解下属的需求和目标。

博伊德认为，上述这些新的领导技能并不是生来就具备的，而是在实践中锻炼、培养、学习和提高的结果。

（三）超凡魅力领导理论

罗伯特·豪斯认为，超凡魅力的领导者拥有非常大的权力，其中部分来自于他对影响其他人的一种需求，因此他应该具备强烈的自信心、强大的支配力，以及对于信念和道德的坚定性，以便使下属确定跟随他是正确的。他还指出，超凡魅力的领导者能提出一个有想象力的、更远大的目标，从而赢得追随者的支持。这样的领导者还应该细心地创造一个成功而又能胜任的形象，并以自己的榜样来表达他所坚持的价值观，以便使追随者确信能实现领导者的期望。

第三节　领导艺术

领导者的工作效率和效果在很大程度上取决于他们的领导艺术。领导艺术的内涵极为丰富，是一门博大精深的学问。

一、授权的艺术

领导人有条不紊地办事是一种艺术。在组织中，经常可以看到这样一些领导者，他们习惯于事必躬亲，整天忙忙碌碌，超时工作，没有娱乐、休息和学习，还总是感到时间不够用。作为一个领导者，当发现自己忙不过来的时候，就应该考虑自己是否已经影响了下属的职权，做了本应由下属去做的事。领导者必须明白，凡是下属可以做的事，都应授权让他们去做，领导者只应做领导应干的事。通过合理授权，领导者能获得很多益处。

（一）节约时间

通过授权，领导者可以有较多时间去考虑和处理关系组织全局的重大问题，发挥领导者应有的作用。同时可以集中时间和精力抓好决定企业生死存亡的大事，科学合理地安排好日常工作，不忽视关键的日常作业活动。

（二）提高决策质量

授权使下级和上级之间的沟通加深，从而可以提高决策速度和质量水平。

（三）提高下属积极性

授权显示了对下属的信任，既激发下级的工作热情及创造性，增强其工作的责任心，也更充分发挥了下属的专长。同时可以使下属在工作中不断得到锻炼和发展，有利于干部的培养。

领导工作包括决策、用人、指挥、协调和激励。这些都是大事，是领导者应该做的，但绝对不是说都应由单位的最高领导人来做，而应该分清轻重缓急，主次先后，分别授权让每一级去管本级应管的事。企业的最高领导者应该只抓重中之重、急中之急，并且严格按照“例外原则”办事。也就是说，凡是已经授权给下属去做的事，领导者就要克制自己，不要再去插手，领导者只需管那些没有对下授权的例外的事情。在社会化大生产条件下，提高企业生产效率和经济效益，靠的是企业分工，严密协作，领导不必也不能事事包办代替。否则，既破坏了分工协作关系，又使下级有职无权，失去实践和成长的机会，挫伤员工的积极性。有些领导者太看重自己的地位和作用，事无巨细，无所不包，其结果不仅浪费了自己宝贵的时间和精力，还挫伤了下属的积极性和责任感，反过来又会加重自己的负担。领导者对于那些必须由自己亲自处理的事，也应先问三个能不能：能不能取消它？能不能与别的工作合并处理？能不能用更简便的方法处理？这样就可以把那些可做可不做的事去掉，把一部分事合并起来用最简便的方法去做，从而减轻负担，腾出更多时间去进行思索和筹划，更好地发挥领导的作用。

美国通用电气公司前董事长与首席执行官杰克·韦尔奇就认为管理者更应该像个领导人，这样的管理者才能够激励别人，允许他们自由思考和创造性地工作。“管理越少，公司越好”，这是韦尔奇的名言。

二、用人的艺术

领导的对象就是人，没有人际之间的联系与信息的交流，就不可能有领导者。领导者在实施指挥和协调的职能时，必须把自己的设想及决策传递给被领导者，以影响被领导者的行为，不断激励被领导者为实现组织目标而努力。同时，还要善于用人，让其在适当的职位上发挥有利的作用。因此，领导者必须掌握待人的方法与艺术。

（一）激励下属

激励是实现目标的重要驱动力。领导者的大部分任务是由下属完成的，如果不知道或不懂得激励下属，那么领导者所能取得的成功是有限的。领导者应善于运用各种刺激手段，唤起人的需要，激发人的动机，调动人的积极性。这要求领导者懂得基本的激励理论和方法，了解下属的需要，设计一个通过满足需要引导其行为的激励方案。

领导者激励下属的方式既可以是物质激励，也可以是精神激励。不同的人所需要的激励方式是不相同的，同一个人在不同的阶段所需要的激励方式也是不相同的。因此，领导者在对下属进行激励的时候，既要考虑到环境的特点，也要考虑到下属的需要。让下属保持持续的工作热情，并变成现实的行动。

1. 掌握和运用激励理论

理论可以帮助我们了解复杂的、抽象的问题。熟悉激励的基本理论，可以使领导者对如何带领员工们努力工作有一个深入的认识。

2. 了解下属的需要

要做好激励工作，必须了解激励对象的各种需要，以及每种需要的强烈和重要程度，这样才能"对症下药"。人们低层次的需求可通过工资和工作保障等得以满足，高层次的需求则可以使员工通过工作本身如工作所具有的荣誉感和挑战性等得以满足。因此，可以通过不同的奖励方法去满足下属不同层次的需求。

3. 正确激励下属

正确的激励方法才能有效调动下属的积极性，否则，效果可能适得其反。首先，针对性激励。不同层次的人有着不同的需求，领导者应善于掌握下属不同的优势需要，把物质激励和精神激励有机地结合起来，有针对性地加以激励。其次，满足下属的尊重需要。由于下属一般较关注自己在组织中的重要性及责任，领导者要通过各种形式多听取下属的意见，并说明下属的工作对组织的重要性，从而满足下属的尊重需要。再次，多鼓励少惩罚。下属不可能没有失误，重要的是如何使他们在失误之后吸取教训并有所提高。领导者可以通过奖赏或惩罚等手段对下属的行为结果加以控制，从而修正其行为。最后，目标激励。领导者要向下属详细说明企业目标何在，正在做什么，给下属以希望。

（二）影响下属

领导者要实现有效的领导，关键在于其影响力大小。影响不是把自己的意志强加给下属，而是在价值观念方面培养共识，达到认同。领导者影响力在人际交往中表现得尤为重要。

1. 加强上下级沟通

领导者无法对组织上上下下的复杂问题都进行考虑，做出决策。要想使下属每个人都发挥个人的积极性，就必须加强与下级沟通，通过价值观的教育、启迪，使大家对公司目标达到基本一致的认识。

2. 鼓励下属参与管理，共同决策

领导者的决策制定应多听取下属的意思，可能的话，让下属参与决策。这样，决策方案出来后，会增加下属对决策方案的认同，下属才会竭尽全力去实施。

（三）知人善任

领导者在企业活动中属于主导、率领的地位，负责制定整个企业的大政方针以及经营战略与管理决策。要使决策付诸实践，领导者必须团结下属，借助他们的智慧和力量去完成任务。因此，领导者必须将下属安排到适当的位置上，用其所长。这要求领导者要做到知人善任。知人是要了解人，对人进行正确的考察、识别，以便选择；善任是要用好人，使用得当。知人是善任的前提。

1. 识别人才

人才总是有的，领导者要相信人才的客观存在，并且要爱惜人才。同时要坚持实事求是的原则，用全面的、发展的观点看人才，要看人才的全部历史和全部工作，综合考察，科学地分析，才能识别“真才”，坚持德才兼备的原则。

2. 正确使用人才

识别人才的目的是用人。人才用得好，能收到事半功倍的效果；使用不当，不仅会降低生产效率，还会造成人才的流失。因此，合理地使用人才是领导者人才培养的中心环节。尤其是在竞争日益激烈的时代，领导者不仅应使用好人才，更应重视人才的开发与培养。

三、交谈和倾听的艺术

领导者必须善于同下属交谈，倾听下属的意见。没有人与人之间的信息交流，就不可能有领导。领导者在行使指挥和协调的职能时，必须把自己的想法、感受和决策等信息传递给被领导者，这样才能影响被领导者的行为。同时，为了进行有效的领导，领导者也需了解被领导者的反应、感受和困难。这种双向的信息传递十分重要。交流信息可以通过正式的文件、报告、书信、会议、电话和非正式的面对面会谈等方式进行。其中，面对面的个别交谈是深入了解下属的较好方式，因为通过交谈不仅可以了解到更多、更详细的情况，并且可以通过察言观色来了解对方心灵深处的想法。

善于同下级交谈是一种领导艺术。有些领导者在同下属谈话时，往往同时批阅文件，左顾右盼，精力不集中，不耐烦，其结果不仅不能了解对方的思想，反而会伤害对方的自尊，失去下属对自己的尊重和信任，甚至还会造成冲突和隔阂。所以，领导者必须掌握善于同下属交谈，倾听下属意见的艺术。

（一）悉心倾听

即使你不相信对方的话，或者对所谈的问题毫无兴趣，在对方说话时，也必须悉心倾听，善加分析。同时，要仔细观察对方说话时的神态，捉摸对方没有说出的意思。如果你希望对某一点多了解一些，可以将对方的意见改成疑问句简单重复一遍，这将鼓励对方作进一步的解释和说明。

（二）不随意打岔

谈话一经开始，就要让对方把话说完，不要随意插话，打断对方的思路，岔开对方的话题。也不要迫不及待地解释、质问和申辩。对方找你谈话是要谈他的感受，领导者倾听下属意见的目的在于了解对方的想法，而不是摆出“权威”的架势去说服、教育对方，打通对方的思想。对方讲的是否有理，是否符合事实，可以留待以后研究。

（三）态度诚恳地回答下属的问题

如果下属诚恳地希望听到你的意见，你必须抓住要领，态度诚恳地就实质性问题做出简明扼要的回答，帮助对方拨开心灵上的云雾，解开思想上的疙瘩。同时，也要注意对方说的许多情况你可能并不清楚，在未加调查之前，不应表态和许愿，以免造成被动，引起更大的不快。对于谈话涉及的重大原则问题或应由上级主管部门处理的问题，领导者应实事求是地告诉对方，这些问题是自己不能单独处理的，需待研究以后才能答复。

（四）控制自己的情绪，不能感情用事

下属说话的内容，领导者可能同意，也可能不同意，有怀疑，甚至反感和不满。但是，不管领导者自己的观点和情绪如何，都必须加以控制，始终保持冷静的态度，让对方畅所欲言。仅此一点，就会使对方感到领导在注意他的意见，在彼此沟通思想感情。至于是非曲直，可留待以后再谈，或留待对方冷静后自己去判断。

四、争取信任和合作的艺术

有些新踏上领导岗位的人，往往只会自己埋头苦干，不善于争取别人的信任和合作；也有人只想利用手中的权力来使副手和下属慑服，而较少考虑如何取得他们的支持和友谊。其实，领导者和被领导者之间的关系不应当只是一种刻板的和冷漠的上下级关系，而应当建立起真诚合作的同志关系。领导者不能只依靠自己手中的权力，还必须取得同事和下属的信任和合作。

（一）平易近人

领导者在组织中处于领导职位，很容易让下属产生居高临下的感觉，造成与下属的距离。所以，领导者在与同事和下属相处中，要注意礼貌，主动向对方表示尊重和友好；在办事时要多用商量的口吻，多听取和采纳对方意见中合理的部分；要勇于承认和改正自己的缺点、错误，既不要轻易发脾气、耍态度、训斥人，也不要讲无原则的话，更不能随便表态、许诺；要谦虚待人，以诚待人。

（二）信任对方

在分工授权后，领导者对下属不要再三关照叮嘱，更不要随便插手干预，使对方感到你怀疑他的能力。相反，领导者要用实际行动使下属感到你的信任，感到自己对组织的重要性。这样，下属就会主动加强同领导者的合作。如果领导者能在授权的同时，主动征求并采纳下属对工作的意见，使下属感到领导对他的器重，这将有利于增进相互之间的友谊和合作。如果领导者让自己的副手或下属长期感到被忽视，不能发挥作用，则必将招致他们的不满和怨恨。

（三）一视同仁

人们之间的关系有亲有疏，这是正常的社会现象，领导者也不例外。为了加强企业的凝聚力，领导者既要团结与自己亲密无间、命运与共的骨干，又要注意团结职工。同自己意见不一致甚至于疏远或反对自己的人，领导者不应将其视为异己加以排斥，而应关心和尊重他们，努力争取他们的合作。特别是在处理诸如提级、调资、奖励等有关经济利益和荣誉的问题时，必须一视同仁、秉公办事。当下属犯了错误的时候，也要严格对待，真诚地帮助他们认识、改正错误。

领导者必须懂得，许多人工作上犯错误，都是想多做工作、做好工作而无意造成的，所以领导者对下属工作上的错误要勇于承担领导或者指导责任。当下属受到外界侵犯或蒙受冤屈时，领导者应挺身而出，保护下属。这样组织的全体人员就会感到，在你的领导下，没有亲疏，只要好好干，谁都可以得到应有的尊重和信任，就会产生一种安全感、归属感，组织内部常有的"宗派"自然也就失去存在的基础。

五、利用时间的艺术

创造财富都要耗用时间，做任何事情都需要占用时间。时间似乎是一种用之不竭的资源，但就个人来讲，时间又是有限的。因此"时间就是金钱""时间就是生命"，这是实实在在的真理。领导者要做时间的主人，除了如前所述，要科学地管理，合理地分层授权，摆脱繁琐事务的纠缠之外，还要掌握合理地利用时间的艺术。

（一）学会合理地使用时间

有许多领导者忙了一天、一周甚至一个月，往往说不出究竟做了什么事，哪些是自己应该做的，哪些是自己不该做的。年复一年地如此下去，浪费了许多宝贵的时间。为了珍惜自己的时间，把有限的时间用在自己应该做的领导工作上，应当养成记录自己时间消耗情况的习惯。每做一件事就记一笔账，写明几点到几点办什么事。每隔一两周，对自己的时间消耗情况进行一次分析。这时，就会发现自己在时间利用上的不合理之处，从而找到合理利用时间的措施，提高时间利用效率。

（二）提高开会的效率

开会是交流信息的一种有效方式，但开会也要讲究艺术。有些领导者成天沉沦于文山会海中，似乎领导的职能就是开会、批文件。而开会是否解决了问题、效率如何却全然不顾。其实不解决问题的会议有百害而无一利，开会也要讲究经济效益。会议占用的时间也是劳动耗费的一种，会议的成本应纳入企业经济核算体系之内进行考核，借以提高开会的效率，节约领导者和与会者的宝贵时间。

本章小结

领导是指管理者依靠其影响力，通过激励、沟通、指挥等手段，带领被领导者或追随者，去实现组织目标的活动过程。领导与管理二者既有联系，又有区别。领导具有指挥作用、激励作用、协调作用、沟通作用。领导实质上是一种对他人的影响力，即管理者对下属及组织行为的影响力。领导者对下属及组织的影响力来自于权力影响力和非权力影响力。领导方式指领导者与被领导者之间发生影响和作用的方式。按权力控制程度划分，可分为集权型领导、分权型领导和均权型领导；按领导重心所向划分，可以分为"以事为中心"的领导、"以人为中心"的领导、"人事并重式"的领导；按领导者的态度划分，可分为体谅型领导、严厉型领导；按决策权力大小划分，可分为专断型领导、民主型领导、自由型领导。

传统特性理论认为领导者的特性来源于生理遗传，是先天具有的，且领导者只有具备这些特性才能成为有效的领导者。现代特性理论认为领导者的特性和品质并非全是与生俱来的，而可以在领导实践中形成，也可以通过训练和培养的方式予以造就。领导行为理论主要包括领导行为连续统一体理论、管理方格理论等。领导权变理论主要探讨各种环境因素怎样影响领导者素质和行为与领导成效的关系，认为在不同情境下需要不同的素质和行为，才能达到有效的领导。其中影响较大的有菲德勒模型、情境领导理论、路径—目标理论。领导新理论包括美国管理学家巴斯关于改革精神的领导理论、美国管理学家博伊德领导技能理论和豪斯的超凡魅力领导理论。

领导艺术包括授权的艺术、用人的艺术、交谈和倾听的艺术、争取信任和合作的艺术、利用时间的艺术。

思考与练习

一、选择题

1. 领导者采用何种领导风格，应当视其下属的“成熟”程度而定。当某一下属既不愿也不能负担工作责任，学识和经验较少时，领导对于这种下属应采取（　　）领导。

A. 命令式　　B. 说服式　　C. 参与式　　D. 授权式

2. 领导者运用权力的最重要原则是（　　）。

A. 慎重原则　　B. 公正原则　　C. 例外原则　　D. 有权不用过期作废

3. “士为知己者死”这一古训反映了有效的领导始于（　　）。

A. 上下级之间的友情　　B. 为下属设定崇高的目标

C. 为下属的利益不惜牺牲自己　　D. 了解下属的欲望和需要

4. 有些领导事必躬亲、劳累不堪，但管理的效果不理想，这可能主要是因为他忽视了（　　）。

A. 提高自己的领导能力　　B. 运用现代的办公设施

C. 过分集权的弊端和分权的重要性　　D. 锻炼身体的重要性

5. 从管理方格理论中，我们体会到，欲使领导工作卓有成效则应（　　）。

A. 采取集权领导注重完成任务

B. 注重和谐的人际关系

C. 注重组织目标的达成和对职工的关心

D. 充分发挥激励作用

6. 属于领导非权力影响力的是（　　）。

A. 奖金　　B. 晋升　　C. 专长　　D. 地位

7. 某部门主管将注意力几乎都放在了对任务的完成上，而对下属的心理因素、士气和发展很少关心。根据管理方格理论，该主管的领导作风属于（　　）。

A. 放任式　　B. 任务式　　C. 中庸式　　D. 集体式

8. 根据权变理论，领导是否有效取决于（　　）。

A. 稳定的领导行为

B. 领导者的品质权威

C. 领导者能否适应其所处的具体环境

D. 是专制型领导还是民主型领导

9. 关系式的领导在工作中主要表现出（　　）。

A. 更多地关心职工的工作与生活和较少地注意管理效率的提高

B. 在更多地关心职工的工作与生活的同时，也非常注意管理效率的提高

C. 虽不关心职工的工作与生活，却非常注意管理效率的提高

D. 既不关心职工的工作与生活，也不注意组织管理效率的提高

10. 依照路径—目标理论，下列说法中正确的是（　　）。

A. 当任务不明或压力过大时，成就导向型领导会获得更高的满意度

B. 当下属执行结构化任务时，支持型领导会获得员工高绩效和高满意度

C. 对知觉能力强或经验丰富的下属，指导型的领导可能被视为好领导

D. 组织中的正式权力关系越明确化，领导者越应表现出控制型行为

二、多项选择

1. 关于领导的基本含义的理解，正确的是（　　）。

A. 领导包含领导者和被领导者两个方面

B. 领导是一种活动，是引导人们的行为过程

C. 领导的基础是领导者的影响力

D. 领导施加影响力的方式或手段主要有激励、沟通和指挥

E. 领导的目的是实现组织的目标

2. 管理和领导的区别，可以从（　　）中比较出来。

A. 职能　　B. 岗位　　C. 制订计划

D. 组织和人员配备思路　　E. 效果

3. 领导职能的作用包括（　　）。

A. 指导作用　　B. 激励作用　　C. 协调作用

D. 沟通作用　　E. 指挥作用

4. 构成非权力影响力的主要因素包括（　　）。

A. 品格　　B. 职位　　C. 知识　　D. 感情　　E. 才能

5. 领导者不同于非领导者的特质包括（　　）。

A. 进取心　　B. 诚实与正值　　C. 自信

D. 家庭环境　　E. 工作相关知识

三、简答题

1. 什么是领导？领导与管理有何关系？

2. 领导职能有哪些作用？

3. 领导的权力影响力包括哪些？影响权力影响力的主要因素有哪些？

4. 领导的非权力影响力包括哪些？构成非权力影响力的主要因素有哪些？

5. 什么是领导方式？领导类型如何划分？

6. 特性理论研究者认为领导者不同于非领导者有哪些特质？

7. 领导行为连续统一体理论七种有代表性的模式是什么？

8. 简述管理方格理论最具代表性的五种领导方式。

9. 如何发挥领导艺术?

四、案例分析

三个领导，三种风格

刚刚大学毕业的吴君通过学校推荐来到钢材集团总公司下属的第三分公司，给张总经理做秘书。张总经理可谓日理万机，因为公司的大小事情都必须向他汇报，得到他的指示才能行事。尽管如此吴君还是感到工作比较轻松。因为任何事情她只需要交给总经理，再把总经理的答复转给相关责任人，就算完成任务了。可是好景不长，因为张总经理每日奔波劳碌，终于病倒了。

新上任了王总经理。王总经理开始对吴君每日无论大小适宜都要请示提出了批评，让她慢慢学会分清轻重缓急，有些事情可以直接转交其他副总经理处理。这样，王总经理每日有更多的时间去考虑公司的长远目标，确立组织发展方向，然后在高层领导者之间召开会议，进行研讨。自王总经理上任以来，公司出台了新的发展规化、市场定位及公司内部的规章制度。公司的业绩也在短期内有了很大的提高。同时，吴君也很忙碌，有时需要跑很多的部门去协调一项工作，让她觉得学到了很多东西，也充实了不少。因为业绩突出，王总经理干了一年就被调到总公司去了。

之后又来了李总经理。相对于张总经理的事必躬亲以及王总经理的有张有弛，李总经理就要随意得多了。他到任以后，先是了解了一下公司的总体情况，感到非常满意，就对下面的经理说:“公司目前的运营一切顺利。我看大家都做得比较到位，总经理嘛，关键时刻把把关就可以了，不是很重要的事情你们就看着办吧。”这样一来，吴君享受到了自工作以来从没有过的轻松，因为一周也没有几件事情要找总经理。

吴君现在有时间了，她对比、思考着这三个领导，真是各有各的特点。

资料来源：赵涛：《管理学习题库》，天津，天津大学出版社，2005。

问题:

1. 你认为三个领导的风格有区别吗?请按照所学的领导理论进行归类。

2. 你认为哪个领导的管理风格更可取?

第六章

控　制

学习要点

◇ 了解控制的概念、原则、特点、必要性

◇ 掌握控制的类型

◇ 掌握控制的过程

◇ 理解预算控制和非预算控制的方法

引入案例

扁鹊的医术

魏文王问名医扁鹊说："你们家兄弟三人，都精于医术，到底哪一位最好呢？"

扁鹊答说："长兄最好，中兄次之，我最差。"

文王再问："那么为什么你最出名呢？"

扁鹊答说："我长兄治病，是治病于病情发作之前。由于一般人不知道他事先能铲除病因，所以他的名气无法传出去，只有我们家的人才知道。我中兄治病，是治病于病情初起之时。一般人以为他只能治轻微的小病，所以他的名气只及于本乡里。而我扁鹊治病，是治病于病情严重之时。一般人都看到我在经脉上穿针管来放血、在皮肤上敷药等，所以以为我的医术高明，名气因此响遍全国。"

文王说："你说得好极了。"

资料来源：王永芳，吕书梅：《企业管理实务》，大连，大连出版社，2011。

案例提示：事后控制不如事中控制，事中控制不如事前控制，可惜大多数的事业经营者均未能体会到这一点，等到错误的决策造成了重大的损失才寻求弥补。而往往是即使请来了名气很大的"空降兵"，结果也于事无补。

一般来讲，控制过程是管理过程的最后一个阶段，对组织实施的活动能否与计划方案相一致起保证和监督作用。它和计划、组织、领导等职能一起，构成有效管理的四大职能。

第一节　控制概述

一、控制的概念

控制是为了保证组织计划与实际作业动态相适应的管理职能。尽管计划制订得很完善，组织结构调整得适应计划的需要，员工的积极性也被有效地调动起来，但是如果没有控制，就无法保证管理者追求的目标一定能达到。

所谓控制，是指为了既定的组织目标，以计划为依据制订控制标准，由管理者对被管理者的实际执行活动进行检查、监督，衡量实际工作绩效找出偏差，并根据偏差调整实际工作活动或调整既定标准，使两者相吻合的全过程。控制的概念可以从以下三个方面理解：第一，控制有很强的目的性，即控制是为了保证组织中的各项活动按计划进行；第二，控制是通过“监督”和“纠偏”来实现的；第三，控制是一个过程。

由此可见，控制既是一次管理循环的终点，是保证计划得以实现和组织按既定的路线发展的管理职能，又是新一轮管理循环的起点，要保证组织的活动按照计划进行，控制是必不可少的。

二、控制的原则

为了更有效地发挥控制职能的作用，必须坚持以下基本原则。

（一）实事求是原则

控制是对工作进行监督、检查和衡量，它必须是客观的，实事求是的。所谓客观，就是管理者不能凭自己的主观、经验或直觉去判断，而应采用科学的方法，去观察、分析和判断。由于控制工作具有对下级的监督作用，并且和考核、评比、奖励、晋级有密切关系，容易出现弄虚作假、报喜不报忧等现象，因此，控制工作就应当引导人们实事求是，面对现实，而不是助长那些错误心理和行为。所以，无论检查还是衡量工作都应当客观、公正、真实，只有这样才能发现真正的偏差，才能获得可靠的信息，要尽可能采用计量方法，用数据来衡量工作成果。

（二）预见性原则

控制系统不仅要在偏差出现以后及时采取措施加以纠正，而且应尽量在问题出现之前预知事情的苗头，分析可能会发生的问题，把问题排除在未发生之前和消灭于萌芽状态，以避免时间拖延，使问题由小变大、积重难返，使系统处于失控状态。为了做好控制工作，要把工作情况和结果及时、迅速地进行反馈，及时对大量信息进行整理加工。随着社会环境的变化和科学技术的发展，企业同外部以及内部之间需要相互交换大量的信息，因此，建立健全管理信息系统和利用计算机进行信息处理和传输，已成为现代化控制的客观要求和发展趋势，也是提高控制工作预见性的重要手段。

（三）有效性原则

在整个组织的活动中，生产、技术、人事、供应、销售、财务等工作各有不同，要按照不同的工作性质、内容、范围进行。要求根据现实的条件进行控制，建立不同的控制标准，采用不同的方式，选择不同的控制类型，拟定具体的控制方案。这样的控制工作才能符合实际，才可能取得实效。同时，要根据具体情况建立和健全相应的组织机构，要能在机构中将信息畅通无阻的传递，要做到权责分明，并且不同的工作要有各自不同的具体目标，切忌“一刀切”。

（四）例外原则

控制要按照管理层次分别进行重点控制，控制工作是通过发现和纠正偏差进行的，发生的偏差不能事无大小、不分主次同等对待。上级不应对下级一切工作都加以控制。因此，要按管理层次、各级的职责分工，抓住重大事项进行重点控制。有的问题可由下级人员自行调节。要实行例外管理的原则，例外原则就是当发生了预料之外的重大偏差时，提请组织最高层管理者处理，换句话说，组织中没有发生重大偏差时，应由相应的职能部门或人员去处理，这样高层管理者才能在有限的时间内集中精力去处理关键性问题。只有坚持例外原则，才能有效地进行控制。

（五）弹性原则

控制往往是面对难以预料的变化，接受各种不同控制因素变化带来的信息，为了适应环境变化，控制必须具有一定弹性，而不是“机械”地控制。弹性控制是针对控制的应变能力而言的，要允许控制在适度的范围内进行，而不是不顾客观条件改变的、僵化的控制，这样控制工作才是有意义的。例如，实行弹性预算、跟踪控制、滚动式的作业计划和利用网络计划法的时差进行机动调配力量等。事实上，实现弹性控制的最好方式或前提就是要有一套有弹性、适应性更强的计划。

（六）战略性原则

控制绝非忙于处理当前所面临的问题，而应当高瞻远瞩，具有战略眼光。管理者应当具有全局观念。所谓全局观念，就是要从全局利益出发进行控制，要将各个局部的控制目标协调一致。在实际工作中，应当引导全体职工不能将眼光只停留在本部门、本作业的控制目标上，而忽视了控制的总目标，要引导人们照顾全局，使各方面的目标协调一致。

（七）组织性原则

组织是一项人与事相结合的工具，它也是维持控制系统的骨架。组织性原则也就是要求控制与企业的组织形式、各级组织机构的设置、人员的分工和职责权利相适应，高层、中层、基层等组织各有权责，各级、各部门的控制工作、控制目标、方法都要与这些组织状况相适应，不同的权责分工和组织形式应当运用不同的控制方法。在实施控制时，不能混乱或削弱各组织和人员的权责范围，要遵守“统一命令”的原则，不要越级发布控制的指令，也要求下属去做他们权限以外的事情。

（八）经济性原则

讲求经济效益既是实施控制的基本要求，也是进行控制活动的最终目的，通过控制必须能获得一定的经济效益。因此，要把实施控制所获得的成果同实施的费用进行经济比较，选择投入少、效果好的合理的控制方案。一般来说，在实施控制的初期，费用上升得快，如购买设备、培训人员等，因此，在短期内效果并不明显。因为控制是一种管理技术，必须有一个熟悉和运作的过程，甚至推行时还会遇到一些阻力，其他工作配合度较低等。推行一段时间后，通过实施控制，纠正或缩小了偏差，效果就会显露出来。所以，在分析时要有长远观点，但是超过一定限度后，再增加该项控制的费用，收益增加可能十分缓慢。因为此时重大问题已经解决，余下问题对目标的实现已无碍大局，而且纠正这些小问题也不可能获得较大的收益。因此，控制技术的采用，既不能只看近期效益，也不能提出过高的要求。为了追求尽善尽美而追加太多的费用，往往是得不偿失的。

三、控制的特点

（一）整体性

控制具有整体性，包括两层含义：第一，从控制主体上看，完成计划和实现目标是组织全体成员共同的责任，因此参与控制是组织全体成员的职责和共同的任务；第二，从控制对象上看，控制涉及组织的各个方面，企业的各种资源、各层次、各部门、各个工作阶段甚至每个人的工作都可以是控制的对象。

（二）动态性

管理控制所面临的外部环境和内部环境都在不断地变化，有些变化不会产生大的影响，可以忽略，有些变化则会产生重大影响，必须予以重视。控制是要关注在执行过程中的种种变化，对其做出评估，一旦发现问题能够及时采取行动。因此，其标准、方法不能固定不变，应动态提高适应性及有效性。一方面，要调整行动本身，利用有利，消除不利；另一方面，要审查计划和目标的可行性，随时做出更正。

（三）目的性

同其他所有的管理工作一样，控制也是围绕着组织的目标而进行的，控制的意义就在于通过发挥“纠偏”“调适”两方面的功能，促使组织目标的有效实现。

（四）人为性

控制是用既定的标准作为衡量手段，去评估实际的实施情况，并及时做出回应。管理控制过程中，活动的主体是人，因此，管理控制是对人的行为的控制并由人来控制。对人的控制，要靠人来执行。因此，管理控制不能忽视人性方面的因素，人性方面的因素不仅是监督，更重要的是指导和帮助，使管理控制成为提高能力的重要手段。

四、控制的必要性

控制职能是管理过程不可分割的一部分，是企业各级管理人员的一项重要工作。管理控制的必要性主要是由下列因素决定的。

（一）环境的变化

如果企业面对的是一个完全静态的环境，其中各个影响企业活动的因素永不发生变化，如市场供求、产业结构、技术水平等，那么，企业管理人员便可以年复一年、日复一日地以相同的方式组织企业经营，工人可以以相同的技术和方法进行生产作业，因而，不仅控制工作，甚至管理的计划职能都将成为完全多余的东西。事实上，这样的静态环境是不存在的，企业外部的一切每时每刻都在发生着变化。这些变化必然要求企业对原先制订的计划加以更改，从而对企业经营的内容作相应的调整。

（二）管理权力的分散

只要企业经营达到一定规模，企业主管就不可能直接地、面对面地组织和指挥全体员工的活动。时间与精力的限制要求他委托一些助手代理部分管理事务。同理，这些助手也会再委托其他人帮助自己工作。这便是企业管理层次形成的原因。为了使助手们有效地完成受托的管理事务，上一级的主管要授予他们相应的权限。因此，任何企业的管理权限都制度化或非制度化地分散在各个管理部门或层次。企业分权程度越高，控制就越有必要。控制系统可以提供被授予权力的助手以工作绩效的信息和反馈，以保证授予他们的权力得到正确的利用，促使这些权力组织的业务活动符合计划与企业目的的要求。如果没有控制，没有为此而建立的相应的控制系统，管理人员就不能检查下级的工作情况，即使出现权力不负责任的滥用或活动不符合计划要求等其他情况，管理人员也无法发现，更无法及时采取纠正行动。

（三）工作能力的差异

即使企业制订了全面完善的计划，经营环境在一定时期内也相对稳定，对经营活动的控制也仍然是必要的。这是由不同组织成员的认识能力和工作能力的差异所造成的。完善计划的实现要求每个部门的工作严格按计划的要求来协调进行。然而，由于组织成员是在不同的时空工作的，他们的认识能力不同，对计划要求的理解可能发生差异；即使每个员工都能完全正确地理解计划的要求，但由于工作能力的差异，他们的实际工作结果也可能在质和量上与计划要求不符。某个环节可能产生的这种偏离计划的现象，会对整个企业活动造成冲击。因此，加强对这些成员的工作控制是非常必要的。

五、控制的类型

控制的类型是多种多样的，从不同的角度可以对控制做出不同的分类。

（一）按照控制时间的不同

1. 前馈控制

在活动开展之前就认真分析研究进行预测并采取防范措施，使可能出现的偏差在事先就可以筹划和解决的控制方法，称为前馈控制，又称预先控制或事前控制，它是最理想的控制类型。前馈控制的方案应当是一个动态的方案。首先，要将所有可能的输入信息以及它们的影响因素，还有在实施过程中可能出现的干扰都预先加以详尽分析，并以此制订实施方案。其次，方案要考虑若出现某些干扰时应该怎么办，要有各种应急措施方案，同时还要充分做好出现某些变故的思想上和物质上的准备。换句话说，前馈控制应该将各种可能出现的变故都预先估计到，并做好各种准备工作。

（1）前馈控制的优点。

1）防患于未然。前馈控制是在工作开始之前进行的，可以防患于未然，避免事后控制对已铸成的差错无能为力的弊端。

2）适用于一切领域所有工作。

3）针对条件的控制。前馈控制是在工作开始之前针对某项计划行动所依赖的条件进行控制，不针对具体人员，因而不易造成面对面的冲突，易于被员工接受并付诸实施。

(2) 前馈控制的缺点。

由于未来许多因素很难预测，所以，及时、准确的信息难以保障。前馈控制需要及时和准确的信息，并要求管理人员充分了解前馈控制因素与计划工作的影响关系。管理者获取大量准确信息，对控制过程充分了解，并及时掌握新情况及新问题，从现实来看，是很难做到的。因此，组织也必须依靠其他方式的控制。

2. 同步控制

同步控制又称现场控制或现时控制，是指计划实施过程中，在现场及时发现存在的偏差或潜在的偏差，即时提供改进措施以纠正偏差的一种方式，它主要是基层主管人员采取的一种控制工作方法。通过深入现场亲自监督、检查、指导来控制下属人员的活动，其内容有：向下级指示恰当的工作方法和工作过程；监督下级的工作以保证计划目标的实现。同步控制主要发挥两大作用：一是监督作用，即按照预定的标准检查正在进行的工作，以保证目标的实现；二是指导作用，即管理者针对工作中出现的问题，根据自己的经验指导下属改进工作，或与下属共同商讨纠正偏差的措施以便使工作人员能正确地完成所规定的任务。

(1) 同步控制的优点。

同步控制具有工作监督和技术指导的职能，可以防微杜渐，有助于提高员工的工作能力和自我控制能力。

(2) 同步控制的缺点。

1) 运用同步控制受管理者的时间、精力和业务水平的限制。管理者不可能每时每刻对所有项目都进行现场控制，只能在关键时间或在关键项目上使用这种控制方式。

2) 同步控制的应用范围较窄。一般来说，对于便于计量的工作一般运用现场控制，而对一些难以计量的工作，就很难进行现场控制。

3) 同步式控制容易在控制者与被控制者之间形成对立情绪，在控制管理的过程中使控制者或被控制者受到伤害。

3. 反馈控制

反馈控制是在工作结束或行为发生之后进行的控制，故又称事后控制。这种控制把注意力主要集中于工作或行为的结果上，通过对已形成的结果进行测量、比较和分析，发现偏差情况，依此采取措施，对今后的活动进行纠正。比如，企业发现不合格产品后追究当事人的责任且制定防范再次出现质量事故的新规章，发现产品销路不畅而相应做出减产、转产或加强促销的决定，以及学校对违纪学生进行处罚等，这些都属于反馈控制。

(1) 反馈控制的优点。

1) 在周期性重复活动中，反馈控制可避免下一次活动发生类似的问题。

2) 反馈控制可以消除偏差对后续活动过程的影响，如产品在出厂前进行最终的质量检验，剔除不合格品，可避免这些产品流入市场后对品牌信誉所造成的不利影响；人们可以总结经验教训，了解工作失误的原因，为下一轮工作的正确开展提供依据。

3) 反馈控制可以通过信息反馈及纠偏行动来保证组织系统的稳定性，为组织员工的奖惩提供依据。

反馈控制可以总结规律，为进一步实施创造条件，实现良性循环，提高效率。因此，在实际工作中，反馈控制得到了相当广泛的应用。

(2) 反馈控制的缺点。

反馈控制的缺点是，当管理者获得有关信息时，损失已经造成了，这就好比“亡羊补牢”，只能在以后的工作中加以改进，所以反馈控制是控制工作中被动选择的一种控制方式。

（二）按照控制手段不同

1. 直接控制

直接控制是相对于间接控制而言的。它是指通过提高管理人员素质，使他们改善管理工作，从而防止出现因管理不善而造成的不良后果的一种控制方式。这种控制方式的特点是通过培训等形式，着力提高管理人员的素质和责任感，并在控制过程中实施自我控制。其核心思想着眼于培养更好的管理人员，使管理人员能熟练地应用管理的概念、原理和技术，能以系统的观点来进行管理。

直接控制的优点有：管理人员的质量可以得到提升，避免用人不当，从而使出现偏差的机会得到控制；可采取纠正偏差的措施并使其更加有效；由于提高了管理人员的素质，减少了偏差的发生，也就有利于减轻间接控制的负担，节约经费开支；直接控制的心理效果也给人以深刻的印象，管理人员的质量提高了，他们的威信也就得到了提高，下级人员对他们的信任和支持也会增加，这样就有利于整个组织目标的顺利实现。

2. 间接控制

间接控制是指根据计划和标准考核工作的实际结果，分析出现偏差的原因，并追究责任者的个人责任以使其改进未来工作的一种控制方法。多见于上级管理者对下级人员工作过程的控制，运用这种控制方式需要明确几个前提条件：(1) 工作成效可以相互比较，也可以计量；(2) 员工对工作任务有明确的、可以分割的责任，这种责任和员工之间的尽责程度可以相互比较；(3) 分析偏差和追究责任所需的时间、费用等是有充分保证的；(4) 出现的偏差可以预料并能及时发现；(5) 有关责任单位和责任人对出现的偏差会采取纠正措施。

事实上，由于管理活动的复杂性，很多管理部门或职位的绩效是很难计量和相互比较的；很多活动的责任是多个部门共同承担的，而且工作绩效也可能与个人责任无关；有时上级主管人员可能不愿意花时间和费用去分析引起偏差的事实真相；另外，推卸责任是很普遍的现象。因此，间接控制并非普遍有效的控制方法，它尚存在许多不完善的地方。

（三）按控制组织结构的不同

1. 集中控制

集中控制，是指全系统的控制活动由一个集中的控制机构来完成。这种形式的特点是：所有信息（包括内部、外部）都流入控制中心，由控制中心集中加工处理，并且所有的控制指令也全部由控制中心统一下达。集中控制是一种较低的控制，只适合于结构简单的系统，如小型企业、家庭作坊等。

集中控制的优点有：信息完整、集中；控制目标易协调、统一。缺点有：信息传输效率低；控制滞后性强；系统适应性差。

2. 分散控制

分散控制，是指系统中的控制部分表现为若干个分散的、有一定相对独立性的子控制机构，这些机构在各自的职责范围内各司其职，各负其责，互不干涉，各自完成自己的目标。当然，这些目标是整个目标体系中的分目标。

分散控制的特点与集中控制相反，不同的信息流入不同的控制中心，不同的控制指令由不同的控制中心发出。分散控制适应于结构较松散的组织系统，如城市各交叉路口的交通管理，企业集团公司对其下属企业的管理等。

分散控制的优点有：针对性强，信息传递效率高，控制效率高；操作简单，系统适应性强。缺点有：信息不完整，整体协调性较差。

3. 分级控制

分级控制又称等级控制，是指系统的控制中心分解成多层次、分等级的控制体系，一般呈宝塔形，同系统的管理层次相呼应。分级控制的特点是：综合了集中控制和分散控制的优点，其控制指令由上往下传，越往下越详细，反馈信息由下往上传，越往上越精练，各层次的监控机构有隶属关系，分级控制的职责分明，分工明确；分级控制中心传递的信息有详有略，使各级部门能快速了解情况，迅速做出反应；整体目标易协调；系统组织适应性强。

第二节　控制的过程

从本质上来看，管理系统中的控制过程与物理系统、生物系统和社会系统中的控制过程是相同的。控制论创立人诺伯特·维纳指出，所有类型的系统都是通过信息反馈揭露目标实现过程中的错误，并采取纠正措施来控制自己的。反馈控制系统具有四个基本要素：第一，输入目标信息；第二，测量输出信息并反送到输入端；第三，将输出的结果信息与输入的目标信息进行比较，找出差值信息；第四，利用差值信息对系统进行调节，使之达到期望的输出。管理控制过程一般包括确定标准、衡量绩效、纠正偏差三个基本步骤。控制过程的三个步骤是紧密联系的。没有第一步确定标准，就不会有衡量实际成效的依据；没有第二步实际成效与标准的比较，就不会知道是否存在偏差以及是否需要采取纠正措施；没有第三步纠偏措施的制订和落实，控制过程就会成为毫无意义的活动。

一、确定标准

标准是控制过程中对实际工作进行检查的衡量尺度，是实施控制的必要条件，对计划工作和控制工作起着承上启下或连接的作用。计划是控制的依据，但各种计划的详尽程度是不同的。有些计划已经制定了具体的、可考核的目标或指标，这些就可以直接作为控制的标准。但大多数的计划是比较抽象、概括的，是对组织工作目标及行动方案的总体规划和安排，需要将计划目标转换制定出一套更具体、可测量和考核的科学的控制标准，这些标准就成为衡量下个成果的规范。

（一）标准及其种类

所谓标准是作为一种模式或规范而建立起来的测量单位或尺度。一个好的标准一般应具备一致性、稳定性、简明性、可行性和先进性等特点，以便对所要求的行为结果加以衡量和测评。任何组织都有自己的目标，标准是期望绩效达到某种水平的目标，将它作为对实际绩效进行考察评价的基准，并据此对绩效进行激励。很明显，一切绩效成果都是针对组织目标而言的，因此，科学合理的控制标准也只能依据组织目标的需要而制订。

组织控制工作涵盖的范围很广泛，为实行控制而制订的标准也就有多种层次和多个方面。在实际工作中，按照不同的依据可把标准分成不同的类型。不管采用哪类标准，都需要按控制的对象来选择。

1. 实物标准

实物标准是一类非货币形式的标准，普遍适用于使用原材料、提供产品和劳务等操作的基层单位。这些标准反映了定量的工作成果，如单位产量定时、单位台时产量、劳动定额等。此标准也可反映质量，如轴承面的硬度、公差的精密度、纺织品的耐久性等。从某种意义上说，实物标准是计划工作的基石，也是控制的基本标准。

2. 费用标准

费用标准是一类货币形式的标准，同实物标准一样，普遍适用于操作层。这种标准是把货币价值加到各种经营费用之中，如单位产品的直接费用和间接费用、单位产品或工时的人工费用、单位产品的材料费用、机时费用等。

3. 资本标准

资本标准是费用标准的变种，是由以货币计量的实物项目引起的，它与经营费用无关，而只与投入一个企业组织的资金有关，主要是与企业的资产负债表有关，如投资回收率等。对于一笔新的投资和总体控制而言，资本标准是使用最为广泛的标准。

4. 收入标准

收入标准是把货币价值与销售额相联系而产生的，是以货币衡量的销售额，如单位产品的销售收入，某一地域里的每一顾客的平均消费额等。

5. 定性标准

定性标准指有关下属的工作能力、组织的服务质量、组织形象等方面。这些方面一般难以量化。但是，为了使定性标准便于掌握，有时也应尽可能地采用一些可度量的方法。如美国著名的麦当劳公司为体现其“质量、服务、清洁、价值”的宗旨，制定了严格的工作标准：顾客进入餐馆后 5 秒内，服务员必须招呼顾客“欢迎光临”；事先准备好的汉堡包须在 7 分钟内供应顾客；服务员必须在就餐者离开 2 分钟内把餐桌打扫干净。

任何一项具体工作的衡量标准都应有利于组织目标的实现，对每一次具体工作都应有明确的时间、内容、要求等方面的规定。管理控制标准要求简单明了，尽可能定量和详尽描述，使之容易测定。

（二）关键控制点的选择

所谓关键控制点，是指在组织活动中受限制的因素，或是对计划的完成及目标的实现更显有利的因素。有了这些关键控制点，主管人员就能掌管更多的下属，从而扩大管理幅度。出于各个组织及其各部门都有其特殊性，主管和下属的构成也各不相同，加之有待衡量的产品和服务品种繁多，所要执行的计划方案也数不胜数，所以，并不存在一种对各主管人员普遍适用的、专门的关键控制点一览表，也没有现成的、关于如何选择控制点的特定规则。因此，只能提出一般的指导原则：

(1) 关键点的建立是为了使主要的工作得到正确的管理。

(2) 选择的关键点应能及时反映并发现问题。关键控制点应能在严重损害发生前就能看到问题的迹象。由于时间在控制过程中是十分关键的，因此，偏差总是发现得越早越好。关键控制点位置选择恰当，则能在尚未造成严重损失前停止工作或改变原有的工作程序。

(3) 关键控制点应能全面反映并说明绩效水平。有时顾及全面往往会与时间发生矛盾，如净利润指标是一个全面的战略控制点，能反映整个企业的进步，但是等正常的会计程序得出利润数字后再采取行动时，已经失去了机会。所以，企业把财务状况作为控制点并实施预先控制显然是有益的。

(4) 选择关键控制点应考虑经济因素。目前，计算机和管理信息系统得到较大普及，有的企业还通过自动化系统或程控系统来实施控制。这些现代设施设备的安装、使用与保养的代价是十分昂贵的。管理人员也因此获得越来越多的信息，但其中真正有实用价值的并不太多。为了避免盲目求多求全，不让次要的信息掩盖重要信息，管理者在选择关键点时，应考虑经济因素。

(5) 关键控制点的选择要注意平衡。一个关键控制点的选择往往会对另一个标准产生负面影响。例如，如果过分强调增加产量，有时会影响产品的质量。

(三) 确定控制标准

选择确定了关键控制点，就要为各个控制点确定控制的标准。有效控制标准的要求如下：

1. 简明适用

即保证标准明确、不含糊，对标准的量值、单位、可允许的偏差范围等要明确说明，对标准的表述要通俗易懂，便于理解和接受。含糊的、解释起来主观随意性大的控制标准是不利于控制的。

2. 协调

管理控制工作覆盖着组织活动的各个方面，制定出来的各项控制标准不可相互冲突，应该彼此协调一致。

3. 可行且易操作

即标准的确定要客观，不能过高，也不能过低，要使绝大多数人通过努力都可以达到。因为建立标准的目的，是用它来衡量实际工作，并希望工作达到标准的要求。所以，控制标准的建立必须考虑到工作人员的实际情况。如果标准过高，人们将因为根本无法实现而放弃努力；如果标准过低，人们的潜力得不到充分发挥，降低工作效果。

4. 相对稳定

即标准要有一定程度的稳定性，要能用较长的一段时间，即使有弹性，也是在一定的原则范围内变化。否则，标准经常变化，会使标准缺乏权威性，并加大控制工作的难度。但这种稳定不是绝对的，控制标准也要随着组织活动的发展进行必要的调整。在一般情况下，随着组织的发展和组织效率的提高，控制标准应不断提高。

5. 前瞻性

建立的标准既要符合现时的需求，又要考虑到将来的发展对控制指标的要求，要有一定的先进性。

(四) 制定标准的方法

由于各个关键控制点的控制对象和控制内容各不相同，确定控制标准时要采用的方法也不同。在现代管理中，确定控制标准的常用方法有三种：一是利用统计分析法确定预期结果；二是根据经验和判断估计预期结果；三是在客观的定量分析基础上建立工作标准。

1. 统计分析法

统计分析法是根据企业的历史数据资料以及同类企业的水平，运用统计学方法来确定企业经营各方面工作的标准。用统计计算法制订的标准，便称为统计标准。统计分析法的优点是简便易行。它的局限性有：一是对历史统计数据的完整性和准确性要求高，否则制定的标准没有任何意义；二是统计数据分析方法选择不当会严重影响标准的科学性；三是统计资料只反映历史的情况而不反映现实条件的变化对标准的影响；四是利用本企业的历史性统计资料为某项工作确定标准，可能低于同行业的先进水平，甚至是平均水平。

2. 经验估计法

经验估计法是根据管理人员和工作人员的实际工作经验，并参考有关技术文件或实物，评估计划期内条件的变化等因素，制定标准的方法。经验估计法适用于缺乏技术资料、统计资料的情况。其优点是简单易行，工作量小，但受主观因素影响大，准确性差。

3. 工程标准法

工程标准法是指对工作情况进行客观的分析，并以准确的技术参数和实测的数据为基础，通过科学计算确定标准的方法，又称为时间研究和动作研究。通过研究制定生产定额，为基层管理人员更恰当地安排工作，更合理地评估员工绩效，并能够预先估计所需的人工和费用，建立客观的标准。

二、衡量绩效

衡量绩效分为两个步骤：一是测定或预测实际工作成绩；二是将实际工作与控制标准比较，界定偏差及其原因。这实际上是控制过程的信息收集阶段，也是为纠正偏差提供准备的活动。

(一) 测定或预测实际工作成绩

控制既然是为了纠正偏差，必须首先掌握实际工作情况。要掌握的情况有两种：一种是测定已产生的工作结果，另一种是预测即将产生的工作结果。无论哪一种结果，都要求收集到的信息能为控制工作所用。管理人员通常可采用三种方式收集所需信息。

1. 口头与书面报告

口头与书面报告已成为现代组织进行工作检查和了解活动开展状况的重要形式。报告力求周到简明、全面和准确。在可能的情况下，最好把口头报告和书面报告结合起来，报告中如能提供活动开展情况的统计数据加以证明和说明，则更加有效。主管人员可以在报告的基础上，通过问一些问题来获得更多的信息，澄清一些模糊事项和可能的误会，有时在讨论中就可以找到较好的校正方案。

2. 个人观察

在检查职工的工作绩效时直接和个人接触是基层管理人员最有效的方法。基层管理者较之高层管理者有更多的机会深入一线进行个人观察。高层管理者由于远离“火线”，所以经常要依靠下级的报告。而基层管理者则有大量机会进行直接观察，这正是他们的优势。个人观察也有其局限性。首先，它十分耗费时间，管理人员必须走出办公室，深入基层才能掌握第一手资料；其次，可能漏掉一些重要活动，而这些活动往往发生在关键时刻；最后，职工在被观察时的行为可能与平时不一致。

3. 抽样调查

抽样调查是一种非全面调查，它是从全部调查研究对象中，抽选一部分单位进行调查，并据以对全部调查研究对象做出估计和推断的一种调查方法。显然，抽样调查虽然是非全面调查，但它的目的却在于取得反映总体情况的信息资料，因而，也可起到全面调查的作用。管理人员也可以使用抽样调查的方法检测工作绩效。

运用上述形式测定实际工作，测定结果要求达到的精度要依具体应用的需要而定。所有的测定结果，都只能精确到有限的程度。一个优秀的管理人员，应能迅速抓住既往成绩的核心，这种本领是实施有效控制的一个重要条件。

（二）将实际工作与标准比较，界定偏差及其原因

通过实际业绩与控制标准间的比较，就可确定两者之间有无差异。若无差异，可按原计划继续进行。若有差异，首先要了解偏差是否在标准允许的范围内，若在允许的范围内，则工作继续进行，但也要分析偏差产生的原因，以便改进工作，防患于未然；若差异超出允许范围，则应及时地分析偏差产生的原因，这是采取相应措施的基础。差异分析，首先要确定偏差的性质。一般造成偏差的原因有三类：一是组织外部环境发生重大变化，会影响组织计划的目标难以实现；二是在执行任务过程中工作人员由于工作失误而造成的偏差，如工作不认真、没有责任心、能力不够等；三是原有计划不合理及不完善所导致的偏差，如计划目标过低或过高、计划内容不全面等。必须对这三类不同性质的偏差做出准确的判断。其次要分析偏差的类型。偏差可分为正偏差和负偏差：正偏差是指实际业绩超过了计划要求，而负偏差是指实际业绩未达到计划要求。两种偏差都要进行原因分析，如果是由于环境变化导致的有益正偏差，则要修改原计划以适应变化了的环境。

为了能够及时、准确地提供偏差信息，并符合控制工作其他方面的要求，管理者在衡量工作绩效的过程中，应注意以下问题：

第一，建立有效的信息反馈网络。在衡量绩效工作中，最关键的一条是要及时把握有关信息。因为负有控制责任的管理人员，只有及时掌握了反映实际工作与标准之间偏差的信息，才能迅速采取有效的纠正措施。然而，并不是所有的衡量绩效的工作都是由主管人员直接进行的，有时需要借助专职的检测人员。因此，应该建立有效的信息反馈网络，使反映实际工作情况的信息适时地传递给适当的管理人员，使之能与预定标准相比较，及时发现问题。同时，这个网络还应能及时将偏差信息传递给予被控活动有关的部门和个人，使他们及时知道自己的工作状况及需要怎样做才能更有效地完成工作。

第二，控制适宜的衡量频度。有效控制讲究的是控制的适度，即控制的范围、深度和

频度要恰到好处，要避免出现控制过多或控制不足的现象。这里的“过多”或“不足”，不仅体现在控制对象以及控制标准数量的选择上，也表现在对同一标准的衡量次数或频度上。过于频繁地衡量影响某种结果的要素或活动，不仅会增加控制费用，而且可能引起有关人员的不满，影响他们的工作态度；而衡量的次数过少，则可能使许多重大的偏差不能及时发现，从而不能及时采取措施。

三、纠正偏差

进行偏差分析是为了采取纠正措施，以保证计划的顺利进行和组织目标的实现。这是控制活动具有实质意义的关键步骤。在对偏差原因做出彻底分析之后，管理者要针对产生偏差的主要原因，采取果断有力的措施，迅速纠正偏差。纠正偏差的具体方法因问题的不同及形成偏差的原因不同而异，但其基本的原则应是“对症下药”。一般来说，纠正偏差的思路主要有两个：一是在确认原有计划和控制标准是科学合理的这样一个前提下，继续保持其稳定不变，千方百计地改进工作态度、方法和手段，以减少或消除已有偏差；二是当发现原有计划和控制标准已不适应环境变化，脱离实际而导致正负偏差的时候，则应对其进行适当调整和修订。

具体纠偏措施有两种：一种是立即执行的应急措施，另一种是永久性的根治措施。对于那些迅速、直接地影响组织正常活动的急性问题，多数应立即行动采取补救措施。纠偏措施选择和实施过程中还应注意以下问题。

（一）使纠偏方案双重优化

纠正偏差，不仅在实施对象上可以进行选择，而且对同一纠偏也可采取多种措施。一般而言，采取措施总要优于不采取任何行动，但如果行动的费用超过偏差带来的损失，此时最好的方案也许是不采取任何行动。

（二）充分考虑原有计划实施的影响

由于对客观环境的认识能力的提高，或者由于客观环境本身发生了重要变化而引起的纠偏，可能是对原有计划与决策的局部或全局的否定，从而要求对组织活功的方向和内容进行重大调整。这种决策被称为“追踪决策”，它指当原有决策的实施情况表明将危及决策目标的实现时，对目标或决策方案所进行的一种根本性修正。

（三）注意消除人们对纠偏措施的疑虑

任何纠偏措施都会在不同程度上引起组织的结构、关系和活动的调整，所以会涉及某些组织成员的利益，不同的组织成员对纠偏措施持不同的态度，特别是纠偏措施属于对原有决策和活动进行重大调整的追踪决策时更是如此。虽然一些原先反对初始决策的人会幸灾乐祸，甚至夸大原有决策的失误，反对保留其中任何合理的成分，但更多的人对纠偏措施持怀疑和反对的态度：原有决策的制订者和支持者会害怕改变决策标志着自己的失败，会公开或暗地里反对纠偏措施的实施；原有决策执行者，从事具体活动的基层工作人员则会对自己参与的已经形成或开始形成的结果产生感情，或者担心调整使自己失去某种工作机会、影响自己的既得利益而极力抵制纠偏措施的制订和执行。因此，控制人员要充分考虑到组织成员对纠偏措施的不同态度，特别要注意消除执行者的顾虑，争取更多人的理解、赞同和支持，以避免在纠偏方案实施过程中可能出现的人为障碍。

从理论上讲，采取纠偏措施后控制过程就结束了。但实际控制活动中并不是这样。纠偏后要继续进行绩效衡量与比较，看是否纠正了偏差。即使进入了控制过程程序的第二个周期，如果发现还有偏差，控制程序也将不断循环往复，直到管理者达到控制目的为止。实际管理工作中，由于组织的外部环境在不断变化，内部条件在不断改变，控制活动总是一个连续不断的过程，在一项任务没有最终完成之前，控制活动是没有尽头的。

第三节　控制方法

控制渗透到为实现组织目标所进行的一切活动中，控制的对象、内容和条件不同，决定了控制的类型也不同，而对于不同种类问题的控制所使用的技术和方法也不同。控制技术和方法的有效使用，是一个组织走向良性循环的重要方面。应用于控制的技术和方法有很多，下面重点介绍常用的预算控制和非预算控制。

一、预算控制

（一）预算与预算控制

组织管理中最基本最广泛运用的控制方法就是预算控制方法。预算就是用数字，特别是用财务数字的形式来描述组织未来的活动计划，它预测了组织在未来时期的经营收入和现金流量，同时也为各部门或各项活动规定了在资金、劳动、材料、能源等方面的支出的额度。预算控制就是根据预算规定的收入与支出标准来检查和监督各个部门的活动，以保证各种活动或各个部门在完成既定目标、实现利润的过程中对资源的利用，从而使费用支出受到严格有效的约束。

预算的实质是用统一的货币为组织各部门的各项活动编制计划，因此它使得组织在不同时期的活动效果和不同部门的经营绩效具有可比性，可以使管理者了解组织经营状况的变化方向和组织中的优秀部门与问题部门，从而为调整组织活动指明方向，为协调组织活动提供依据，用数量形式的预算标准来对照组织活动的实际效果大大方便了控制过程中的绩效衡量工作，为采取纠正措施奠定了基础。预算控制最清楚地表明了计划与控制的紧密联系。预算是计划的数量表现。预算的编制是作为计划过程的一部分开始的，而预算本身又是计划过程的终点，是转化为控制标准的计划。

预算是一种计划技术，是未来某一个时期具体的、数字化的计划，它把计划分解成以货币或其他数量单位的预算指标，用数字来表示预算的结果，要求各个部门的运作和开支在预算范围内。预算也是一种控制技术，它把预算指标作为控制标准，用来衡量其计划的执行情况。人们根据预算的使用情况来评价工作效果。

（二）预算的种类

根据预算内容，可以把预算分为以下几种类型。

1. 收支预算

收支预算是从财务角度计划和预测未来活动的成果和为取得这些成果要付出的费用。它实际上是以货币来表示组织的收入和经营费用支出的计划。收支预算包括收入预算和支出预算。收入预算主要是销售预算。企业主要是依靠产品销售或提供服务所获得的收入来支付经营管理费用并获取利润的，因此销售预算是计划工作的基石，销售预算是预算控制的基础；支出预算是企业关于生产活动的预算。支出预算与销售预算相对应，是对保证销售过程顺利进行的生产活动的预算。一般情况下，支出预算主要是对直接人工、直接材料和附加费用的预算。这种预算是企业预算中最重要的预算。

2. 资本支出预算

资本支出预算概括了专门用于厂房、机器、设备、库存等项目的支出。由于厂房、机器设备等方面的投资回收期一般较长，可能涉及几个经营阶段，因此这是一种长期预算。对这部分资金的投入一定要慎重地进行预算，并且应尽量与长期计划工作结合在一起。

3. 现金预算

现金预算是以未来生产与销售活动中现金的流入与流出进行的预测。这实际上是对现金收支的一种预测，可用它来衡量实际的现金使用情况。它还可以显示可用的超额现金量，因而可以用来编制剩余资金的盈利性投资计划。从某种意义上来说，这种预算是组织中最重要的一种预算。

4. 资产负债预算

资产负债预算是对企业会计年度期末的财务状况进行预算，是各部门项目分预算的汇总。它可用来预测将来某一特定时期的资产、负债和资本等账户的情况。由于其他各种预算都是资产负债表项目变化的资料依据，所以，也就验证了所有其他预算的准确性。

5. 总预算

总预算是以组织整体为范围，涉及组织收入或者支出项目总额的预算。总预算通过编制预算汇总表，可以用于公司的全面业绩控制。它把各部门的预算集中起来，反映了解公司的各项计划，从中可以看到销售额、成本、利润、资本的运用、投资利润率及其相互关系。总预算可以向最高管理层反映出各部门为了实现公司总的奋斗目标而运行的具体情况。

(三) 现代预算方法——零基预算

由美国德州仪器公司首创的零基预算的基本精神是在每一个预算制订时，对每项费用都予以重新核查，必须以目前公司的需求和发展状况作为实际核查基准。其基本原理是：对任何一个预算期，任何一种项目费用的开支都不是从原有的基数出发，即根本不考虑各项目初期的费用开支情况，而是一切都以零为基础，从零开始重新考虑各项费用开支的必要性及预算的规模，以目前的需要和发展趋势作为预算基准。这一原理在美国的一些州政府部门的设立得到了推广应用，称之为“日落法”，即每年年终，现有的各个部门就像太阳落山一样宣告结束，当新的一年开始时，各个部门必须向专门的审议机构证明自己确有存在的必要，才能向旭日东升那样重新开始。

零基预算的主要做法是：

(1) 把每一项活动描述为一个决策的组件，每个组件都包含目标、行动及所需资源。由组织的高层管理者要求下属各部门根据计划期内的战略目标和具体任务，详细讨论各自所需的项目费用，并要求对每一项目编写具体方案，提出项目费用开支的目的及需要开支的数额。

(2) 对每一个组件或活动用成本—效益分析的方法进行评价和安排顺序。由高层管理者对每一费用项目方案进行成本—效益分析，对每一项目所需的费用和可能的收益进行比较，在此基础上进行费用项目的分析、评价并根据各费用开支项目的轻重缓急分成若干层次与顺序。

(3) 在上一步的基础上，对拥有的资源按照每种职能对于实现组织目标所作的贡献大小来进行分配。即结合计划期内可用资金来源分配资金，落实预算。

由此可见，零基预算法的精髓在于把管理控制的重点从传统的现场控制和反馈控制转向了预先控制。它强调“做正确的事”，而不是“正确地做事”，突出了组织目标对全部管理活动的指导作用以及计划职能与控制职能间的联系，以求更集中和更有效地使用资源，使组织的目标与实现达到事半功倍的效果。

零基预算法的优点：

(1) 零基预算避免了预算控制中只注重前段时期变化的普遍倾向，它迫使主管人员重新安排每个项目计划，这样做可以从整体出发连同新计划及其费用一起来考察所确定的计划及其费用。

(2) 准确全面地计算出各种数据，为计划的决策和控制标准的确定提供精确的资料，减少了盲目性。

(3) 它使计划和控制富有弹性，增强了组织的应变能力。

(4) 当管理决策出现失误时，便于及时纠正。

(5) 零基预算还能充分调动和发挥各层管理者的积极性和创造性。但由于其编制工作量很大，成本比较高，这种方法一般应用于一些辅助性生产和服务性企业，而不适用于实际生产性企业。

在实施零基预算法时应注意以下几个方面的问题：

(1) 负责最后审批预算的主要领导人员必须亲自参加对活动和项目的评价过程，这样才能真正清楚地了解该项预算的由来以及判断它是否合理。

(2) 在对各项管理活动和具体项目进行评价和编制预算的过程中，要求所涉及的重要管理人员必须对组织有透彻的了解和理解。只有这样，才能对哪些活动是必要的，哪些活动虽然必要，但在目前是可有可无的以及哪些活动是完全不必要的进行正确的判断和取舍。

(3) 在编制预算时，资金按重新排出的优先次序进行分配，应尽可能地满足排在前面的活动的需要，如果资金有限，分配到最后时，对于那些可进行但不是必须进行的活动和项目，可暂时放弃。

(四) 预算的制订步骤

预算的制订程序一般是从下至上进行的，其具体步骤如下：

(1) 各基层部门先根据自己的计划任务，做出本部门的预算方案，然后交上级预算委员会（一般由高层领导人和各职能部门的权威人员组成）。

(2) 预算委员会根据各部门的预算方案，再综合考虑整个组织的总体资源，并与有关高层领导人和一些权威人士协商分析，在综合平衡的基础上做出总预算方案。

(3) 将预算方案交董事会或总经理审批，审批后再逐级分发下去。

（五）预算的注意事项

预算作为计划与控制的常用工具，在实际应用中可能带来一系列问题。实施时要注意避免以下几点：

1. 预算目标取代组织目标

有些管理者过于热衷于自己部门的经营状态符合预算的要求，甚至忘记了自己的首要职责是保证企业目标的实现。比如为了达到目标而采取特殊措施可能被一些部门以不在预算之内而加以拒绝；同时，预算还会加剧各部门难以协调的独立性。

2. 过于详细的预算

预算过于详细，就容易抑制人们的创造力，让人们产生不满情绪，失去积极性，逃避责任。

3. 预算导致效率低下

因为预算往往是根据基期的预算数据加以调整，这样一来，不合理的惯例或以前合理现在已不合理的惯例会给一些人带来既得利益，不严格的预算及不合理的预算可能成为某些无效工作的保护伞。

4. 预算缺乏灵活性

在计划执行过程中，有时一些因素发生的变化出乎预料，会使一个刚刚制订的预算很快过时，如果在这种情况下还受预算的约束，则可能造成重大的损失。

二、非预算控制

非预算控制分为传统控制方法、程序控制、计划评审技术和管理工作绩效的综合控制。

（一）传统控制方法

1. 视察

视察是一种最古老、最直接的控制方法，有人把这种方法称为“走动管理”。作业层的主管人员通过视察，可以判断出产量、质量的完成情况以及设备运转情况和劳动纪律的执行情况等；职能部门的主管人员通过视察，可以了解到工艺标准是否得到了认真的贯彻，生产计划是否按预定进度执行，劳动保护等规章制度是否被严格遵守，以及生产过程中存在哪些偏差和隐患等；而上层主管人员通过视察，可以了解到组织的方针、目标和政策是否深入人心，可以发现职能部门的情况报告是否属实以及员工的合理化建议是否得到认真对待，还可以从与员工的交谈中了解他们的情绪和士气等。所有这些，都是主管人员最需要了解的，却是正式报告中看不到的第一手信息。通过视察还能够使得组织的管理者保持和不断更新自己对组织的感觉，使他们感觉到事情是否进展得顺利以及组织这个系统是否运转得正常。视察还能够使得上层主管人员发现被埋没的人才，并从下属的建议中获得不少启发和灵感。此外，亲自视察本身就有一种激励下级的作用，它使得下属感到上级在关心着他们。所以，坚持经常亲临现场视察，有利于创造一种良好的组织气氛。当然，主管人员也必须注意视察可能引起的消极作用。

2. 报告

报告是用来向负责实施计划的主管人员全面地、系统地阐述计划的进展情况、存在的问题及原因、已经采取了哪些措施、收到了什么效果、预计可能出现的问题等情况的一种重要方式。控制报告的主要目的是提供一种可用作纠正措施依据的信息。对控制报告的基本要求是必须做到：适时、突出重点、指出例外情况、尽量简明扼要。通常运用报告进行控制的效果，取决于主管人员对报告的要求。管理实践表明，大多数主管人员对下属应当向他报告什么缺乏明确的要求。随着组织规模及其经营活动规模的日益扩大，管理也日益复杂，而主管人员的精力和时间是有限的，从而使定期的情况报告也就越发显得重要。

3. 比率分析

对组织经营活动中的各种不同度量之间的比率分析，是一项非常有益的和必需的控制技术或方法。“有比较才会有鉴别”，也就是说，信息都是通过事物之间的差异传达的。企业经营活动分析中常用的比率可以分为两大类，即财务比率和经营比率。前者主要用于说明企业的财务状况，后者主要用于说明企业经营活动的状况。

4. 盈亏分析

所谓盈亏分析，就是根据销售量、成本和利润三者之间的相互依赖关系，对企业的盈亏平衡点和盈利情况的变化进行分析的一种方法，又称“量、本、利”分析。它是一种很有用的控制方法和计划方法。在盈亏分析中，将企业的总成本按照性质分为固定成本和变动成本。所谓固定成本是指不随销售量变化的那部分成本，如折旧费、设备大修理费、办公费、新产品研制费等。变动成本则是指随销售量变化而变化的那部分成本，如原材料、工时费、燃料和动力费等。

（二）程序控制

程序是操作或事务处理流程的一种描述、计划和规定。组织中常见的程序很多，如决策程序、投资审批程序、主要管理活动的计划与控制程序、会计核算程序、操作程序、工作程序等。凡是连续进行的、由多道工序组成的管理活动或生产技术活动，只要它具有重复发生的性质，就都应当为其制定程序。它通过文字说明、格式说明和流程图等方式，把一项业务的处理方法规定得一清二楚，从而既便于执行者遵守，也便于主管人员进行检查和控制。程序所隐含的基本假设是，管理中的种种问题都是因为没有程序或没有遵守程序而造成的。

（三）计划评审技术

计划评审技术就是把工程项目当作一种系统，用网络图或者表格或者矩阵来表示各项具体工作的先后顺序和相互关系，以时间为中心，找出从开工到完工所需要时间的最长路线，并围绕关键路线对系统进行统筹规划，合理安排以及对各项工作的完成进度进行严密的控制，以达到用最少的时间和资源消耗来完成系统预定目标的一种计划与控制方法。计划评审技术可以有效地对项目中使用的人力、物力、财力等进行平衡，能够合理而经济地控制项目的进度和成本，能够在实施过程中出现偏差时找出原因和关键因素，并从总体上进行调整，以保证项目如期完成。计划评审技术是一种前馈控制，它可以及时弥补由于前面项目拖期造成的时间短缺，而不致影响整个工期。

（四）管理工作绩效的综合控制

一般而言，大多数的控制方法都是针对组织某一方面的工作，其控制重点是管理过程本身或者是其中的某个环节，而不是管理工作的全部绩效和最终效果。因此，必须提出一些能够控制企业整个工作绩效的方法。

综合控制主要是财务方面的控制，也就是说从财务的角度控制那些直接影响经济指标大小的因素，如投资、收入、支出、负债等。但是利润和利润率高并不意味着企业就一定是管理完善的，因此，组织绩效的综合控制，还应该对管理工作质量和水平进行评价和控制。

1. 损益控制法

损益控制法是根据一个企业的损益表，对其经营和管理成效进行综合控制的方法。由于损益表能够反映该企业在一定期间内收入与支出的具体情况，从而有助于从收支方面说明影响企业绩效的直接原因，并有利于从收入和支出等方面进一步查明影响利润的原因。所以，损益控制的实质是对利润和直接影响利润的因素进行控制。

2. 投资报酬率控制法

投资报酬率控制法是以投资额和利润额之比，从绝对数和相对数两方面来衡量整个企业或企业内部某一部门的绩效。这种方法与损益控制法的主要区别在于，它不是把利润看成一个绝对的数字，而是把它理解为企业运用投资的效果。由于企业的投资来源于利润，因此，如果投资报酬率只相当于或者甚至低于银行利率，那么企业的投资来源便会趋于枯竭，从而使企业发展陷于停滞。所以，企业的目标不仅是最大限度的利润额，更应当是最大限度的投资报酬率。

3. 管理审核与经营审核

管理审核是指系统地评价鉴定全部管理工作绩效的一种控制方法。经营审核是指评价鉴定经营活动工作质量的一种控制方法。管理审核侧重于管理职能方面的审核，其中包括对于计划工作、组织工作、人员配备、领导工作以及控制工作的评价；经营审核则侧重于管理决策方面的审核，其中包括对组织中关于计划、工程技术、生产、营销、人事、会计以及财务方面长期性决策质量的评价。在实际工作中，这两种审核的内容与范围，有相当程度的重合和交叉，因此也就很难做出严格的区分。按照执行审核工作的人的不同，两种审核都有外部与内部之分。外部审核是指由组织以外的专门机构或专家对本企业的经营与管理情况进行审核。内部审核则是由组织内部上层管理人员领导组织有关部门人员进行的审核。

本章小结

所谓控制，是指为了既定的组织目标，以计划为依据制定控制标准，由管理者对被管理者的实际执行活动进行检查、监督，衡量实际工作绩效找出偏差，并根据偏差或调整实际工作活动或调整既定标准，使两者相吻合的全过程。控制具有目的性、整体性、动态性、人为性的特点。管理控制的必要性主要是由环境的变化、管理权力的分散、工作能力的差异因素决定的。

控制的类型是多种多样的，按照控制时间的不同，可分为前馈控制、同步控制、反馈控制。根据控制手段的不同，可分为间接控制和直接控制。按控制组织结构的不同，可分为集中控制、分散控制和分级控制。

控制的基本程序一般包括确定标准、衡量成效和纠正偏差三个步骤。

控制方法可分为预算控制和非预算控制。根据预算内容，可以把预算分为：收支预算、资本支出预算、现金预算、资产负债预算、总预算。非预算控制分为传统控制方法、程序控制、计划评审技术和管理工作绩效的综合控制。

思考与练习

一、单项选择题

1. “亡羊补牢，犹未为晚”，可以理解成是一种（　　）。

A. 前馈控制　　B. 同步控制　　C. 反馈控制　　D. 直接控制

2. 控制工作得以展开的前提是（　　）。

A. 确定控制标准　B. 分析偏差原因　C. 采取矫正措施　D. 明确问题性质

3. “治病不如防病，防病不如讲卫生”说明（　　）最重要。

A. 前馈控制　　B. 同步控制　　C. 反馈控制　　D. 直接控制

4. 预算是一种（　　）。

A. 控制　　B. 计划　　C. 领导　　D. 组织

5. 控制工作的关键步骤是（　　）。

A. 拟定标准　　B. 衡量绩效　　C. 纠正偏差　　D. 管理突破

6. 确定控制对象和选择控制重点的工作是属于控制过程中（　　）环节的工作。

A. 衡量成效　　B. 纠正偏差　　C. 确立标准　　D. 找出偏差

7. 同步控制工作的重点是（　　）。

A. 把注意力集中在历史结果上　　B. 正在进行的计划实施过程

C. 在计划执行过程的输入环节上　　D. 控制行动的结果

8. 按控制组织结构的不同，可把控制方法分为（　　）。

A. 集中控制、分散控制、分级控制　　B. 战略控制、任务控制、结果控制

C. 前馈控制、同步控制、反馈控制　　D. 内在控制、外在控制、结果控制

9. 预算是一种典型的（　　）。

A. 前馈控制　　B. 同步控制　　C. 反馈控制　　D. 预防性控制

10. 种庄稼需要水，但这一地区近年老不下雨，怎么办？一种办法是灌溉，以补天不下雨的不足，另一办法是改种耐旱作物，使所种作物与环境相适应。这两种措施分别是（　　）。

A. 纠正偏差和调整计划　　B. 调整计划和纠正偏差

C. 反馈控制和前馈控制　　D. 前馈控制和反馈控制

二、多项选择题

1. 控制的特点包括（　　）。

A. 目的性　　B. 整体性　　C. 动态性

D. 人为性　　E. 实用性

2. 管理控制的必要性是由（　　）因素决定的。

A. 环境的变化　　B. 经济的发展　　C. 社会的需要

D. 管理权力的分散　　E. 工作能力的差异

3. 控制的基本过程包括（　　）。

A. 制订计划　　B. 确定标准　　C. 衡量成效

D. 诊断原因　　E. 纠正偏差

4. 一般来说，预算内容要涉及以下几个方面（　　）。

A. 收支预算　　B. 资本支出预算　　C. 现金预算

D. 资产负债预算　　E. 总预算

5. 根据控制手段进行分类可分为（　　）。

A. 前馈控制　　B. 直接控制　　C. 集中控制

D. 间接控制　　E. 反馈控制

三、简答题

1. 什么是控制？控制有什么特点？
2. 为什么要进行控制？
3. 控制的类型有哪些？
4. 前馈控制、同步控制、反馈控制有哪些优缺点？
5. 集中控制、分散控制和分级控制各有哪些优缺点？
6. 控制的基本程序是什么？
7. 什么是预算控制？预算有哪些类型？
8. 非预算控制包括哪些？

四、案例分析

天安公司的管理创新

天安公司是一家以生产微波炉为主的家电企业。2005 年该厂总资产 5 亿元，而五年前，该公司只不过还是一个人员不足 200 人，资产仅 300 万元且濒临倒闭的小厂。五年间企业之所以有了如此大的发展，主要得益于公司内部的管理创新。

第一，生产管理创新。公司对产品的设计设立高起点，严格要求；依靠公司设置的关键质量控制点对产品的生产过程全程监控，同时，利用 PDCA 等方法，持续不断地提高产品的质量；加强了员工的生产质量教育和岗位培训。

第二，供应管理创新。天安公司把所需采购的原辅材料和外购零部件，根据性能、技术含量以及对成品质量的影响程度，划分为 A、B、C 三类，并设置了不同类别的原辅材料和零部件的具体质量控制标准，进而协助供应厂家达到质量控制要求。

第三，服务管理创新。公司通过大量的市场调研和市场分析活动制定了售前决策，进行了市场策划，树立了公司形象；与经销商携手为消费者提供优质服务；公司建立了一支高素质的服务队伍，购置先进的维修设备，建立消费者投诉制度和用户档案制度，开展多形式的售后服务工作，提高了消费者满意度。

问题：

1. 案例中的控制类型有哪些？请分别指出，并说出各自的特点。

2. 天安公司“设置了不同类别的原辅材料和零部件的具体质量控制标准”属于哪类控制标准？为什么？

3. 案例中“公司设置的关键质量控制点”，体现了有效控制原则中的哪一项？为什么？

第三篇　管理应用篇

第七章　决策

第八章　激励

第九章　沟通

第十章　人员配备

第七章

决　策

学习要点

◇ 理解决策的概念、特点、意义
◇ 掌握决策的影响因素、原则
◇ 掌握决策的类型
◇ 理解决策的程序
◇ 掌握决策的方法

引入案例

艾柯卡与克莱斯勒的起死回生

克莱斯勒汽车公司创建于1923年，总部设在美国工业名城底特律，公司成立后，业务不断发展，进入美国最大500家公司的行列。但是进入20世纪70年代，原来已存在管理不善状况的克莱斯勒公司，在全球性石油危机的冲击下，出现了摇摇欲坠的局面。1970—1978年，竟出现3年严重亏损。到1979年，该公司积欠各种债务48亿美元。克莱斯勒董事长已束手无策了，正准备宣布破产。此时，54岁艾柯卡应聘到濒临破产的克莱斯勒汽车公司出任总经理。

艾柯卡接手的是一个远远超过了他预期的烂摊子。公司竟然有35位副总裁，而且各管一方，管理极为混乱，产品积压严重。迫在眉睫的是公司现金已经枯竭。为名誉而战的艾柯卡到此时才明白自己上了一条可能毁掉自己一世英名的贼船。但既然已经上船，他只能硬着头皮干下去。他首先把原来定好自己36万美元的年薪主动降为1美元，以换取管理层和普通员工同意减薪。“要想渡过难关，克莱斯勒人流出的血必须一样多。如果有人光等待别人为他付出，自己却袖手旁观，那就会一无所有。”他强调：“作为企业的领导，最重要的一点就是身先士卒，做出样子。这样员工的眼睛都看着你，大家都会模仿你。”

艾柯卡是一个深谙人性的营销天才，他的另外一项天才创新是发明了汽车的分期付款销售方式。在福特公司担任销售经理的时候，他想出了一个推销汽车的绝妙办法：谁购买一辆福特汽车的新车型，只要先付20%的货款，其余部分每月付56美元，3年付清。这一招使福特汽车在销量上如火箭般直线上升。福特迅速将这种分期付款方式在全国各地推广，公司的年销量猛增了7.5万辆。艾柯卡也因此名声大振，打下了他日后在福特平步青云的基础。

艾柯卡成功了，拿下了上任之后的第一场硬仗。艾柯卡在这里开创了又一个先例——说服政府为濒临破产的企业提供贷款担保。在此之前，没有人敢想过，在高度市场竞争的美国，会有政府为一家企业提供贷款担保的可能性。最终，美国国会两院批准向克莱斯勒提供15亿美元的联邦担保。

因此，艾柯卡成为美国英雄般的人物。他用3年时间把一个即将宣告破产的公司——美国3大汽车公司之一的克莱斯勒拯救过来，并在1984年使该公司赢得了24亿美元的利润，这比克莱斯勒汽车公司此前60年利润的总和还要多。

资料来源：http：//money.163.com/14/0415/07/9PRURIN900253G87.html。

案例提示：决策的正确与错误，决定着各项工作的成功与失败。一个好的决策能救活一个企业，一个坏的决策能够毁掉一个企业。因而，古代就有“献妙策者，赏银千两”的说法。任何一个组织都离不开管理，而决策是管理工作的核心，是执行各项管理职能的基础，管理工作的各项职能的执行都必须以决策为前提。

决策是一门学问也是一门艺术，是驾驭事物能力和管理能力的集中体现。这也说明了为什么管理者常被称为决策者。国家、企业、个人、行政、军事、经济等，虽然决策目标不同，但本质是一致的。个人生活方面的决策只同个人有关，而一个组织的决策则关系着整个组织的利益。因此，每一个管理者都必须认真研究决策科学，掌握决策理论、决策的科学方法和技巧，在千头万绪中找出关键之所在，权衡利弊，及时做出正确的可行的决策。

第一节　决策概述

一、决策的概念

决策理论学派的代表人物，诺贝尔经济学奖获得者赫茨伯格·西蒙说：“决策是管理的心脏；管理是由一系列决策组织的；管理就是决策。”他认为决策是管理的唯一。决策对组织的重要性不言而喻。按汉语习惯，“决策”一词被理解为“决定政策”，主要是指对国家大政方针做出决定。但事实上，决策不仅指高层领导做出决定，也包括人们对日常问题做出决定。如某企业要开发一种新产品，引进一条生产线，某人选购一种商品或选择一个职业，都带有决策的性质。可见，决策活动与人类活动是密切相关的。

所谓决策，就是指为了达到预定的目标从两个或两个以上的备选方案中通过比较分析，选择一个最优的行动方案的过程。正确理解上述概念，应把握以下几层意思：

（一）决策要有明确的目标

决策是为了解决某一问题，或是为了达到一定目标。确定目标是决策过程的第一步。决策所要解决的问题必须十分明确，所要达到的目标必须十分具体。没有明确的目标，决策将是盲目的。

（二）要有两个以上备选方案

决策实质上是选择行动方案的过程。如果只有一个备选方案，就不存在决策的问题。因而，方案至少要有两个或两个以上，人们才能从中进行分析、比较，最后选择一个满意的方案为行动方案。

（三）行动方案必须付诸实施

如果选择后的方案束之高阁，不付诸实施，那么，决策等于没有决策。决策不仅是一个制订过程，也是一个实施的过程。

决策是管理者的中心任务，也是成功管理的关键。管理者在从事计划、组织、领导和控制等基本职能的过程中，都需要不断地做出决策，以充分利用组织内外环境所提供的机会和条件，不断改善和提高组织绩效。决策的正确与否，决定着组织行为的成败。正确的决策，能够沿着正确的方向、合理的线路前进；错误的决策，就会使组织走上错误的道路，可能导致组织的失败、消亡。

二、决策的特点

（一）可行性

任何一项决策的实行都必须借助一定的条件来实现，具备了相应的条件才能保证其顺利实施。这些条件包括技术上的和经济上的因素，也包括社会、政治、文化等方面的因素。在做出决策时必须考虑组织或者个人在这些方面可能提供的条件，如果没有这些条件，决策的实现只是一纸空文。

（二）目标性

决策是组织或个人为了实现一定的目标而做出的。决策的产生必须根据这一目标，做到有的放矢。因为决策从本质上说是对未来实践的方向、目标、原则和方法所做出的选择，决策具有明确的目的，不是凭空产生的，它为实现特定的目标而服务。正是从这个意义上说，决策具有目标性。

（三）满意性

在实践中，人们遵循决策的满意性原则，而非最优化原则。最优决策只是一种理论上的幻想。这是由三个方面造成的：第一，决策者并不了解与组织活动相关的全部信息；第二，决策者并不能正确地辨析全部信息的有用性及价值，并根据它们制订出没有疏漏的行动方案；第三，决策者不能准确地计算每个方案在未来的行动的风险，各行动方案在未来的实施结果通常是不确定的。在方案数量有限、执行结果不确定的条件下，人们难以做出最优选择，只能根据已知的全部条件，在人们的主观判断之下，做出相对满意的选择。

（四）过程性

决策是一个过程，而不仅是做出决策的一瞬间，它不是单个的决策，而是一系列决策的综合。在多种备选方案中每一种选择本身都是一个决策，这一系列的决策构成总的决策。它要选择业务活动的方向和内容，要决定如何组织业务活动的具体展开，还要决定资源的筹措、结构的调整以及人事的安排等。

（五）动态性

决策作为一种选择或者调整的活动，它不是一成不变的，而是不断变化、不断循环的过程。它没有真正的起点，也没有真正的终点，理论上划分的决策过程与阶段只是为了研究的方便，实际上它是一个不间断的过程，此阶段的终点与彼阶段的起点都是有联系的。由于决策是根据外部环境的变化而变化的，而外部环境是一个动态变化的过程，所以决策也必须适应外部环境的变化适时地进行调整或者制订新决策，以达到组织与环境之间的动态平衡。

三、决策的影响因素

（一）环境

环境对组织决策的影响是双重的。首先，环境的特点影响着组织的活动选择。组织决策要面临的环境包括企业经营的微观环境和宏观环境。微观环境是指与企业产、供、销、人、财、物、信息等直接发生关系的客观环境，是决定企业生存和发展的基本环境；宏观环境的影响可以理解为整个国家乃至全球经济环境对于企业所处行业的影响，包括政治环境、经济环境、技术环境、社会文化环境。这些因素对企业及其微观环境的影响力较大。其次，对环境的习惯反应模式也影响着组织的活动选择。环境发展趋势基本上分为两大类：一类是环境威胁，另一类是市场机会。企业的管理者可以利用“威胁矩阵图”和“机会矩阵图”来加以分析、评价。如图 7—1 所示。

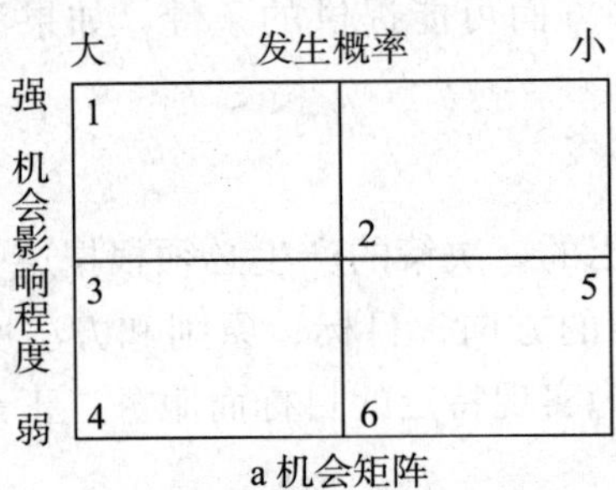

a 机会矩阵

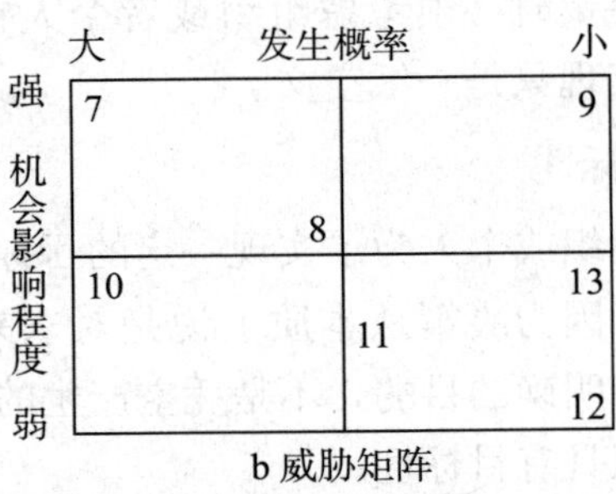

b 威胁矩阵

图 7—1　市场机会与环境威胁矩阵

由图中机会矩阵可知：1 的机会最好，实现的概率大，对企业具有吸引力；2 的机会也很好，但发生的概率小，需要创造条件来实现；3、4 的机会影响弱，但发生的概率大，企业应注意加以利用；5、6 的机会影响弱，发生的概率也小，企业可以不予考虑。同样，由图中威胁矩阵可知：在 7、8 的威胁程度强，发生概率大，企业应特别重视；9 的威胁虽强，但发生的概率小；10 的影响小，但极有可能发生，企业要加以关注；11、12、13 威胁程度与概率都小，企业就可以不考虑。由此可见。环境机会和威胁因素对组织决策具有重要的影响。

（二）过去决策

在大多数情况下，组织决策不是在一张白纸上进行初始决策，而是对初始决策的完善、调整或改革。组织过去的决策是目前决策过程的起点。过去选择的方案的实施，不仅伴随着人力、物力、财力等资源的消耗，而且会给管理者心理和情感上带来变化，甚至会伴随着内部状况的改变，带来了对外部环境的影响。过去决策所带来的良好效果和记忆必然给未来的决策以有益的借鉴，过去失败的决策必然给未来的决策带来心理的阴影和消极影响。正所谓良性循环和恶性循环。“非零起点”的决策不可能不受到过去决策的影响。

过去的决策对目前决策的影响程度，与决策和现任决策者的关系密切程度相关。如果过去的决策是由现任决策者制定的，而决策者通常要对自己的选择及其后果负管理上的责任，因此，决策者一般不愿对组织活动进行重大调整，而倾向于仍把大部分资源投入到过去方案的执行中，以证明自己的决策的正确和避免不必要的对自身形象的伤害。相反，如果现任决策者与组织过去的主要决策没有很深的关系，则愿意接受改变。

（三）决策者对风险的态度

未来条件并不总能事先预料。现实生活中，许多管理决策是在风险条件下做出的。如果情形相似的话，决策者可以依靠过去的经验或是对二手资料的分析。

风险是指一个决策所产生的特定结果的概率。根据决策者对风险的态度可以将其分为三种，即风险喜好型、风险中性型与风险厌恶型。不同的决策者对风险的态度，决定了其决策的方式。风险喜好型的决策者敢于冒风险，敢于承担责任，因此有可能抓住机会，但也可能遭到一些损失。风险厌恶型的决策者不愿冒风险，不敢承担责任，虽然可以避免一些无谓的损失，但也有可能丧失机会。风险中性型的决策者对风险采取理性的态度，既不喜好也不回避。由此可见，决策者对风险的态度影响决策活动。

（四）组织文化

文化通常指人民群众在社会历史实践过程中所创造的物质和精神财富的总和。它是一种历史现象，每一个社会都有与其相适应的文化，并随着社会物质生产的发展而发展。组织受其文化特征的影响。企业组织的管理人员应该把握其文化特征，同时还应思考从组织决策的角度研究组织文化与决策的关系。一个新决策要求原有的组织文化的配合与协调，而企业组织中原有的文化有它的滞后性，很难马上对新的决策做出反应，所以，组织文化可能成为实施组织决策的阻力；另一方面，积极的革新组织文化也可能成为实施组织决策的动力。

在进行管理决策和实施一个新决策时，组织内部的新旧文化必须相互适应，相互协调，这样才能为组织决策获得成功提供保证。虽然，决策时要考虑所做出的决策尽量与组织文化相适应，不要破坏企业已有的组织文化。但是，当企业环境发生重大变化时，企业的组织文化也需要相应做出重大变化的情况下，企业应考虑到自身长远利益，不能为了迎合企业现有的组织文化，而将组织新的决策修订得与现行组织文化标准相一致。

（五）时间

决策受时间的制约。决策是在特定的情况下，把组织的当前情况与组织未来可能的行动联系起来，并旨在解决问题或把握机会的管理活动。这就决定了决策必然受时间的制约，一旦超出了时间的限制，情况发生了变化，再好的决策也不可能达到预期目标。寓言“刻舟求剑”的故事就充分地说明了随着时间的改变、条件的改变，决策也必须随之变化的道理。

一个方案可能涉及较长的时间，在这段时间里，形势可能发生变化，而初步分析建立在对问题或机会的初步估计上，因此，管理者要不断对方案进行修改和完善，以适应变化了的形势。同时，连续性活动因涉及多阶段控制而需要定期的分析和控制。

四、决策的原则

决策的原则就是对决策的一般要求，在常规情况下，按照这些原则去进行决策，可以大大减少决策的失误。

（一）经济效益与社会效益相结合

在市场经济条件下，企业是独立的商品生产经营者，因此必须谋求企业的盈利。以盈利为标准衡量决策是否可行应该成为企业决策的首要标准。但一个企业的生存和发展与整个社会的发展是相互联系的，我们必须在做经营决策时兼顾社会的整体利益，使企业的盈利和社会利益尽可能圆满地结合起来。

（二）可能性与现实性相结合

事物是在不断发展变化的过程之中的。尽管企业的经营思想、目标和方针是在企业内外部条件的基础上确定的。但是在实施时，又会遇到一系列新情况、新问题，需要在决策时加以考虑。为此，一方面应该把原先已经确定的经营思想、目标和方针进一步与不断变化的实际情况结合起来；另一方面又应该把企业内部的条件，例如企业的产品开发能力、资金筹措能力等，与企业外部的条件，例如市场供求状况、竞争对手的状况结合起来。

（三）定量分析与定性分析相结合

现代决策必须尽可能地在决策中运用各种数学方法进行定量分析，使决策更精确、更可信，也更便于今后的操作。但是社会经济现象是十分复杂的，数学方法很难完全渗透于经营决策之中，仍有大量的决策需要利用人们的主观判断，为此仍然要重视人们的传统经验，并把人们的传统经验与社会学、心理学等现代科学结合起来，使人们的主观判断更科学、更符合实际。

（四）领导者与专家相结合

有关业务性的决策，涉及面窄，且有惯例可循，一般由个人决策即可，但凡有关企业的战略方面的重大决策，由于对企业的生死存亡至关重要，且此类决策涉及面广，影响因素极多，仅靠个人的知识和经验决策难以胜任，因此需要由各方面专家集体决策，这样可以集思广益，做出的决策会更正确、更易被人接受。

（五）局部与全局相结合

一个决策往往影响到企业的方方面面，但决策的制订和执行往往又是某一部门或层次的工作。因此，决策必须处理好全局和局部的关系，站得高，看得远，以全局的眼光，把握工作的主次和轻重缓急；从全局着想，从局部着手，全局指导局部，局部服从全局，保证全局。

（六）近期利益与远期利益相结合

这也是考验领导战略思想的原则，每一次决策都对以后的经营带来正面和负面的影响，因此决策就必须考虑这些影响，保证企业经营的一致性、连贯性、继承性和可持续性。不能鼠目寸光，也不能舍近求远。远期是近期的指导，近期是远期的保证。

（七）规范性与灵活性相结合

制定决策，一般会有许多制度、规定、程序、方法，这是正确决策的保证，领导要充分遵循这些规范；另一方面，管理工作永远是灵活、创新、开拓的，因此要搞好这两个方面的结合。

五、决策的意义与作用

（一）决策的正确与否关系着组织的兴衰和存亡

决策的过程就是从多个可行性方案中选定理想方案的过程，也就是选取所付代价最低、耗费时间最短、效果最理想的方案。只有这样才能把决策后的不良经济或社会后果减到最低限度。所以说一切成功中，决策的成功是最大的成功，一切失败中，决策失败是最大的失败，决策正确与否关系着组织和事业的兴衰和存亡。众所周知，“大跃进”决策的失误，造成重大损失。而党的十一届三中全会以来的一系列正确决策，如，从以阶级斗争为纲转变到以发展社会生产力作为全党和全国的工作重点，开始了现代化建设的新时期；解放思想、实事求是的思想路线的重心提出，使我们党恢复并进一步发扬了优良传统和作风，开创了新的生动活泼的政治局面；还有关于改革和开放的决策，搞活经济的各种决策等，可以说由此开始了中华民族新的振兴。因此每个现代的管理者都必须掌握正确的决策艺术与技巧，审时度势，纵观全局，于千头万绪之中找出关键所在，权衡利弊，及时做出正确可行的决策。

（二）决策是充分发挥管理职能的重要前提条件，是管理的核心

现代决策理论的创始人赫茨伯格·西蒙教授有一个精辟结论，那就是“管理就是决策”。他认为，要经营好一个企业，使其发挥最大效益，就必须具备有效的组织、合理的决策和良好的人际关系。这三者之间决策是基础和核心，脱离了决策就谈不上管理。他认为，管理可以从纵向和横向两个方面来看。纵向就是从管理的程序看，包括计划、组织、人员配备、领导与指挥以及控制等。从横向看，各项管理职能中都存在如何合理决策的问题。例如，在计划职能中，选择什么样的目标，为实现这个目标如何分配人力、物力和财力；在组织职能中，如何建立合适的管理机构，如何划分职权，以及如何选配各机构的管理人员；在领导职能中，采取什么形式沟通上下级之间的关系，如何以最佳的形式将上级决策传达给下级；在控制职能中，如何选择控制手段和控制方法等。以上这些都是决策，决策是管理中最本质的东西。决策所涉及的面很宽，上至国家高级领导，下至组织内的科长及班组长，都在他们的工作中进行着各种决策，只是决策的重要程度和影响范围不同罢了。因此，决策是各级管理人员的主要工作，我们应当否定“决策是上级的事，下面只管执行”的传统说法。

（三）科学决策是市场经济的客观要求，是完成现代化建设任务的根本保证

决策将使我们避免盲目性和风险性。随着现代社会化大生产的迅速发展和科学技术的巨大进步，人们的生活也更加复杂多变。因此，领导者单靠个人经验、才能进行决策已经远远不够了。如，发展社会主义市场经济、宏观调控等，仅靠领导者的个人经验决策是绝对不行的。又如，开发和利用三峡丰富的水利资源，不是靠传统的经验决策进行的。要发展社会主义市场经济，也需要领导者运用科学决策的手段和方法对待未来和现在；企业在

对商品的生产和销售等多种因素做出分析判断后，才能对产品定位做出科学决策，从而在商战中取胜。

由于决策具有社会性的特点，因此决策是否讲求艺术，决定行动效果的好坏。随着现代社会化大生产的不断发展，社会的各个部门、各个领域联系广泛，往往“牵一发而动全身”，一个地区、一个部门会波及相关部门和周围地区、乃至对整个社会产生影响，引发一系列连锁反应。总之，成功的领导者，必须做到多谋善断。“谋”就是谋划决策，如果做到科学决策，就可以收到事半功倍的效果。

第二节　决策的分类与程序

一、决策的分类

决策所涉及的范围相当广泛，且各有特点。为了便于决策者从不同管理层次上掌握各类决策的特点，根据管理工作的需要，将决策进行了分类。

（一）按决策层次划分

1. 战略决策

它是指关于组织未来发展的全局性、长期性的重大决策。战略决策一般由组织的最高管理层制订，故又称为高层决策。进行战略决策的目的在于提高组织的管理效能，使组织的业务活动与外部环境的变化保持良好的动态平衡。企业的战略决策主要包括企业经营目标和方针的决策、新产品开发决策、投资决策、市场开发决策等。

2. 管理决策

它是指组织为实施战略决策，在人、财、物等方面做出的战术性决策。管理决策一般由组织的中间管理层做出，故又称中层决策。进行管理决策的目的在于提高组织的管理效能，以实现组织内部各环节的高度协调平衡和资源的充分利用。管理决策具有指令性和定量化的特点，其正确与否，关系到战略决策的能否顺利实施。企业的管理决策主要包括生产计划决策、设备更新改造决策等。

3. 业务决策

它是指在组织的日常工作和活动当中，为提高工作效率和合理开展活动而进行的决策。这种决策一般由组织的基层管理层做出，故又称基层决策。在企业中属于这种决策的有生产作业方法的决策、库存物资发放方式的决策等。

战略决策、管理决策和业务决策之间没有绝对的界限之分，尤其管理决策和业务决策在不少小企业往往很难分开。制定决策的各级管理层次也并非不可逾越，一般来说，为了调动各级管理人员的积极性，提高决策的质量，各管理层在重点抓好本层次决策的同时，三个层次的决策者都应或多或少地参与相邻管理层的决策方案的制定工作。

（二）按决策事件发生的频率划分

1. 程序化决策

它是指在日常管理工作中以相同或基本相同的形式重复多次出现的决策。由于这类决策问题产生的背景、特点及其规律较为相似，且易被决策者所掌握，所以，决策者可根据以往的经验或惯例来做出决策。这种决策具有常规性、例行性的特点。如生产决策、采购决策、设备选择决策等均属于此类决策。

2. 非程序化决策

它是指由于大量随机因素的影响，很少重复出现，常常无先例可循的决策。这种决策由于缺乏可借鉴的资料和较准确的统计数据，决策者大多对处理此类决策问题感到经验不足，所以，在决策时没有固定的模式和现成的规律可循。这样就需要充分发挥决策者及其智囊机构的主观能动性，通过他们敏锐的洞察力、科学的思维方式、丰富的知识积累和处理此类问题的经验，来解决好这类决策问题。如经营方向及经营目标决策、新产品开发决策、新市场的开拓决策等均属于此类决策。

（三）按决策的时间跨度的长短划分

1. 长期决策

长期决策是指有关组织今后发展方向的长远性、全局性的重大决策，又称长期战略决策，如企业的长期投资决定、市场开拓、技术改造、产品开发、人力资源开发、组织革新等方面的决策均属于此类决策。

2. 短期决策

短期决策是指企业为有效地组织目前的生产经营活动，合理利用经济资源，以期取得最佳的经济效益而进行的决策。短期决策具有涉及面小、投入资金少、风险相对较小等特点。短期决策的具体内容较多，概括地说主要包括生产决策、定价决策和存货决策三大类。

（1）生产决策。

生产决策是指短期内，在生产领域中，对生产什么、生产多少以及如何生产等几个方面的问题做出的决策。具体包括：新产品开发的品种决策、亏损产品的决策、是否接受特殊价格追加订货的决策、有关产品是否深加工的决策、零部配件取得方式的决策、生产工艺技术方案的决策和非确定条件下的生产决策等。

（2）定价决策。

定价决策是指短期内企业为实现其定价目标而科学合理地确定商品的最合适价格。定价决策应考虑的因素，侧重从成本因素与供求规律因素（价格弹性系数）分析入手。这种决策所通常采用的方法包括：以成本为导向的定价方法、以需求为导向的定价方法、以特殊情况为导向的定价方法等。

（3）存货决策。

存货决策是指如何把存货的数量控制在最优的水平上，以及在什么情况下再订货和每次订购多少数量为最经济的一种短期决策。具体包括两类决策：存货的控制决策和存货的规划决策。

（四）按决策的确定性程度划分

1. 确定型决策

它是指决策者对每个备选方案未来可能发生的各种情况及其后果十分清楚，特别是对哪种自然状态将会发生，已有确定的把握，此时只需要对各备选方案的结果进行比较，就可从中选择一个最有利的方案。此种决策在企业中较为普遍。

2. 风险型决策

它是指决策事件未来多种自然状态的发生是随机的，决策者可根据类似事件的历史统计资料或实验测试等估计出各种自然状态所发生的概率，并计算各备选方案的期望损益值，然后根据计算的结果做出决策。此种决策带有一定风险，因为自然状态的概率是估计值。

3. 不确定型决策

它是指决策者无法确定事件未来多种自然状态的概率，只有凭借决策者的经验、感觉和估计所做出的决策。此类决策在企业外部环境变化较大时，也是经常发生的。

（五）按决策的时态划分

1. 静态决策

静态决策又称单项决策，它是仅根据某一时点的状态所做出的一次性决策，其内容比较单一。

2. 动态决策

动态决策又称序贯决策，它注意到时间的推移，针对在执行过程中可能会顺次发生的不同情况，而采取相应对策的一系列相互联系的多个决策。比如，在做出某一产品的销售决策时，要同时考虑到以下一些因素：假如市场需求量变大怎么办？市场萎缩又该怎么办？在销售过程中如果遇到强硬竞争对手，该采取何种对策与之抗衡？当某种对策失效后又应该采取何种补救策略？这需要制订一系列的决策。它可以一次把一系列决策制订出来，也可以分阶段做出决策。

（六）按决策者不同划分

1. 个人决策

它是由决策者个人做出的决策。一提到“个人决策”，有人会联想到个人独断专行，“拍脑袋”拿主意，这就把问题绝对化了。个人决策并不一定都是错误的。一般来说，在个人分工负责的职责范围内或在某些特殊情况下，这种方式是非常必要的，特别在某些随机性很强的突发事件面前，要求当机立断时，更应当承认个人决策的重要性。

2. 专家集体决策

它是由各方面专家集体做出的决策。因为关系到组织长远的、战略性的决策，往往涉及面广、影响因素复杂，单靠个人决策是不行的。这就需要集中各方面专家的集体智慧，请专家集体参与决策。领导者要学会依靠专家集体，善于利用“外脑”，提高决策质量。

3. 群体决策

它是由广大职工共同参与做出的决策，是我国实行民主管理的集中体现。对于组织而言，有些与职工切身利益密切相关的问题，最好让职工自己来决策。这样既充分发扬民主，调动职工参与管理的积极性，同时又进一步加深职工对组织领导工作的认同感和增强组织的凝聚力及向心力。

为了使组织在决策中能达到预期的目的，科学地划分决策的类型，合理地采用不同的科学决策方法和手段是十分必要的。以上是对决策的一般分类。实际上，各种类型的决策，常常是相互影响和交叉的。在决策工作中，主要研究的是战略决策、非程序化决策、风险型决策和不确定型决策等。

二、决策的程序

每个人不论在哪个组织、哪个领域，都会面临在两个或更多的方案中进行选择的情况，也就是做决策。例如，高层管理者要制订整个组织的发展战略决策；中层和基层管理者要制订采购、生产、销售决策。但是制订决策并非仅仅是管理者所做的事情，所有组织成员都在制订决策，这些决策影响着他们的工作和所在的组织。因此，为了保证决策的正确和合理，决策过程要遵循一定的程序。

（一）界定问题

问题是决策的始点，决策始于问题的识别，即发现问题，问题就是现实和理想之间的差异。识别和发现问题在决策过程中是比较难的，必须不断地对组织与环境状况进行深入的调查研究和创造性的思考才能做到。发现问题后还必须对问题进行分析，包括要弄清问题的性质、范围、程度、影响、后果、起因等各个方面，为决策的下一步做准备。

（二）确定决策目标

目标体现的是组织要达到的目的。目标是决策活动的开始，而实现目标，即取得预期的管理效果是决策的终点。

确定目标时，要注意以下几点：

1. 目标应明确具体

决策目标的确定是为了实现它，因而要求决策目标定得要准确，首先要求概念必须明确清晰，即决策目标的理解应当只有一种，能够使执行者明确地领悟含义。如果一个目标的含义怎样理解都可以，那么就无法做出有效的决策，也无法有效地执行。

2. 目标要分清主次

在决策过程中，目标往往不止一个，多个目标之间既有协调一致的时候，也有发生矛盾的时候。例如，要求商品物美价廉就有矛盾，物美往往要增加成本，价廉就得降低成本，有时还会影响质量。在诸多目标中，有的目标是必须达成的，有的目标是希望达成的，这样就可以使实现目标的严肃性和灵活性更好地结合起来。因此，在处理多目标问题时，一般应遵循下列两条原则：第一，在满足决策需要的前提下尽量减少目标的个数，因为目标越多，选择标准就越多，选择方案越多，越会增加选择的难度。第二，要分析各个目标的权重，分清主次，先集中力量实现必须达到的主要目标。

3. 要规定目标的约束条件

决策目标可以分为有条件目标和无条件目标两种，凡给目标附加一定条件者称为有条件目标，而所附加条件称为约束条件；不附加任何条件的决策目标称为无条件目标。约束条件一般分为两类：一类是客观存在的限制条件，如一定的人力、物力、财力条件；另一类是目标附加一定的主观要求，如目标的期望值，以及不能违反国家的政策法规等。凡是有关条件目标，只有在满足其约束条件的情况下达到目标时，才算其真正实现了决策目标。

4. 决策目标数量化

就是要给决策目标规定出明确的数量界线。有些目标本身就是数量指标，如产值、产量、销售量、利润等。在制订决策目标时要明确规定增加多少，而不要用"大幅度"和"比较显著"之类的词，有些属于组织问题、社会问题、质量问题等方面的决策，目标本身不是数量指标，可以用间接测定方法，如产品质量可以用合格率、废品率等说明。

5. 决策目标要有时间要求

决策目标中必须包括实现目标的期限。即使将来在执行过程中有可能会因情况变化而对实现期限做一定修改，确定决策目标时也必须把预定完成期限规定出来。

(三) 拟订备选方案

决策目标确定以后，就应拟订达到目标的各种备选方案。拟订备选方案，要注意：

首先，要分析和研究目标实现的外部因素和内部条件，积极因素和消极因素，以及决策事物未来的变化趋势和发展状况。

其次，将外部环境的不利因素和有利因素、内部业务活动的有利条件和不利条件等，同决策事物未来趋势和发展状况的各种估计进行排列组合，拟订出实现目标的方案。

最后，将这些方案同目标要求进行粗略的分析对比，权衡利弊，从中选择出若干个利多弊少的可行方案，供进一步评估和抉择。

拟订可行方案的过程是一个发现、探索的过程，也是淘汰、补充、修订、选取的过程。既要有大胆的设想、勇于创新的精神，又要细致冷静、反复计算、精心设计。对于复杂的问题，可邀请有关专家共同商定。在拟订方案时，可运用"头脑风暴法""对演法"等智囊技术。"对演法"就是让相互对立的小组制订不同的方案，然后双方展开辩论，互攻其短，以求充分暴露矛盾，使方案越来越完善。

(四) 评估决策方案

备选方案一经确定，决策者必须对每一备选方案进行评估。在评估过程中，要使用预定的决策标准以及每种备选方案的预期成本、收益、不确定性和风险。为了解决决策的困难，通常的方法是根据目标的权重排出先后次序，然后通过加权求和的方式将其综合为一个目标；或者将一些次要目标看作决策的限制条件，使某个主要目标达到最大（或最小）来选择方案。

(五) 选择最佳方案

从已列出的并且评估过的备选方案中选择最佳方案这一步骤是决策的关键阶段。通过可行性分析和评估，确定出每个方案的经济效益和社会效益，以及可能带来的潜在问题，按照一定的标准比较各个方案的优劣，从中选择最佳方案。方案选择的具体方法有两种类型：一种是定性方法，即决策者根据以往的经验和掌握的材料，经过权衡利弊，做出决断；另一种是定量方法，即借助于数学和计算机技术进行决策的方法。

(六) 方案的实施与反馈

实施决策是指将决策传递给有关人员并得到他们行动的承诺。只有通过付诸实施，才能最终检验决策是否合理有效，才能发现偏差并作必要的调整。

一个决策方案的实施需要较长时间，在这段期间内，由于组织内部条件和外部环境的不断变化，原来的决策方案可能已经不符合实际情况。因此，管理者要对决策效果评价，及时获得决策方案执行情况的反馈信息，对没有达到预期效果的项目要找出原因，与既定目标发生偏离的，要对原定方案进行修订，对客观情况发生重大变化，原定目标无法实现时，则要重新寻找问题或机会，重新审定目标，按照决策程序，直到选出新的最优化方案为止。

第三节 决策的方法

我们可将众多的决策方法概括为两大类，即定性决策法和定量决策法。

定性决策法是建立在人们经验、知识、智慧等基础上，对决策方案进行评价和判断的一种方法。在管理工作中，有许多问题有时很难用定量决策法处理，往往要依靠经验进行判断，因而它是一种常用的不可缺少的方法。但经验判断不是依靠某一个人作判断，而是在集思广益，依靠一定的组织形式，发挥各方面人员的知识与经验的基础上进行的。因此，这里的关键在于决策民主化，以避免决策的主观随意性和片面性。此类方法尤其注重发挥人的主观能动性，且简便灵活。但它也存在一定的局限性，由于决策是建立在个人主观判断基础上的，因此主观成分大，缺乏严格的科学论证，而且易受传统观念的影响。此类方法主要适合于受社会因素影响较大、所含因素错综复杂的战略决策。

定量决策法是根据已占有的实际数据以及各个变量的相互关系，建立一定的数学模型，然后通过运算，取得结果，进行判断。它可以解决单靠人们经验很难精确判断的复杂问题，同时能把大量的决策程序化工作加以计算机化，减轻了决策工作量，使决策者能集中时间和主要精力去解决更重要的问题，提高决策的效率。但定量决策法也有其局限性，尤其是许多社会因素无法估量，使此类方法的使用受到限制。此类方法主要适合于常规决策、程序化或规范化决策等。

由于定性决策法和定量决策法各有所长，也各自存在一定局限性，因而在决策中应根据决策问题的性质和决策过程各个阶段的情况，灵活应用各种方法。人们往往把两类方法结合起来，以便更进一步地提高决策的科学化水平。

一、定性决策方法

定性决策法又称主观决策法，是指在决策中主要依靠决策者或有关专家的智慧来进行决策的方法。定性决策法侧重于确定决策的方向，也被称为决策软技术，能够充分发挥管理者的潜在能力和创造力。

（一）头脑风暴法

头脑风暴法的创始人是英国心理学家奥斯本，原指精神病患者头脑短时间出现的思维紊乱现象，病人会产生大量的胡思乱想。借用这个概念来比喻思维高度活跃，打破常规的思维方式而产生大量创造性设想的状况。头脑风暴的特点是让与会者敞开思想，使各种设想在相互碰撞中激起脑海的创造性风暴。

头脑风暴法是比较常用的集体决策方法，便于发表创造性意见，因此主要用于收集新设想。通常是将对解决某一问题有兴趣的人集合在一起，在完全不受约束的条件下，敞开思路，畅所欲言。

头脑风暴法要求遵循以下四项原则：

（1）对别人的建议不作任何评价，将相互讨论限制在最低限度内。

（2）建议越多越好，在这个阶段，参与者不要考虑自己建议的质量，想到什么就应该说出来。

（3）鼓励每个人独立思考，广开思路，想法越新颖、奇异越好。

（4）可以补充和完善已有的建议，使它更具说服力。

头脑风暴法的目的在于创造一种畅所欲言、自由思考的氛围，诱发创造性思维的共振和连锁反应，产生更多的创造性思维。这种方法的时间安排应为 20～60 分钟，参加者 10～15 人为宜。

（二）德尔菲法

德尔菲法是 20 世纪 40 年代由美国学者赫尔姆和达尔克首创，经过戈尔登和兰德公司进一步发展而成的。德尔菲这一名称起源于古希腊有关太阳神阿波罗的神话。传说中阿波罗具有预见未来的能力。因此，这种预测方法被命名为德尔菲法。1946 年，兰德公司首次用这种方法进行预测，后来该方法被迅速广泛采用。

德尔菲法，又名专家意见法，是依据系统的程序，采用匿名发表意见的方式。即团队成员之间不得互相讨论，不发生横向联系，只能与调查人员发生关系，以反复地填写问卷，来集结问卷填写人的共识及搜集各方意见，建立起团队沟通流程的一种，应对复杂任务难题的管理技术。

德尔菲法的具体实施步骤如下：

（1）组成专家小组。按照课题所需要的知识范围，确定专家。专家人数的多少，可根据预测课题的大小或涉及面的宽窄而定，一般不超过 20 人。

（2）向所有专家提出所要预测的问题及有关要求，并附上有关这个问题的所有背景材料，同时请专家提出还需要什么材料。然后，由专家做书面答复。

（3）各个专家根据他们所收到的材料，提出自己的预测意见，并说明自己是怎样利用这些材料算出预测值的。

（4）将各位专家第一次判断意见汇总，列成图表，进行对比，再分发给各位专家，让专家比较自己同他人的不同意见，修改自己的意见和判断。也可以把各位专家的意见加以整理，或请身份更高的专家加以评论，然后把这些意见再分送给各位专家，以便他们参考后修改自己的意见。

（5）将所有专家的修改意见收集起来，汇总，再次分发给各位专家，以便做第二次修改。逐轮收集意见并为专家反馈信息是德尔菲法的主要环节。收集意见和信息反馈一般要经过三四轮。在向专家进行反馈的时候，只给出各种意见，但并不说明发表各种意见的专家的具体姓名。这一过程重复进行，直到每一个专家不再改变自己的意见为止。

（6）对专家的意见进行综合处理。

利用德尔菲法进行决策时需要我们注意两点：第一点，并不是所有被预测的事件都要经过所有步骤。可能有的事件在第二步就达到统一，而不必在第三步中出现。第二点，第四步结束后，专家对各事件的预测也不一定都达到统一。不统一也可以用中位数和上下四分点来做结论。事实上，总会有许多事件的预测结果不统一。

（三）哥顿法

哥顿法又称提喻法，是美国人哥顿 1961 年发明的一种创新思维的方法。它主要是通过会议形式，根据主持人的引导，让与会者进行讨论。

哥顿法与头脑风暴法类似，先由会议主持人把决策问题向会议成员作笼统的介绍，然后由会议成员（即专家成员）海阔天空地讨论解决方案；当会议进行到适当时机，决策者将决策的具体问题展示给小组成员，使小组成员的讨论进一步深化，最后由决策者吸收讨论结果，进行决策。其中的一个基本观点就是“变熟悉为陌生”，即抛开对事物性质原有的认识，在“零起点”上对事物进行重新认识，从而得出相应的结论。这样做是为了避免思维定式的约束，使大家能跳出框框去思考，充分发挥群体智慧以达到方案创新的目的。

（四）电子会议法

电子会议法是将名义群体法与尖端计算机技术相结合的一种最新的群体决策方法。目前电子会议法所需要的技术已经比较成熟，概念和操作也比较简单。它要求人数众多的人（可多达 50 人）围坐在一张马蹄形的桌子旁。这张桌子上除了一系列的计算机终端外别无他物。主办者将问题显示给决策参与者，决策参与者把自己的回答打在计算机屏幕上。个人评论和票数统计都投影在会议室内的屏幕上。

电子会议法的主要优点是匿名、诚实和快速，而且能够超越空间的限制。决策参与者能不透露姓名地打出自己所要表达的任何信息。它使人们充分地表达他们的想法而不会受到惩罚，它消除了闲聊和讨论偏题。

二、定量决策方法

定量决策方法常用于数量化决策，应用数学模型和公式来解决一些决策问题，即是运用数学工具、建立反映各种因素及其关系的数学模型，并通过对这种数学模型的计算和求解，选择出最佳的决策方案。根据数学模型涉及的决策问题的性质（或者说根据所选方案结果的可靠性）的不同，定量决策方法一般分为确定型决策方法、风险型决策方法和不确定型决策方法三类。

（一）确定型决策方法

确定型决策法是指各个备选方案都只有一种确定的结果的决策。常用的确定型决策方法有线性规划法和盈亏平衡分析法。

1. 线性规划法

线性规划是在一些线性等式或不等式的约束条件下，求解线性目标函数的最大值或最小值的方法。运用线性规划法建立数学模型的基本步骤如下：

（1）确定影响目标大小的变量，列出目标函数。

（2）找出实现目标的约束条件。

（3）找出使目标函数达到最优的可行解，即为线性规划的最优解。

例 7—1 某企业生产两种产品：桌子和椅子，它们都要经过制造和装配两道工序，有关资料如表 7—1 所示。假设市场状况良好，企业生产出来的产品都能卖出去，试问何种组合的产品使企业利润最大？

表 7—1 产品资料表

用时间（小时）	桌子	椅子	工序可利用时间
在制造工序上的时间（小时）	2	4	48
在装配工序上的时间（小时）	4	2	60
单位产品利润（元）	8	6	

解：

第一步，确定影响目标大小的变量。在本例中，目标是利润（Z），影响利润的变量是桌子数量 T 和椅子数量 C。列出目标函数方程：$Z=8T+6C$。

第二步，找出约束条件。在本例中，两种产品在一道工序上的总时间不能超过该道工序的可利用时间，即制造工序：$2T+4C\leqslant48$；装配工序：$4T+2C\leqslant60$；除此之外，还有两个约束条件，即非负约束：$T\geqslant0$，$C\geqslant0$。从而线性规划问题成为，如何选取 T 和 C，使 Z 在上述四个约束条件下达到最大。

第三步，求出最优解——最优产品组合。通过图解法（如图 7—2 所示），Z＝8T＋6C 为一条斜率为－8/6 的直线。随着 Z 值由大到小的改变，该直线从右向左不断平行移动，与阴影部分在 A 点相交，A 点满足所有约束条件。此时 2T＋4C≤48 和 4T＋2C≤60 两条直线的交点值 A（12，6），即最优解，即生产 12 张桌子和 6 把椅子时企业的利润最大。

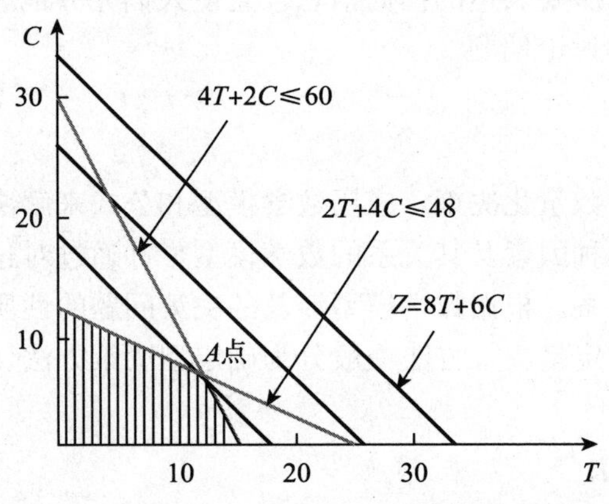

图 7—2 线性规划的图解法

2. 盈亏平衡分析法

盈亏平衡分析法又称保本分析法或量本利分析法，是根据产品的业务量（产量或销量）、成本、利润之间的相互关系的综合分析，用来预测利润、控制成本、判断经营状况的一种数学分析方法。

在应用盈亏平衡分析法时，关键是找出企业不盈不亏时的产量（称为保本产量或盈亏平衡产量，此时企业的总收入等于总成本），借以做出决策的一种确定型决策方法。如图 7—3 所示。

盈亏平衡点产量的计算公式为：

$$Q=\frac{C}{P-V}$$

式中，Q 为盈亏平衡点产量（销量）；C 为总固定成本；P 为产品价格；V 为单位变动成本。

当获得一定目标利润时其公式为：

$$Q=\frac{C+B}{P-V}$$

式中，B 为预期的目标利润额；Q 为实现目标利润 B 的产量或销售量。

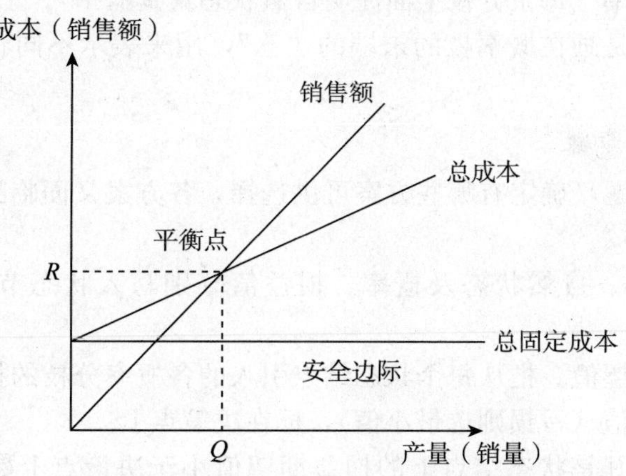

图 7—3 盈亏平衡分析法基本模型

例 7—2 某厂生产一种产品，其固定成本为 100 000 元，单位产品变动成本为 5 元，产品售价为 10 元。

求：(1) 该厂盈亏平衡点产量应为多少？

(2) 如果要实现利润 20 000 元时，其产量应为多少？

解：

(1) $Q=\frac{C}{P-V}=\frac{100\ 000}{10-5}=20\ 000$（件）

即当产品产量为 20 000 件时，处于盈亏平衡点上。

(2) $Q=\frac{C+B}{P-V}=\frac{100\ 000+20\ 000}{10-5}=24\ 000$（件）

即当生产产品 24 000 件时，企业可获得 20 000 元。

(二) 风险型决策方法

风险型决策也叫统计型决策、随机型决策，是指已知决策方案所需的条件，但每个方案的执行都有可能出现不同后果，后果的出现有一定的概率，即存在“风险”，所以称为风险型决策。

决策树法是一种应用广泛、效果最为显著的风险型决策方法。决策树法是指借助树形分析图，根据各种自然状态出现的概率及方案预期损益，计算与比较各方案的期望值，从而抉择最优方案的方法。

1. 决策树的构成

(1) 决策结点。它用“□”表示，用来表示决策的结果。

（2）状态节点。它用“○”表示，用来表示各种行动方案，上面的数字表示方案的效益期望值，某方案的期望值等于方案中多种随机状态可能出现的概率与其对应的损益值的乘积之和。

（3）方案枝。它是由决策点起自左而右画出的若干条直线，每条直线表示一个备选方案。

（4）概率枝。从状态结点引出若干条直线“—”叫概率枝，每条直线代表一种自然状态及其可能出现的概率（每条分枝上面注明自然状态及其概率）。

（5）结果点。它是画在概率枝的末端的“△”，用来表示不同状态下的期望值（效益值或亏损值）。

2. 决策树分析法步骤

（1）分析决策问题，确定有哪些方案可供选择，各方案又面临哪几种自然状态，从左向右画出树形图。

（2）将方案序号、自然状态及概率、损益值分别写入状态节点及概率分枝和结果点上。

（3）计算损益期望值。把从每个状态结点引入的各概率分枝的损益期望值之和标在状态结点上，选择最大值（亏损则选最小值），标在决策点上。

（4）剪枝决策。凡是状态结点上的损益期望值小于决策点上数值的方案分枝一律剪掉，剪枝用“//”表示，最后剩下的方案分枝就是要选择的决策方案。

例 7—3 某公司计划未来 3 年生产某种产品，需要确定产品批量。根据预测估计，这种产品的市场状况的概率是畅销为 0.2，一般为 0.5，滞销为 0.3。现提出大、中、小三种批量的生产方案，各方案的损益值如表 7—2 所示。求取得最大经济效益的方案。

表 7—2　　各方案损益值表

年损益值 / 状态及概率 / 方案	畅销（0.2）	一般（0.5）	滞销（0.3）
大批量	40	30	−10
中批量	30	20	8
小批量	20	18	14

解：第一步，画出树形图。

第二步，将方案序号、自然状态及概率、损益值分别写入状态节点及概率分枝和结果点上。

第三步，计算损益期望值。将各方案的期望值标在各个方案结点上。

大批量生产（结点①）的期望值＝［40 × 0.2＋30 × 0.5＋（−10）×0.3］×3＝60（万元）

中批量生产（结点②）的期望值＝［30 × 0.2＋20 × 0.5＋8×0.3］×3＝55.2（万元）

小批量生产（结点③）的期望值＝［20 × 0.2＋18 × 0.5＋14×0.3］×3＝51.6（万元）

第四步，剪枝决策。比较各方案的期望值，从中选出期望值最大的作为最佳方案，并将最佳方案的期望值写到决策结点方框的上面。剪枝用“‖”表示。大批量生产期望值最高，故选中该方案。结果如图7—4所示。

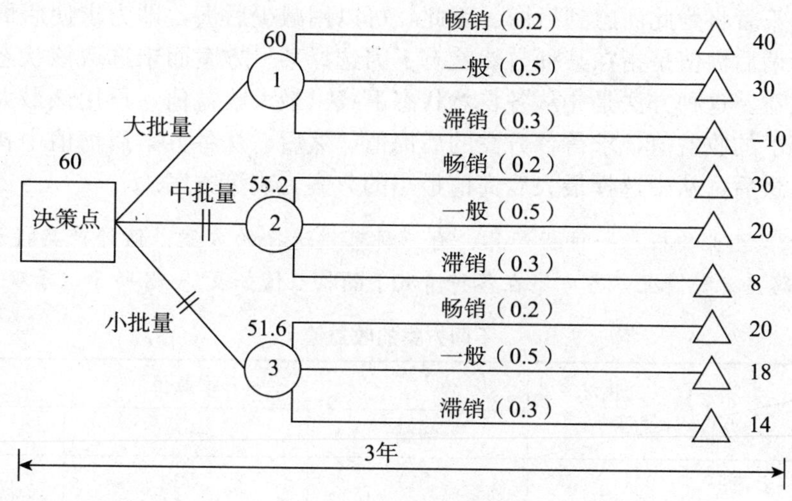

图7—4 决策树图

（三）不确定型决策方法

不确定型决策是在对未来自然状态完全不能确定的情况下进行的，由于决策主要依靠决策者的经验、智慧和风格，便产生不同的评选标准，因而形成了多种具体的决策方法。

1. 乐观法

乐观法又称大中取大法。如果决策者比较乐观，认为未来会出现最好的自然状态，并且不论采用何种方案均可能取得该方案的最好效果，那么在决策时就应以各方案在各种状态下的最大损益值为标准（即假定各方案最有利的状态发生），选取各方案的最大损益值中最大者所对应的方案。

2. 悲观法

悲观法又称小中取大法。与乐观法相反，如果决策者对于未来比较悲观，在决策时就会以规避最差结果为准则。因此，决策者在进行方案取舍时以每个方案在各种状态下的最小损益值为标准（即假定每个方案最不利的状态发生），选取各方案的最小损益值中最大者所对应的方案。

3. 折中法

这种方法是乐观法和悲观法的结合。其基本观点是：乐观法过于冒进，悲观法过于保守，所以可以考虑将两者进行折中。其基本方法是：根据决策者的判断，给最好的自然状态以一个乐观系数，给最差的自然状态以一个悲观系数，两者之和为1，然后用各方案在最好状态下的效果值与乐观系数相乘所得的积，加上各方案在最差自然状态下的效果值与悲观系数的乘积，得出各方案的期望收益值，再利用最大期望值原则比较各方案，做出最终选择。

4. 等概率法

等概率法是由法国数学家拉普拉斯提出的。他认为，在无法确定各种自然状态发生的概率时，可以假定每一自然状态具有相等的概率，并以此计算各方案的期望值，进行方案选择。

5. 后悔值法

决策者在决策并组织实施后，如果遇到的自然状态表明采用另外的方案会取得更好的效果，那么决策者将为此而感到后悔。因此，可以用减少后悔，即力求使后悔值最小作为决策准则。所谓后悔值是指在某种自然状态下因选择某一方案而未选取该状态下的最好结果而少得的收益。这种方法是先从各自然状态下找出最大收益值，再用该最大收益值减去当前自然状态下的收益值，求得各方案的后悔值。然后，从各方案后悔值中找出每个方案最大后悔值。最后，从中选择最大后悔值最小的方案为决策方案。

例 7—4 某企业要投产一种新产品，有三种可供选择的方案，估计产品投放市场后有畅销、一般、销路差三种情况，各方案在各种情况下的收益值如表 7—3 所示（乐观系数为 0.7）。

表 7—3 **不同方案的收益值**

状况 方案	收益值		
	畅销	一般	销路差
方案一	100	50	−20
方案二	85	60	10
方案三	40	30	20

试用乐观法、悲观法、折中法、等概率法、后悔值法分别选出最佳方案。

解：

由表 7—4 得出乐观法最佳决策方案为方案一。

表 7—4 **乐观法决策表**

状况 方案	收益值			乐观法
	畅销	一般	销路差	大中取大
方案一	100	50	−20	100
方案二	85	60	10	85
方案三	40	30	20	40

由表 7—5 得出悲观法最佳决策方案为方案三。

表 7—5 **悲观法决策表**

状况 方案	收益值			悲观法
	畅销	一般	销路差	小中取大
方案一	100	50	−20	−20
方案二	85	60	10	10
方案三	40	30	20	20

由表 7—6 得出折中法最佳决策方案为方案一。

表 7—6 折中法决策表

状况 / 方案	收益值			折中法
	畅销	一般	销路差	期望收益值
方案一	100	50	－20	100×0.7＋（－20）×0.3＝64
方案二	85	60	10	85×0.7＋10×0.3＝62.5
方案三	40	30	20	40×0.7＋20×0.3＝34

由表 7—7 得出等概率法最佳决策方案为方案二。

表 7—7 等概率法决策表

状况 / 方案	收益值			等概率法
	畅销	一般	销路差	期望收益值
方案一	100	50	－20	［100＋50＋（－20）］÷3＝43.3
方案二	85	60	10	（85＋60＋10）÷3＝51.7
方案三	40	30	20	（40＋30＋20）÷3＝30

由表 7—8 得出后悔值法最佳决策方案为方案二。

表 7—8 后悔值法决策表

状况 / 方案	收益值			后悔值法
	畅销	一般	销路差	后悔值
方案一	0 （100－100）	10 （60－50）	40 ［20－（－20）］	40
方案二	15 （100－85）	0 （60－60）	10 （20－10）	15
方案三	60 （100－40）	30 （60－30）	0 （20－20）	60

本章小结

决策，是指为了达到预定的目标从两个或两个以上的备选方案中通过比较分析，选择一个最优的行动方案的过程。决策是管理者的中心任务，也是成功管理的关键。决策具有可行性、目标性、满意性、过程性、动态性的特点。决策的影响因素包括环境、过去决策、决策者对风险的态度、组织文化、时间。决策包括经济效益与社会效益相结合、可能性与现实性相结合、定量分析与定性分析相结合、领导者与专家相结合、局部和全局相结合、近期利益与远期利益相结合、决策工作的规范性与灵活性相结合的原则。决策对组织来说具有重大的意义与作用。

依据不同的标准，可将决策划分为不同的类型。决策按决策层次划分，分为战略决策、管理决策和业务决策；按决策事件发生的频率划分，分为程序化决策和非程序化决策；按决策的时间跨度的长短划分，分为长期决策与短期决策；按决策的确定性程度划分，分为确定型决策、风险型决策和不确定型决策；按决策的时态划分，分为静态决策和动态决策；按决策者的不同划分，分为个人决策、专家决策和群体决策。

决策的基本程序包括：(1) 界定问题；(2) 确定决策目标；(3) 拟订备选方案；(4) 评估决策方案；(5) 选择最佳方案；(6) 方案的实施与反馈。

决策的方法分为定性决策方法和定量决策方法。定性决策方法包括头脑风暴法、德尔菲法、哥顿法、电子会议法等。定量决策方法包括确定型决策方法，如线性规划法、盈亏平衡分析法；风险型决策方法，如决策树法；不确定型决策方法，如乐观法、悲观法、折中法、等概率法、后悔值法等。

思考与练习

一、单项选择题

1. 决策的核心是（　　）。

A. 意识　B. 目的　C. 未来　D. 选择

2. 受决策者人性影响最大的是（　　）。

A. 确定型决策　B. 多目标决策　C. 不确定型决策　D. 程序化决策

3. 不确定型决策与风险型决策的区别在于（　　）。

A. 可供选择的方案中是否存在两种或两种以上的自然状态

B. 各种自然状态发生的概率是否可知

C. 哪种自然状态最终发生是否确定

D. 决策是否经常重复进行

4. 下列哪个不是决策？（　　）。

A. 决定开发一种新产品　B. 扩大生产规模

C. 对例行问题做决定　D. 接受上级命令

5. 对于一个完整的决策过程来说，第一步是（　　）。

A. 界定问题　B. 评估决策方案

C. 确定决策目标　D. 选择最佳方案

6. 针对欧美国家对我国纺织品的配额限制，某公司决定在北非投资设立子公司，这种决策属于（　　）。

A. 管理决策　B. 战略决策　C. 业务决策　D. 程序化决策

7. 非程序化决策的决策者主要是（　　）。

A. 高层管理者　B. 中层管理者　C. 基层管理者　D. 技术专家

8. 业务决策中，例如生产任务的日常安排、常用物资的订货与采购等经常重复发生，能按已规定的程序、处理方法和标准进行的决策，属于（　　）。

A. 管理决策　B. 程序化决策

C. 确定型决策　D. 风险型决策

9. 假如各种可行方案的条件大部分是已知的，但每个方案执行后可能出现几种结果，方案的选择由概率决定。那么，这种决策属于（　　）决策。

A. 风险型　　B. 不确定型　　C. 确定型　　D. 非程序化

10. （　　）是管理者的中心任务，也是成功管理的关键。

A. 计划　　B. 组织　　C. 决策　　D. 激励

二、简答题

1. 什么是决策？决策有何特点？决策的影响因素包括哪些？

2. 决策的原则有哪些？决策有何意义和作用？

3. 决策如何进行分类？

4. 决策的基本程序包括哪些？

5. 定性决策法和定量决策法有何区别？

三、应用题

1. 某化妆品厂生产一种化妆品，需投入固定成本为30万元，单位产品变动成本为80元，产品销售价格为10元/件。

求：(1) 确定盈亏平衡点产量应为多少？

(2) 如果企业的利润目标是15万元，企业至少应维持多大的生产规模？

2. 某公司为了扩大市场，要举行一个展销会，会址打算在甲、乙、丙三地选择。获利情况除了与会址有关外，还与天气有关，天气可区分为晴、普通、多雨三种，通过天气预报，估计三种天气情况可能发生的概率为0.25、0.5、0.25，其收益情况见下表，用决策树法进行决策。

自然状态及概率 / 选址方案	晴	普通	多雨
	0.25	0.5	0.25
甲地	4	6	1
乙地	5	4	1.5
丙地	6	2	1.2

3. 某厂生产某产品未来销售可能出现三种情况，即高需求、中需求和低需求。因此企业有三种方案可供选择，即新建车间、扩建车间和对外协作，相应的损益表如下表所示(乐观系数为0.4)。分别用乐观法、悲观法、折中法、等概率法、后悔值法分别选出最佳方案。

自然状态 / 方案	损益值		
	高需求	中需求	低需求
新建车间	980	−500	−800
扩建车间	700	250	−200
对外协作	400	90	−30

四、案例分析

王厂长的会议

王厂长是佳迪饮料厂的厂长，回顾8年的创业历程真可谓是艰苦创业、勇于探索的过程。全厂上下齐心协力、同心同德、共献计策为饮料厂的发展立下了不可磨灭的汗马功劳。但最令全厂上下佩服的还数4年前王厂长决定购买二手设备（国外淘汰生产设备）的举措。饮料厂也因此挤入国内同行业强手之林，令同类企业刮目相看。今天王厂长又通知各部门主管及负责人晚上8点在厂部会议室开会。部门领导们都清楚地记得4年前在同一时间、同一地点召开会议，会上王厂长做出了购买进口二手设备这一关键性的决定。在他们看来，又有一项新举措即将出台。

晚上8点会议准时召开，王厂长讲道："我有一个新的想法，我将大家召集到这里是想听听大家的意见或看法。我们厂比起4年前已经发展了很多，可是，比起国外同类行业的生产技术、生产设备来，还差得很远。我想，我们不能满足于现状，我们应该力争世界一流水平。当然，我们的技术、我们的人员等诸多条件还差得很远，但是我想为了达到这一目标，我们必须从硬件条件入手，即引进世界一流的先进设备，这样一来，就会带动我们的人员、带动我们的技术一起前进。我想这也并非不可能，4年前我们不就是这样做的吗？现在厂的规模扩大了，厂内外事务也相应增多了，大家都是各部门的领导及主要负责人，我想听听大家的意见，然后再做决定。"

会场一片肃静，大家都清楚记得，4年前王厂长宣布他引进二手设备的决定时，有近70%成员反对，即使后来王厂长谈了他近三个月对市场、政策、全厂技术人员、工厂资金等厂内外环境的一系列调查研究结果后，仍有半数以上人持反对意见，10%的人持保留态度。因为当时很多厂家引进设备后，由于不配套和技术难以达到等因素，均使高价引进设备成了一堆闲置的废铁。但是王厂长在这种情况下仍采取了引进二手设备的做法。事实表明这一举措使佳迪饮料厂摆脱了企业由于当时设备落后、资金短缺所陷入的困境。二手设备那时价格已经很低，但在我国尚未被淘汰。因此，佳迪厂也由此走上了发展的道路。

王厂长见大家心有余悸的样子，便说道："大家不必顾虑，今天这一项决定完全由大家决定，我想这也是民主决策的体现，如果大部分人同意，我们就宣布实施这一决定；如果大部分人反对的话，我们就取消这一决定。现在大家举手表决吧。"

于是会场上有近70%人投了赞成票。

资料来源：http：//www. shangxueba. com/ask/6281462. html。

问题：

1. 王厂长的两次决策过程合理吗？为什么？
2. 如果你是王厂长，在两次决策过程中应做哪些工作？
3. 影响决策的主要因素是什么？

第八章

激 励

学习要点

◇ 掌握激励的概念、过程

◇ 了解激励的对象、作用

◇ 掌握内容型激励理论、过程型激励理论和行为改造型激励理论

◇ 理解激励机制和原则

◇ 掌握常用的几种激励方法，并能够灵活地应用

引入案例

徽州渔翁

清江渔舟是徽州一道明丽的风景线。岸边三户渔家各有一只小舟、数只鱼鹰。商界旅游团前去参观。

导游介绍，这三家中一家致富，一家亏损，另一家最惨，鱼鹰都死了，只能停业。

商界来客细问原由，导游说："原因就出于扎在鱼鹰脖子上的细铁丝上，致富的渔翁给鱼鹰捆的铁丝圈不紧不松，不大不小，鱼鹰小鱼吞下，大鱼吐出；亏本的那家的圈捆得过松过大，本可卖钱的鱼也让鱼鹰私吞了；而最惨的渔家自以为精明，把鱼鹰的脖子扎得又紧又小，结果事与愿违，饿死鱼鹰，血本无归！"

商界人士听罢，感叹不已："到底是徽商故乡，处处可闻商道。"

资料来源：叶澍：《徽州渔翁》，载《意林》，2008（2）。

案例提示：用铁丝圈捆鱼鹰的脖子也是门学问，捆得太紧，把鱼鹰勒死了，就无法捕鱼了；捆得太松，大鱼，小鱼全都被鱼鹰吃掉了，渔翁什么都没得到；只有捆得不松不紧，才能有双赢的结果，这其中就要讲究个"度"。员工是企业的第一生产力，是为企业创造价值的元素，如果把企业比作小船，那么，员工就是载舟之水。如何有效地激励员工，是领导者的一门必修课。

第一节　激励概述

一、激励的概念

爱迪生说："天才就是百分之一的灵感加百分之九十九的勤奋。"勤奋来源于受到的激励，激励越大，做出的努力就越大。最后往往是，天赋低的人比天赋高的人干得出色。由此可见，一个人的工作成果不仅取决于其才能，还取决于他受到的激励。组织管理实际上是对人的管理，那么为了使组织中的成员保持高昂的士气和工作热情，需要领导者通过激励不断调动下属工作的积极性。因此，激励是领导职能的重要方面。

激励就是激发和鼓励的意思，是通过满足人的需要，激发其内在动机而鼓励人们朝着组织期望的目标采取行动的过程。激励是现代管理的核心问题之一，是管理过程中不可或缺的环节和活动。管理活动的首要任务是如何激励人们发挥出他们最大的潜能，以完成组织、部门的任务和目标。管理者必须运用正确的激励手段，采取合适的激励方式，充分发挥激励的作用。

二、激励的过程

心理学认为，人的行为具有目的性，目的源于动机，动机又产生于需要，所以由需要引发动机，动机支配行为并指向预定目标，是人类行为的一般模式。需要是人的一种主观体验，是机体内部的一种不平衡状态。没有满足的需要是激励过程的起点。当人们的需要没有得到满足的时候会产生不平衡和内心紧张，为了消除这种紧张就会产生去寻找解决办法的内在驱动力，即动机，产生的动机进而去引导人们的行为，这时需要把人们的行动导向目标和工作，通过获得的成绩使需要得到满足，然后再产生新的需要，开始新一轮的激励过程。如图 8—1 所示。

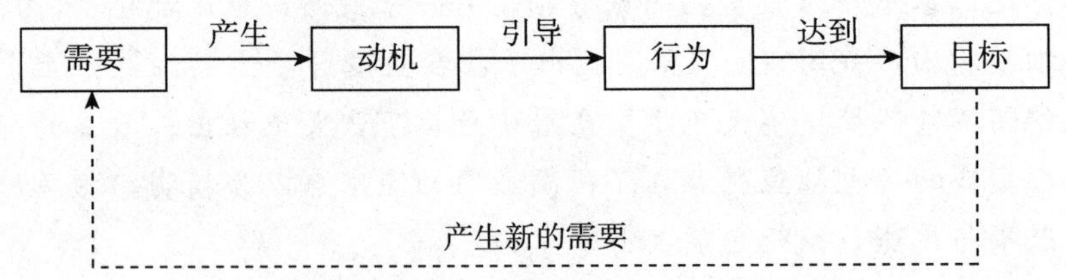

图 8—1　激励过程

（一）需要

激励的实质就是通过影响人的需要或动机达到引导人的行为的目的，它实际上是一种对人的行为的强化过程。研究激励，先要了解人的需要。需要是人的一种主观体验，是人们在社会生活中对某种目标的渴求和欲望，是人们积极性的源泉。人的需要一旦被人们所意识，它就会以动机的形式表现出来，从而驱使人们朝着一定的方向努力，以达到自身的满足。需要越强烈，它的推动力就越强、越迅速。人的需要有三个方面：一是生理状态的变化引起的需要，如饥饿时对食物的需要；二是外部因素影响诱发的需要，如对某种新款商品的需要；三是心理活动引起的需要，如对事业的追求等。

（二）动机

动机是建立在需要的基础上的。当人们有了某种需要而又未能满足时，心理上便会产生一种紧张和不安，这种紧张和不安就成为一种内在的驱动力，促使个体采取某种行动。从某种意义上说，需要和动机没有严格的区别。需要体现一种主观感受，动机则是内心活动，实际上一个人会同时具有许多种动机，动机之间不仅有强弱之分，而且会有矛盾，一般来说，只有最强烈的动机才可以引发行为，这种动机称为优势动机。

（三）行为

在企业组织中，员工的行为与工作、生活环境相互作用，任何一种行为的产生，都是有其内在原因的。动机对于行为，有着重要的功能，表现为三个方面：一是始发功能，是推动行为的原动力；二是选择功能，是它决定个体的行为方向；三是维持和协调功能，行为目标达成时，相应的动机就会强化，使行为持续下去或产生更强烈的行为，趋向更高的目标，相反，则降低行为的积极性，或停止行为。

（四）需要、动机、行为和激励的关系

通过分析我们知道，人的任何动机和行为都是在需要的基础上建立起来的，没有需要，就没有动机和行为。人们产生某种需要后，只有当这种需要具有某种特定的目标时，需要才会产生动机，动机才会成为引起人们行为的直接原因。但并不是每个动机都必然会引起行为，在多种动机下，只有优势动机才会引发行为。员工之所以产生组织所期望的行为，是因为组织根据员工的需要来设置某些目标，并通过目标导向使员工出现有利于组织目标的优势动机，同时按组织所需要的方式行动。管理者实施激励，即是想方设法做好需要引导和目标引导，强化员工动机，刺激员工的行为，从而实现组织目标。

三、激励的对象

激励是针对人的行为动机而进行的工作，因而，激励的对象主要是人，或者准确地说，是组织范围中的员工或领导对象。在不同的历史时期，社会学家和管理学家曾经有过各种不同的关于“人性”的假设。美国心理学家和行为科学家谢恩对人性归纳分类为四种假设，即经济人、社会人、自我实现人和复杂人的假设。在不同的“人性”假设指导下，管理者会采取不同的方法和手段来实施激励。

（一）“经济人”假设

“经济人”意思为理性经济人，也可称“实利人”。这是古典管理理论对人的看法，即把人当作“经济动物”来看待，认为人的一切行为都是为了最大限度满足自己的私利，工作只是为了获得经济报酬。

根据“经济人”的假设采取相应的管理策略：

（1）管理工作重点在于提高生产率、完成生产任务，而对于人的感情和道义上应负的责任，则是无关紧要的。简单地说，就是重视完成任务，而不考虑人的情感、需要、动机、人际交往等社会心理因素。从这种观点来看，管理就是计划、组织、经营、指导、监督。这种管理方式叫作任务管理。

（2）管理工作只是少数人的事，与广大工人群众无关。工人的主要任务是听从管理者的指挥，拼命干活。

（3）在奖励制度方面，主要是用金钱来刺激工人生产积极性，同时对消极怠工者采用严厉的惩罚措施，即“胡萝卜加大棒”的政策。

(二)“社会人”假设

“社会人”假设的理论基础是人际关系学说，这一学说是由霍桑实验的主持者梅奥提出来的，之后又经英国塔维斯托克学院煤矿研究所再度验证。后者发现，在煤矿采用长壁开采法这项先进技术后，生产力理应提高，但由于破坏了原来工人之间的社会组合生产反而下降了。后吸收社会科学的知识，重新调整了生产组织，生产就会上升。这两项研究的共同结论是，人除了物质外，还有社会需要，人们要从社会关系中寻找乐趣。

根据“社会人”的假设采取相应的管理策略：

（1）管理人员不应只注意完成生产任务，而应把注意的重点放在关心和满足人的需要上。

（2）管理人员不能只注意指挥、监督、计划、控制和组织等，而更应重视职工之间的关系，培养和形成职工的归属感和整体感。

（3）在实际奖励时，提倡集体的奖励制度，而不主张个人奖励制度。

（4）管理人员的职能也应有所改变，他们不应只限于制订计划、组织工序、检验产品，而应在职工与上级之间起联络人的作用。一方面，要倾听职工的意见和了解职工的思想感情；另一方面，要向上级呼吁、反映。

（5）提出“参与管理”的新型管理方式，即让职工和下级不同程度地参加企业决策的研究和讨论。

(三)“自我实现人”假设

“自我实现人”也叫“自动人”，是马斯洛提出来的。马斯洛认为：人类需要的最高层次就是自我实现，每个人都必须成为自己所希望的那种人，“能力要求被运用，只有潜力发挥出来，才会停止吵闹。”这种自我实现的需要就是“人希望越变越完美的欲望，人要实现他所能实现的一切欲望”。所谓自我实现，指的是人都需要发挥自己的潜力，表现自己的才能，只有人的潜力充分发挥出来，人的才能充分表现出来，人才会感到最大的满足。也就是说，人们除了物质和社会需求之外，还有一种想充分运用自己的能力，发挥自身潜力，实现自我价值的欲望。

根据“自我实现人”的假设采取相应的管理策略：

（1）管理重点的改变。“经济人”的假设只重视物质因素，重视工作任务，轻视人的作用和人际关系。社会人的假设正相反，重视人的作用和人与人的关系，而把物质因素放在次要地位。“自我实现人”的假设又把注意的重点从人的身上转移到工作环境上，但重视环境因素与“经济人”假设的重视工作任务不同，重点不是放在计划、组织、指导、监督、控制上，而是要创造一种适宜的工作环境、工作条件，使人们能在这种环境下充分挖掘自己的潜力，充分发挥自己的才能，也就是说能够充分地自我实现。

（2）管理人员职能的改变。从“自我实现人”的假设出发，管理者的主要职能既不是生产的指导者，也不是人际关系的调节者，而只是一个采访者。他们的主要任务在于如何为发挥人的智力创造适宜的条件，减少和消除职工自我实现过程中所遇到的障碍。

（3）奖励方式的改变。“经济人”的假设依靠物质刺激调动职工的积极性，“社会人”的假设依靠搞好人际关系来调动职工的积极性，这都是从外部来满足人的需要，而且主要满足人的生理、安全和归属（交往）需要。马斯洛等人认为，对人的奖励可划分为两大类：一类是外在奖励，如工资、提升、良好的人际关系等；另一类是内在奖励，它是指人们在工作中能获得知识，增长才干，充分发挥自己的潜力等。只有内在奖励才能满足人们的自尊和自我实现的需要，从而极大地调动起职工的积极性。正如美国工业心理学家麦格雷戈所说："管理的任务只是在于创造一个适当的工作环境——一个可以允许和鼓励每一位职工都能从工作中得到'内在奖励'的环境。"

（4）管理制度的改变。从自我实现人的假设来看，管理制度也要作相应的改变。总的来说，管理制度应保证职工能充分地展示自己的才能，达到自己所希望的成就。阿基理斯在一个厂里进行了这方面的制度改革的实验。该厂的一个班组从事收音机装配工作。改革之前，组内的12名女工按照工业工程师的设计，有明确的分工，如领班、包装、检验等。实验开始时让这些女工按照她们自己的想法组织生产，产量下降就扣工资，产量提高则增加工资。实验后开始第一个月，产量下降70%，6个星期情况更糟，但8个星期后产量开始回升，15个星期后超过实验前的产量，而且成本下降，质量提高，用户对质量的批评信件比实验前减少96%。应当提出，阿基里斯的实验结果是否有普遍意义是值得怀疑的。这里举出这个实验，只是为了说明从"自我实现人"的假设出发实行制度改革的趋向。

（四）"复杂人"假设

"复杂人"假设是20世纪60年代末至70年代初由沙因提出的。根据这一假设，提出了一种新的管理理论，与之相应的是超Y理论。超Y理论具有权变理论的性质，是由摩尔斯、洛斯奇分别对X—Y理论的真实性进行实验研究后提出来的。"经济人"假设、"社会人"假设、"自我实现人"假设各自反映出当时的时代背景，并适合于某些人和某些场合。因为人是复杂的，不仅因人而异，而且一个人本身在不同的年龄、地点、时期也会有不同的表现。该假设认为，人是复杂的、非均质的、多样化而且是变化的，人的需求随各种条件变化而变化，人与人之间的关系也会改变。

根据"复杂人"的假设采取相应的管理策略：

（1）设法把工作、组织和人密切配合起来，使特定的工作，由适合的组织与适合的人员来担任。

（2）应先从对工作任务的确认和对工作目标的了解等方面来考虑，然后决定管理阶层的划分、工作的分派、酬劳和管理程度的安排。

（3）合理确定训练计划和强调适宜的管理方式，使组织更妥当地配合工作与人员，这样能够产生较高的工作效率和较高的胜任感的激励。

（4）各种管理理论，不论是传统的还是现代的，均有其可用之处，主要应由工作性质、员工对象而定。

四、激励的作用

（一）激励有助于提高组织成员工作的自觉性、主动性和创造性

个体利益和目标是人行为的基本动力。组织中的每个成员都有个人利益和目标。当个人目标与组织目标相一致时，员工工作的主动性和积极性就能得到充分发挥；当两者目标不一致时，个人目标往往会影响组织目标的实现，这时就需要发挥激励手段引导员工个人

目标统一于组织目标，从而促使个人目标与组织目标共同实现，以此来激发员工的工作积极性和主动性，最终保证组织目标的实现。

（二）激励有助于开发员工的潜能，促进员工充分地发挥其才能和智慧

心理学认为一个人的潜力是巨大的。美国哈佛大学的詹姆斯教授在对员工激励的研究中发现，按时计酬的分配制度仅能让员工发挥20％～30％的能力，如果受到充分激励，员工的能力可以发挥出80％～90％，两种情况之间60％的差距就是有效激励的结果。也就是说，对一个人给予充分的激励能发挥其最大的潜力。

（三）激励有助于增强组织的凝聚力，提高企业竞争力

为了保证组织正常运转，除了需要严格的各项管理制度外，也需要运用激励手段协调人们各方面的需求，以提高成员的工作积极性、鼓舞士气，进而增强组织的凝聚力，同时也有助于吸引一些优秀人才的加盟，这些都有助于提升企业的竞争力。

第二节　激励的基本理论

管理的核心问题是人的问题，如何搞好对人的管理，充分调动人的积极性和创造性，更好地实现组织目标，这始终是管理的一项基本功能。因此，无论是企业界，还是理论界，人们对激励问题给予了极大的关注。许多学者经过大量的实证研究，提出了各自的激励理论，这些理论大致上可以划分为内容型激励理论、过程型激励理论和行为改造型激励理论三大类。

一、内容型激励理论

内容型激励理论集中于研究“是什么激励人们的行为”这一问题，即什么样的事物会激励人们。最常见的内容型激励理论有：马斯洛的需要层次论、赫茨伯格的双因素理论和麦克里兰的成就需要理论。

（一）马斯洛的需要层次论

1. 需要层次理论的基本内容

美国著名的心理学家和行为科学家马斯洛在1943年发表的《人类动机论》一文中首次提出了需要层次理论，并在1954年《动机与人格》中作了进一步阐述。马斯洛认为每个人都有许多复杂的需要，这些需要从低级到高级可以划分为五个层次，如图8—2所示。

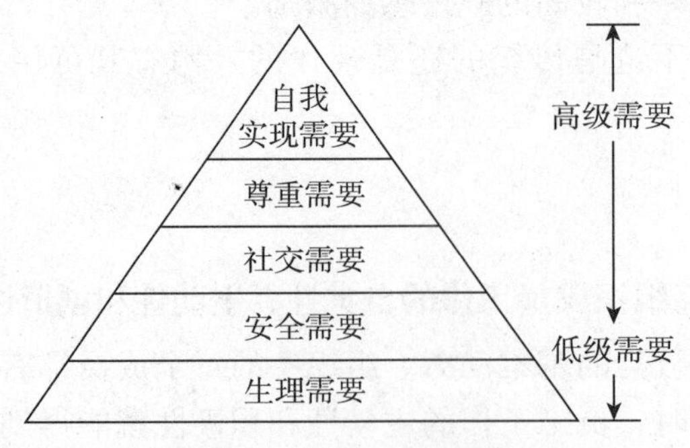

图8—2　马斯洛的需要层次

（1）生理需要。

这是人类维持生命的最基本、最明显的需要，当其得不到最低限度的满足时，其他的需要都会退到次要的地位。管理者应该明白，员工受到生理需要激励时，其注意力不会集中在工作上，他们会接受满足其需要的任何工作。在激励下属过程中看重生理需要的管理者认为，员工工作主要是为了钱，关心的主要是如何才能舒适、避免受累等。

（2）安全需要。

安全需要包括人们对目前生命财产安全的要求和对未来生活保障的要求两方面。当生活中的温饱需要得到满足之后，人们对安全感的需要变得强烈起来。不仅希望现在的生活环境稳定有序，而且希望在不确定的未来，不论发生什么情况都能有办法保证基本生活需要的满足，希望就业有保障、医疗有保险、老有所养等。

（3）社交需要。

社交需要指人们在社会生活中，希望被他人所接受、关心和爱护，在感情上归属于某一个群体的要求。马斯洛认为，人都有付出爱和接受爱的能力，当有了一定的安全感后，会主动寻求社会交往，在与他人的相处中获得心理满足。这种心理上的社交需要比生理和安全的需要更细致，需要的强烈程度也因人的文化背景、个性特点和受教育水平而有明显区别。

（4）尊重需要。

这是一种对于自尊和来自他人尊重的心理需要。自尊包括对于获得信心、能力、成就的渴望和感到自身重要性的要求。来自他人的尊重建立在自己工作成就的基础之上，某人由于对集体或社会作出了贡献而得到他人的认可与赞扬，他就受到了别人的尊重，增强了自信与自尊。具有足够自尊的人会更有效率地工作，不甘落后、不轻易放弃努力是其突出的行为特点。管理者应认识到，对于尊重的需要是催人进取、促人向上的驱动力，只有爱护每位员工的自尊心，创造条件满足员工受人尊重的需要，才能激发他们勤奋工作的积极性。

（5）自我实现需要。

自我实现需要，是指人类对于不断成长、发展、开发和实现自己的全部潜力和创造性的心理需要。这是更高层次的，希望在工作上有所作为，在事业上取得较大成就的需要，是一种永无止境的对于证明自身存在价值的追求。

马斯洛还将以上五种需要划分为高和低两级。生理需要与安全需要称为较低级的需要，而社交需要、尊重需要与自我实现需要称为高级需要。两级划分的建立基于以下前提：高级需要从内部使人得到满足，而低级需要则主要从外部使人得到满足。在人的各种需要中，只有尚未满足的需要才能影响人的行为，已经得到满足的需要不再具有激励作用。此外，只有当较低层次的需要得到基本满足之后，较高层次的需要才会变得更迫切，越是迫切的需要对引导行为的激励作用越大。

2. 需要层次论对管理实践的启示

（1）正确认识被管理者需要的多层次性。同一个人不同时期的需要不同，不同的员工需要各不相同。

（2）要努力将组织的管理手段、管理条件同被管理者的各层次需要联系起来，不失时机地、最大限度地满足被管理者的需要。

(3) 在科学分析的基础上，找出受时代、环境及个人条件差异影响的优势需要。然后，有针对性地进行激励。

(二) 赫茨伯格的“双因素”理论

弗雷德里克·赫茨伯格是美国著名的心理学家和管理咨询师，他在 1959 年出版的《工作的激励因素》一书中提出了“激励因素—保健因素”理论，简称“双因素”理论。

1. “双因素”理论的基本内容

赫茨伯格通过对 200 多位工程师和会计人员，就职业满意度和生产率之间的关系进行调查。赫茨伯格调查了一个问题：“人们希望从工作中得到什么?”“什么时候你对工作特别满意?”“什么时候你对工作特别不满意?”“原因是什么?”他要求人们在具体情境下描述他们认为工作中特别好或特别差的方面，赫茨伯格发现，对工作感到满意的员工和对工作感到不满意的员工的回答十分不同。在分析调查结果后，赫茨伯格提出了关于员工工作态度的“双因素”理论，即影响激励的两类因素：保健因素和激励因素。

保健因素主要是指与工作环境和工作条件相关的因素，如工作管理制度、工作环境的好坏、薪资水平、工作的安全性等。这类因素得到满足时并不会对员工产生激励作用，只是维持当前状态，预防员工产生不满情绪；相反，这类因素没有得到满足时，员工会产生极大的不满情绪。因此，这类因素仅仅是为了消除员工的不满，并不会导致积极的态度，这就形成了某种既不是满意又不是不满意的中性状态，并不会调动员工工作积极性，对员工起不到有效的激励作用。

激励因素主要是指与工作本身相关的因素，如工作成就、工作内容、责任、工作中的挑战等。这类因素得到满足时会对员工产生极大的激励作用，员工对工作充满兴趣和热情；相反，这类因素没有得到满足时，员工对工作缺乏积极性，但不会产生很大的不满情绪。

2. “双因素”理论对管理实践的启示

(1) 注重对员工的内在激励。采取了某种激励的措施以后并不一定就能带来满意。要调动人的积极性，不仅要注意物质利益和工作条件等外部因素，更重要的是用一些内在因素来调动人的积极性。

(2) 正确处理保健因素与激励因素的关系。不应忽视保健因素，但又不能过分注重改善保健因素。要善于把保健因素转化为激励因素。

(三) 麦克里兰的成就需要理论

成就需要理论是美国哈佛大学的心理学家麦克里兰于 1950 年在一系列文章中提出的。他把人的高层次需要划分为权力需要、亲和需要以及成就需要。

1. 成就需要理论的基本内容

权力需要：即指一种发挥影响力和控制他人的愿望。研究者们发现，具有高度权力需要的人，往往会追求组织中的高层职位，他们大多能言善辩、性格刚强、头脑冷静，总是希望他人服从自己的意志并证明自己是正确的。

亲和需要：即指一种寻求被他人喜爱和接纳，力图建立友好亲密的人际关系的愿望与要求。亲和需要强烈的人通常从友爱、情谊、人与人之间的社会交往中得到欢乐和满足，并总是设法避免因被某个组织或社会团体拒之门外而带来的痛苦。他们喜欢保持一种融洽的社会关系，享受亲密无间和相互谅解的乐趣，随时准备安慰和帮助危难中的伙伴。

成就需要：即指一种总是力求把每一件事情做得更完美、取得超越他人的成就，不断获得新的成功的强烈内驱力。有高度成就需要的人有极强的事业心，他们总是寻求能够独立处理问题的工作机会，并且希望及时地了解自己工作的成效。

2. 成就需要理论对管理实践的启示

(1) 在人员的选拔和安置上，通过测量和评价一个人动机体系的特征来分派工作和安排职位。

(2) 由于具有不同需求的人需求不同的激励方式，了解员工的需求与动机，建立合理的激励机制。

(3) 动机是可以训练和激发的，因此可以训练和提高员工的成就动机，以提高生产率。

二、过程型激励理论

过程型激励理论着重研究个体从动机的产生到采取行动的心理过程，并且认为，行为是行为后果的函数，可以通过改变行为的后果来改变行为。过程型激励理论主要包括公平理论和期望理论。

(一) 公平理论

美国心理学家亚当斯在其 1965 年出版的《社会交换中的不公平》一书中提出了公平理论。亚当斯把激励过程与社会比较直接联系在一起，故也称社会比较理论。

1. 公平理论的基本内容

公平理论认为人们总会自觉或不自觉地将自己付出的劳动代价及其所得的报酬与他人进行比较，并对公平与否做出判断，公平感直接影响员工的工作动机和行为。具体来讲，员工的激励程度不仅受自己所得报酬绝对数的影响，而且受报酬的相对数的影响。员工要通过比较来确定自己所得的报酬是否合理。一种比较方法是纵向比较，即将自己目前的报酬和努力程度与自己过去的报酬和努力程度进行比较。另一种比较方法是横向比较，即将自己的报酬和努力程度与他人尤其是同一组织中的其他员工进行比较，通过判断报酬是否公平，继而影响其以后的工作行为。

通过比较，员工发现自己所获报酬与投入之比，等于或大于他人的报酬与投入之比，或本人过去的报酬与投入之比，会感到公平；否则，就有不公平感。当员工产生不公平感时，心里就会不满，为消除这种不满现象员工会采取减少工作的投入、要求加薪、改变被比较者的结果或投入、选择辞职等行为。

2. 公平理论对管理实践的启示

(1) 管理者要引导职工形成正确的公平感。

(2) 职工的公平感将影响整个组织的积极性。

(3) 领导者的管理行为必须遵循公正原则。

(4) 报酬的分配要有利于建立科学的激励机制。

(二) 期望理论

1. 期望理论的基本内容

期望理论是美国心理学家弗鲁姆在 20 世纪 60 年代提出来的。期望理论的基本观点是人们在预期他们的行动将会有助于达到某个目标的情况下，才会被激励起来去做某些事情以达到目标。弗鲁姆认为任何时候，一个人从事某一行动的动力，将决定于他对行动的全部结果（或积极的或消极的）的偏好程度乘以他预期将会达到所需要目标的程度。用公式可以表示为：

动力＝效价×期望值

动力是一个人所受激励的程度；效价是一个人对某一成果的偏好程度；期望值是某一特别行动会导致一个预期成果的概率。从这个公式中可以看出，当一个人对达到某一目标漠不关心时，效价为零。而当一个人不愿意达到这一目标时，那就是负效价，结果当然是毫无动力。同样期望值如果是零或负值，一个人也就无任何动力去达到某一目标。因此，为了激励员工，领导者应一方面提高员工对某一成果的偏好程度；另一方面帮助员工实现其期望值，即提高期望概率。

2. 期望理论对管理实践的启示

（1）一定要选择员工感兴趣、评价高，即认为效价大的项目或手段。

（2）凡是起广泛激励作用的工作项目，都应是大多数人经过努力能实现的。

三、行为改造型激励理论

行为改造型激励理论从另一个角度对激励行为做出了有益的探讨和研究，这类研究的代表理论有强化理论、挫折理论和归因理论等。

（一）强化理论

1. 强化理论的基本内容

强化理论是由美国心理学家斯金纳首先提出的。强化理论认为，无论是人还是动物，为了达到某种目的，都会采取一定的行为，当行为的结果对他有利时，这种行为就会重复出现；当行为的结果对他不利时，这种行为就会减弱或消失。这就是环境对行为强化的结果。因此，该理论也就称为强化理论。根据强化的性质和目的，强化可被分为正强化、负强化、惩罚和自然消退四种基本类型。

（1）正强化，是一种增强行为的方法，指用某种具有吸引力的结果，对某一行为进行鼓励和肯定，使其重视和加强，从而有利于组织目标的实现。正强化的手段包括加薪、晋升、奖励等。

（2）负强化，也是一种增强行为的方法，是指预先告知某种不符合要求的行为或不良绩效可能引起的不愉快的后果，使员工的行为符合要求，从而保证组织目标责任制的实现不受干扰。负强化的手段包括罚款、批评、降薪等。

（3）惩罚，指用某种令人不愉快的结果来减弱某种行为。例如当有员工工作不负责、经常出错、影响他人工作，领导可以用批评、纪律处分、罚款等措施来制止该行为的再次发生。但是，惩罚也会有副作用，如会激起员工的不满、敌意等。

（4）自然消退，是指通过不提供个人所期望的结果来减弱一个人的行为。由于在一定时间内不予强化，此行为将自然下降并逐渐消退。

2. 强化理论对管理实践的启示

（1）奖励与惩罚相结合，即对正确行为给予适当的奖励，同时对一切不利于组织工作的行为则要给予处罚。

（2）以奖为主，以罚为辅。强调奖励与惩罚并用，但应以奖为主，以罚为辅，防止过多运用惩罚带来消极影响。

（3）及时正确强化，即做到及时奖惩且奖惩分明。奖惩的及时性是以奖惩分明为前提的，同时应因人制宜地进行奖励，采取形式多样的奖励。

（二）挫折理论

1. 挫折理论的基本内容

挫折理论是由美国的心理学家亚当斯提出的，挫折是指人类个体在从事有目的的活动过程中，指向目标的行为受到障碍或干扰，致使其动机不能实现、需要无法满足时所产生的情绪状态。挫折理论主要揭示人的动机行为受阻而未能满足需要时的心理状态，并由此而导致的行为表现，力求采取措施将消极性行为转化为积极性、建设性行为。

挫折理论专门研究人们遇到挫折后会有一些什么行为反应，管理者应如何针对员工挫折采取相应的措施，引导员工行为，走出挫折阴影，积极努力地对待工作。挫折是一种普遍存在的社会心理现象，任何人一生中不可能事事一帆风顺，因而挫折的产生是不以人的意志为转移的。面对挫折，有的人采取积极态度，但有的人却采取消极态度，甚至是对抗态度。挫折理论提出采用改变环境、分清是非、心理咨询等多种方法引导人们在挫折面前避免消极的，甚至是对抗的态度，而采用积极的态度，以改变人们的行为朝积极方向发展。挫折理论对管理工作实践有较强的实用价值。

2. 挫折理论对管理实践的启示

（1）目标达成了，要加以积极引导而保持激励的效果。

（2）遭受挫折了，同样要积极引导，保护积极性，使之不产生消极的对抗性行为。

（三）归因理论

1. 归因理论的基本内容

美国心理学家海德是归因理论的创始人，而心理学家韦纳提出的成功和失败的归因模型具有较高的实际意义。因此，在这里主要介绍韦纳的归因理论。

韦纳认为，人们对自己的成功和失败主要归结于四个方面的因素：努力、能力、任务难度和机遇。这四种因素可按内外因、稳定性和可控制性三个维度分类：从内外因方面来看，努力和能力属于内部原因，而任务难度和机遇则属于外部原因；从稳定性来看，能力和任务难度属于稳定因素，努力与机遇则属于不稳定因素；从可控制性来看，努力是可以控制的因素，而任务难度和机遇则超出个人控制的范围。韦纳的研究进一步指出，人们对成功与失败的归因，对以后的工作积极性有很大影响。

（1）如果把成功归结于内部原因，即努力和能力，就会使人感到满意和自豪；而如果把成功归因于外部原因，即任务难度、机遇，会使人产生惊奇和感激的心情。

（2）如果把失败归于内部原因，就会使人产生内疚和无助的感觉；而如果把失败归于外部原因，就会产生气愤和敌意。

（3）如果把成功归因于稳定因素，即任务难度或能力，就会提高以后的工作积极性；而如果把成功归功于不稳定因素，如机遇或努力，那么以后的工作积极性可能提高也可能降低。

(4) 如果把失败归因于稳定因素，如任务难或能力弱，就会降低以后的工作积极性；而如果把失败归于不稳定因素，如运气不好或努力不够，则可能提高以后的工作积极性。

2. 归因理论对管理实践的启示

归因理论有助于管理者了解下属的归因倾向，以便指导和训练正确的归因倾向，从而更好地激发人的工作动机，调动人的工作积极性。

第三节　激励管理

一、激励机制

激励机制是激励活动的各项要素在运行过程中的相互联系、相互作用、相互制约及其与激励效果之间内在联系的综合机能。能否正确运用激励机制，对激励的成败有决定性的影响。激励机制主要包括激励时机、激励频率、激励程度和激励方向。

(一) 激励时机

激励时机是激励机制的一个重要因素。激励在不同时间进行，其作用与效果有很大差别。打个形象的比喻，平时炒菜，在不同的时间放佐料，菜的味道和质量是不一样的。超前的激励可能会使工作人员感到无足轻重；迟来的激励可能会让工作人员觉得多此一举，使激励失去意义，发挥不了应该有的作用。激励如同化学实验中的催化剂，何时该用、何时不该用，都要根据具体情况具体分析。根据时间上快慢的差异，激励时机可分为及时激励与延时激励；根据时间间隔是否规律，激励时机可分为规则激励与不规则激励；根据工作的周期，激励时机又可分为期前激励、期中激励和期末激励。激励时机既然存在多种形式，就不能只强调一种而忽视其他，应该根据多种客观条件，进行灵活的选择，有时候还要加以综合的运用。总而言之，激励时机是非常重要的，选择得当才能有效地发挥激励的作用。

(二) 激励频率

所谓激励频率，是指在一定时间里进行激励的次数，它一般是以一个工作周期为时间单位的。激励频率的高低是由一个工作周期里激励次数的多少所决定的。激励频率与激励效果之间并不完全是简单的正比关系。在某些特殊的条件下，二者呈一定的反比关系。所以，只有区别不同情况，采取相应的激励频率，才能有效地发挥激励的作用。激励频率的选择受多种客观因素的制约，这些客观因素包括工作的内容和性质、任务目标的明确程度、激励对象的素质情况、劳动条件和人事环境等。一般来说，对于工作复杂性强，比较难以完成的任务，激励频率应当高；对于工作比较简单、容易完成的任务，激励频率就应该低。对于任务目标不明确、较长时期才可见成果的工作，激励频率应该低；对于任务目标明确、短期可见成果的工作，激励频率应该高。对于各方面素质较差的工作人员，激励频率应该高；对于各方面素质较好的工作人员，激励频率应该低。在劳动条件和人事环境较差的部门，激励频率应该高；在劳动条件和人事环境较好的部门，激励频率应该低。当然，上述几种情况，并不能理解成绝对机械的划分，应该有机地联系起来看，只有对具体情况进行综合分析，才能确定恰当的激励频率。

（三）激励程度

所谓激励程度，是指激励量的大小，即奖赏或惩罚标准的高低。它是激励机制的重要因素之一，与激励效果有着极为密切的联系。能否恰当地掌握激励程度，直接影响激励作用的发挥。超量激励和不足量激励不但起不到激励的真正作用，有时甚至还会起反作用，造成对工作热情的严重挫伤。比如，过分优厚的奖赏，会使人感到得来轻而易举，用不着进行艰苦的努力；过分严厉的惩罚，可能会导致人的破罐破摔心理，使他们失去上进的勇气和信心；过于吝啬的奖赏，会使人感到忙碌半天结果徒劳一场，从此消沉下去，提不起工作干劲；过于轻微的惩罚，可能导致人的无所谓心理，认为小事一桩、无足轻重，不但不思悔改，反而变本加厉。所以从量上把握激励，一定要做到恰如其分，激励程度不能过高也不能过低。有一些人认为，激励程度越高，鼓舞士气的作用就越大，激励程度越低，鼓舞士气的作用就越小。也就是说，激励程度与激励效果成正比。我们认为，这种提法是不准确的。激励程度并不是越高越好，它是具有一定限度的，超出了这一限度，就无激励作用可言了，正所谓"过犹不及"。

（四）激励方向

所谓激励方向，是指激励的针对性，即针对什么样的内容来实施激励，它对激励效果也有显著影响。根据美国心理学家马斯洛的需要层次理论，人的行为动机起源于五种需要，即生理需要、安全需要、社交需要、尊重需要和自我实现需要。人的需要并不是一成不变的，它有一个由低级向高级发展的过程，但这一过程并不是一种间断的、阶梯式的跳跃，而是一种连续的、波浪式的演进。不同层次的需要是可以同时并存的，但在不同时期，各种需要的动机作用是不一样的，总存在一种起最大支配力量的优势需要。一般来说，较高层次的优势需要的出现，是在较低层次优势需要出现之后。马斯洛的需要层次理论有力地表明，激励方向的选择与激励作用的发挥有着非常密切的关系。当某一层次的优势需要基本上得到满足时，激励的作用就难以持续，只有把激励方向转移到满足更高层次的优势需要，才能更有效地达到激励的目的。比如对一个具有强烈自我表现欲望的大学生来说，如果要对他所取得的成绩予以奖励，奖给他奖金和实物不如为他创造一次能充分表现自己才能的机会，使他从中得到更大的鼓励。还有一点需要指出的是，激励方向的选择是以优势需要的发现为其前提条件的，但如何发现不同阶段的优势需要、如何正确区分个体优势需要和群体优势需要，都是激励工作中不得不面对的问题，只有通过深入的调查研究和认真的分析思考，才能找到需要的答案。

二、激励原则

（一）物质激励与精神激励相结合、以精神激励为主的原则

物质激励与精神激励作为激励的两种不同类型，是相辅相成、缺一不可的，只强调物质激励而忽视精神激励或只强调精神激励而忽视物质激励都是片面和错误的。在实际工作中，一些人总以为有钱才会有干劲，有实惠才能有热情，精神激励是水中月、镜中影，好看却不实用。正是这种片面的理解，致使一部分人斤斤计较、唯利是图，甚至弄虚作假、违法乱纪，给组织环境和社会风气都带来极大危害。另有一些人总爱把大道理挂在嘴边，

只讲贡献不讲需要，只讲觉悟不讲利益，以为大家靠喝西北风也能有干劲，这些人恰恰忘了："思想一旦离开利益，就一定会使自己出丑。"为了避免以上两种片面性的发生，在激励中一定要坚持物质激励与精神激励相结合的方针。

物质激励与精神激励是对人们物质需要和精神需要的满足，而人们的物质需要和精神需要在层次与程度上受多种因素的制约，并随主客观条件的发展而不断有所变化。从社会角度来看，社会经济文化发展水平比较低，人们的物质需求就会比较强烈，而在社会经济文化发展水平比较高的条件下，人们的精神需要则会占主导地位。从个人角度来看，一个人受教育的程度、所从事的工作性质及其自身的品德修养也会对需要产生很大程度的影响。所以，不论从个人发展还是从社会发展角度来看，精神激励应该逐渐占据主导地位，人的追求将被引向更高的精神境界。

（二）正激励与负激励相结合、以正激励为主的原则

正激励是从正方向给予鼓励、负激励是从反方向给予刺激，它们是激励中不可缺少的两个方面。俗话说："小功不奖则大功不立，小过不戒则大过必生"，讲的就是这个道理。在实际工作中，只有做到奖功罚过、奖优罚劣、奖勤罚懒，才能使先进受到奖励、后进受到鞭策，真正调动起人们的工作热情，形成人人争先的竞争局面。如果良莠不分、是非不明，势必造成"干多干少一个样、干与不干一个样"的不良局面，使激励无的放矢，得不到好的效果。所以，只有坚持正激励与负激励相结合的方针，才会形成一种激励合力，真正发挥出激励的作用。

正激励是主动性激励，负激励是被动性激励，就二者的作用而言，正激励是第一位的，负激励是第二位的，所以在激励中应该坚持以正激励为主、以负激励为辅的原则。国内的一些科学工作者曾经在天津对两所小学的 30 名田径队员进行过一次试验。30 名学生被分成两组：一组称"挫折组"，即无论如何努力，都注定要挨批评，如"跑的姿势不对""动作不协调""态度不认真""技术没过关"等，接受减力刺激；一组称"鼓励组"，即无论动作如何，都一律受表扬，如"跑的姿势正确""动作协调""态度认真""技术规范"等，接受增力刺激。试验是在绝对保密的情况下进行的，在试验的前一天，对被试者进行了测试，把这个成绩作为试验的比较。测试项目是 400 米跑，采用两人一起跑的形式，其中一个曾受表扬，另一个曾挨批评。到达终点时记录成绩，和前一天成绩相比，看是增长还是降低了。试验结果表明：受批评引起减力情绪者，成绩多数稍有下降；受鼓励引起增力情绪者，成绩多数有明显提高。试验说明：在激励过程中，宜多采用正激励的方式，以唤起人的增力情绪，调动其积极情感。少采用负激励的方式，以减少人的减力情绪，克服其消极情感。总而言之，就正激励和负激励而言，从普遍意义上来着，应该把正激励放在主导地位。

（三）内激励与外激励相结合、以内激励为主的原则

认识这条原则，必须首先了解内激励与外激励的相互关系。从人的感性认识角度来看，一个人若在强大外界奖酬或处罚下采取行动，他多半会认为自己是受外部控制的，所以行为是外激励的。但若外部因素不强烈、不突出，他就多半会认为自己的行为是对活动本身的兴趣所致，所以行为是内激励的。人们所处的环境，可以划分为四种情况，见图 8—3。

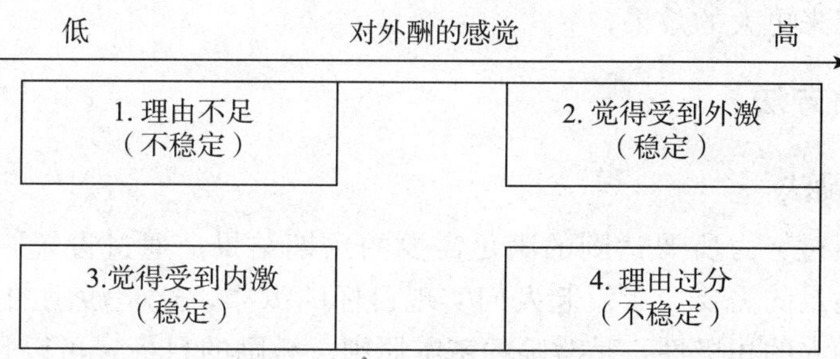

图 8—3　内激励与外激励

在只有外酬（情况 2）或毫无外酬但工作本身十分有趣、有吸引力（情况 3）时，人们分别处于外激或内激状态，情况就较简单，行为具有稳定性质，内激励与外激励呈正相关关系，二者相得益彰。但当既无外酬、工作又很枯燥、行为的理由不足（情况 1）或既有强有力的外酬、活动本身又很有兴趣、行为的理由过分（情况 4）时，情况较为复杂，难以判断行为的原因，行为具有不稳定的性质，内激励与外激励呈负相关关系，即外酬过弱，内激励会加强，外酬过强，内激励会减弱。为了验证“理由不足”时内激励的自我感觉变化，行为学家曾设计过一种实验，叫一群人去做一种乏味的工作或要他们做一种违反其心愿的事，却分别给予不同报酬，然后，收集他们的反应。具体办法是把一批大学生招来，分为“实验”与“对照”两组，都让他们干一种非常单调且重复性的操作：把一个线轴放到一个盘子里去，并要求实验组的学生对另一批等待实验的学生吹嘘这活儿如何有趣，而且许了愿：给他们一定的报酬，一半人给一元，另一半人给 20 元。至于对照组，虽然不要求他们讲违心的假话，但却分文不给。事后调查他们对工作的评价，结果不付酬者觉得工作尚还可以，少付酬者次之，付厚酬者则对之深恶痛绝。为了验证“理由过分”情况下外酬对内激励的影响，行为学家还做过另一种实验，叫一群大学生来做性质相似但趣味相异的两种智力测验游戏，一半人玩的游戏非常有趣，另一半人玩的游戏则平淡乏味，组织者答应前者玩满 20 分钟发给一定数量的报酬，而对后者则不予付酬，这样二者活动的内酬相似，但前者附加了兴趣的刺激和一定的外酬，事后调查他们对工作的评价及态度（是否愿意再玩？再玩多久？），结果证实“理由过分”（既好玩又给奖）时，内激励与外激励呈负相关关系，即原来认为游戏有趣，引入外酬后，兴趣下降了，不想多玩了；而没有外酬的学生则普遍表示满意且愿意多玩。

内激励与外激励的正相关关系，体现了二者结合的必要性且符合人们的常识，常用来指导激励的实践。而二者的负相关关系，体现了内激励的主导作用，超出了常识之外，容易被人们所忽视，从而导致错误的激励措施。例如：在学校中，许多学习任务对学生本身是有很大的内在乐趣的，可以在无外力影响下自行完成；但若给以时间限制或用考试和评分来施加压力，活动便成为指派的任务，使原有的兴趣荡然无存，自觉性也就消退了。所以，为了维持学生的内激励，必须谨慎控制外酬的使用，只对乏味的、一般不会自动去做的作业采用外酬。要尽量以内激励手段为主，如鼓励学生自主地安排学习，帮助他们认识学习的重要性、学习的目的和责任，及时向学生反馈学习结果，使学习活动丰富多彩等。至于政府机关里的工作，多半没有趣味性足以培养内激励。即使工作有趣，也有大量使用外酬的因素。即使如此，也绝不能忽略内激励的主导作用，应加强措施，开拓内酬的途径，从而使激励带来更大的效果。

三、常用的激励方法

（一）目标激励法

目标是人们通过努力所要达到的满足需要的预期结果。通过设置一定的目标作为诱因，刺激人们未满足的需要，激发起人们实现目标的欲望，这是激励的基本过程。因此，通过设置目标激励人的积极性，是激励的基本原则。激励的目标，可以是物质的，也可以是精神的。根据激励的理论和激励的原则，要使目标为职工所认同，并激发员工更大的积极性，需要把握以下几点：

（1）正确选择目标方向。这是管理学中首先强调“做什么”而非“怎么做”的原因。如果方向错误，不仅会劳而无功，甚至会给组织带来更大的损失。目标应该明确具体，不要过于抽象笼统。应将员工的工作目标与奖励挂钩，明确员工完成工作目标后将给予什么物质或精神奖励。明确而具体的目标本身就是一种内部激励因素。

（2）目标的价值。即让被激励者意识到实现目标对集体、对自己有多大意义。目标价值越大，人们的投入程度越高。

（3）目标的难度要适中，成功概率要大。要遵循步步为营的原则，可以把一个大目标分为几个阶段、几个小目标，以便逐步实现。

目标激励法特别适用于那些需要层次较高，工作独立性较强而工作规范性较弱的人员。

（二）参与激励法

职工参与决策这一方法，日益得到人们的认同和运用。应该看到，在一个组织工作一段时间后，大多数员工都能发现问题的症结出在了何处，也考虑过该如何解决此项问题，并能够找出解决的办法。因此，让职工适当地参与管理，既能激励职工，又能为组织的成功获得有价值的意见。员工参与决策可通过工会、顾问团体等形式进行。

让员工参与管理、参与决策具有以下优点：可以提高员工的工作投入程度，增强其责任感，容易使他们把个人目标同集体目标统一起来，把员工的专业知识应用于决策过程；管理部门可获得员工关于日常工作的反馈意见，及时调整经营管理策略；可以提高员工在集体中的自我价值，感到自己是集体的重要一员，当其意见被采纳时，便会产生心理上的满足；密切领导与群众的关系，增强民主气氛，产生内聚力和向心力。

（三）强化激励法

强化激励又称奖惩激励，是人们最熟悉、最常用的激励方法。

（1）正强化激励，即通过给予物质的和精神的或两者结合的强化物，对个体的良好行为给予肯定和奖赏，使其保持和加强。物质的强化物包括：工资、奖金、股权激励、奖励旅游等。精神的强化物包括：奖章、奖状、嘉奖令、记功、树标兵、评先进、上光荣榜、介绍经验、宣传事迹、论文发表、成果公布、出席表彰大会等。物质与精神相结合的强化物包括：科研奖金，成果奖励，提级等。

（2）负强化激励（惩罚）。为惩戒员工的消极行为，体现公平公正，通过实施惩罚，使其在物质上和精神利益上受到损失，或取消某些为人们所喜爱的奖励，使不良行为减少甚至消失。虽然公道的奖惩可以起到“赏一以劝百，罚一以惩众”的效果，但由于惩罚体现了负强化的特征，是员工不希望发生和惧怕的，所以在具体操作时，还是应将奖惩的标准和奖惩对象的情况向员工实事求是地说明，并选择大家都能认同的奖惩方式，尽量做到以奖为主，以惩为辅，相辅相成，获得积极的激励效应。

管理者要正确应用强化理论，对员工要多表扬，少批评，努力发现每位员工的极其微小值得称道的地方。表扬意味着对他人的肯定和承认。表扬使人愉快，愉快的心情可使工作效率提高。工作效率提高，又可使人得到社会、他人尊重，这样就形成了良性循环。管理者要做到“扬长避短”——强化优点，削弱缺点，尽量给予下属公开赞美和肯定。

（四）改善工作要素法

这是通过给下属以挑战性的工作，让员工看到并分享自己的努力和劳动成果，以满足其个人成长需要和成就感，从而达到激励的目的。改善工作要素法有三种主要形式：

1. 工作轮换

一些研究者认为工作中的不同任务会激励人们做出更好的业绩。在事先确定的基础上，员工可在组织内几种相关工作之间进行轮换。他们在不同的工作岗位上从主管人员那里获取工作知识和经验。在制订轮换方案时，需要仔细计划，必须记住“由简到难”原则。该方法在培训工作中能够有效地激励员工，有助于员工的成长和发展。

2. 工作扩大化

该方法是通过对工作的再设计，把相关活动纳入现行工作中来。它允许员工在规定的范围内决定自己的工作节拍，通过给予他们质量控制的责任进行自我监督，改正自己的谬误。这个方法通过提出具有挑战性且有意义的工作来激励员工。工作的范围可从横向和纵向两个方面扩大。横向扩大指把相似的职责注入工作之中。例如，当一个零件或产品的装配或者一个作业过程涉及三四个操作工序时，员工就可以接受所有操作的培训，并在每个操作中进行轮换。工作范围扩大的另一方式是纵向扩大。在这种方式下，工作将被注入另外的职责。例如，除了分配给一个员工制造产品的职责外，还让他负责质量检查以及对工作的自我检查等。

3. 工作丰富化

工作丰富化的意思是给员工分配更难的工作。工作目标被制订得较高，需要做出额外的决策，期望员工运用更高的技术，花费更大的努力。工作丰富化的精髓在于为人们提供更多的责任感、完成一项完整任务的自由以及对其绩效的及时反馈。工作丰富化创造出一种自我管理式的工作，员工对其工作任务从计划到控制阶段全面负责。因此，员工生产积极性也高。

（五）情感激励法

情感需要是人的最基本的精神需要，因此领导就要舍得情感投资，重视人际沟通，建立感情联系，增强员工和领导在感情上的融合度。情感联系一经确立，员工就会把快速优质地完成领导交办的任务作为情感上的补偿，甚至能不去计较工资、奖金等物质因素。建立情感联系，领导者必须改变居高临下的工作方式，变单向的工作往来为全方位的立体式往来，在广泛的信息交流中树立新的领导行为模式，如人情往来和娱乐往来等。领导会在这种无拘无束、员工没有心理压力的交往中得到大量有价值的思想信息，增强彼此间的信任感。

（六）支持激励法

支持员工的工作，支持员工的创新，支持员工的提案等对员工是很大的激励。例如："我支持你这样做"比"我命令你这样做"好得多；"你放心去实施，我保障条件"，能让员工体会到自己的价值。

（七）信任激励法

要建立起和谐积极的上下级关系，信任是一个基本法宝。上下级之间的相互理解和信任是一种强大的精神力量，它有助于人与人之间的和谐，有助于团队精神和凝聚力的形成。管理者可以适当向下属授予相应权力，以增强下属的责任意识和自主性，也有助于下属实现自身价值。

（八）榜样激励法

榜样激励法是通过组织树立的榜样使组织的目标形象化，实际上是通过号召组织内成员向榜样学习，达到提高绩效的目的。运用榜样激励法首先要树立榜样，榜样不能人为地拔高培养，要自然形成，当然必要的引导扶持还是需要的。选择榜样时要注意，树立的榜样应是组织中的佼佼者，这样才能使人信服。还要注意榜样要有良好的群众关系，否则难以有号召力。

榜样激励法在实际运用中，可以是领导以身作则，也可以树立员工成功典范，例如成功的业务员、成功的客户经理等。为员工树立榜样，让他们看到自己通过努力可以得到的荣誉和报酬，从而形成努力向上的风气。

四、当代激励方法

进入 20 世纪 90 年代以来，西方企业在多种激励理论的基础上，提出了一些形式新颖的激励计划，竭力改善企业员工的满意度和绩效，值得参考。这些计划主要包括绩效工资、分红、员工持股计划和灵活的工作日程等。

（一）绩效工资

绩效工资是指员工根据他的绩效贡献而得到奖励，因此这种工资一般又称为奖励工资。它实际上是激励的期望理论和强化理论的逻辑结果，因为增加工资是和工作行为挂钩的。通用汽车公司就曾大力推行这种激励计划。公司管理层在取消员工的年度生活补贴后，建立了一种绩效工资制度，通过工资差异刺激员工，提高员工完成工作任务努力的程度。

（二）分红

分红是当单位绩效超过预先确定的绩效目标时，给予员工奖金的一项激励计划。这些绩效目标可以是细化了的劳动生产率、成本、质量、顾客服务或者利润。与绩效工资不同的是，分红鼓励团队工作，因为全体员工都在对经营单位的利益作贡献。绝大多数公司都采用了某种精确的指定绩效目标和奖金的核算方法。

（三）员工持股计划

员工持股计划是给予员工部分企业的股权，允许他们分享改进的利润绩效。相对而言，员工持股计划在小企业的管理中比较流行，但也有像宝洁公司这样的大企业采用。员工持股计划实际上是公司以放弃股权的代价来提高生产率水平。绝大多数企业主管发现这种激励形式的效果很不错，员工持股计划使得员工们更加努力工作，因为他们是所有者，要分担企业的盈亏。但要使这种激励计划有效进行，管理人员必须向员工提供全面的公司财务资料，赋予他们参与主要决策的权力，以及给予他们包括选举董事会成员在内的投票权。

（四）灵活的工作日程

灵活的工作日程主要指取消固定的每周上班五天、每天工作八小时工作制的限制。修改的内容包括四日工作制、灵活的时间以及轮流工作。

执行四日工作日就是工作四天，每天 10 小时。这一激励计划的目的，是为了满足员工想得到更多闲暇时间的需要。灵活的时间就是让员工自己选择工作日程。轮流工作是让两个或两个以上的人共同从事某一项 40 小时工作周的工作。这一激励计划意味着公司同意使用兼职员工，这很大程度是为了满足带小孩的母亲的需要，同时又消除了员工因长期从事某种工作而导致的枯燥和单调。

五、激励在实际运用中应该注意的问题

（一）要动员全体员工参与激励，形成他励、自励、互励的统一格局

首先，建立良好的人际关系，领导与群众，上级与下级要互相信任，互相关心，互相尊重。上下左右要沟通良好，做到批评中肯，表扬奖励公正。其次，创造良好的工作环境保障职工的身体健康和精神愉快。例如，通过组织外出旅游使员工关系更融洽，同时也发挥某些员工的特长。再次，制订有关规章制度要有利于发挥员工的积极性和创造力，要使这些制度成为激励因素，成为推动力，避免成为遏制的力量。例如，开展合理化建议活动。据报道哈尔滨某汽车厂开展合理化建议活动成效显著，仅缩小切断刀口一项建议，每年可节约钢材 130 吨。最后，领导干部要有良好的管理方式和管理行为，多实行参与制，民主管理，学会运用影响和以身作则去推动工作，避免滥用职权，形成他励、互励的良好局面。

（二）要深入了解员工的各种需要，适当满足他们的正当需要，让激励贯穿于计划评价的始终

员工积极性的心理源泉也来自于他们的需要。一般员工的基本需要大概可分为：生活需要，工作学习需要，生活福利需要等。针对这些需要，要调动员工的积极性，首先必须创造条件加以满足。其次在满足的基础上还应激发他们的新需要，变被动满足为主动满足。同时单位必须在计划、实行、评价环节上下工夫。在制订计划目标时必须与满足员工的需要尽量相一致。目标本身就是一种刺激。要激励员工，首先要有明确的可实行的目标，使员工了解他们要做的是什么，有什么意义，与个人的目前利益及长远利益有什么关系，同时规定一定的工作及奖赏方式，以使每一个员工均能按组织目标努力工作。在实现目标过程中评价的合理性有很大的激励作用，因此一方面要做到充分肯定员工的工作成绩，另一方面要在引起他们成就需要的基础上实事求是地反馈工作中尚有的问题与不足，鼓励他们树立持久的信心。

（三）要考虑到激励方式的综合性，各种激励方式相结合

物质激励主要是工资、奖金和其他福利待遇的激励。要起到激励作用必须做到：贯彻公平、合理按劳分配的原则。注意职工工作质量的考核和评定，为公正分配提供客观依据。与此同时广开渠道提高员工的收入。显性因素与隐性因素相统一的精神激励对提高员工的积极性有很大的帮助，必须关心、尊重和信任员工，对他们的工作成绩多肯定、赞许、表扬。领导与员工多交朋友，多倾听他们的意见。对优秀员工给予各种先进称号，颁发荣誉奖，提供进修机会与条件，安排竞争性任务等。在开展活动方面注意劳动活动、学习活动、文艺活动、交往活动并举。满足员工的活动需要与满足物质需要的物质激励和满足精神需要的精神激励有不同的价值。管理者精心设计安排各类活动，如：运动会、舞会、谈心互访、聚餐、旅游等，这些都能起到团结、娱乐身心、体现个人价值的作用。

总之，激励员工的积极性是提高工作效率的一个重点，也是衡量管理水平高低的重要标志之一。激励员工的积极性具有特别重要的意义，运用理论按规律办事，使管理建立在科学的基础上，具有合理性，才能达到提高管理效能的目的。我们只有充分了解分析员工的需要，做到全员、全程、全面的激励，才能使管理工作上一个新台阶，开创一个新局面。

本章小结

激励就是激发和鼓励的意思，是通过满足人的需要，激发其内在动机而鼓励人们朝着组织期望的目标采取行为的过程。心理学认为，人的行为具有目的性，目的源于动机，动机又产生于需要，所以由需要引发动机，动机支配行为并指向预定目标，是人类行为一般模式。激励有助于提高组织成员工作的自觉性、主动性和创造性；有助于开发员工的潜能，促进员工充分地发挥其才能和智慧；有助于增强组织的凝聚力，提高企业竞争力。

激励的基本理论可以划分为内容型激励理论、过程型激励理论和行为改造型激励理论三大类。最常见的内容型激励理论有：马斯洛的需要层次论、赫茨伯格的双因素理论和麦克里兰的成就需要理论。过程型激励理论主要包括公平理论和期望理论。行为改造型激励理论包括强化理论、挫折理论和归因理论等。

在激励过程中要对激励时机、激励频率、激励程度和激励方向予以适当把握，遵循物质激励与精神激励相结合、以精神激励为主的原则，正激励与负激励相结合、以正激励为主的原则，内激励与外激励相结合、以内激励为主的原则。常用的激励方法包括目标激励法、参与激励法、强化激励法、改善工作要素法、情感激励法、支持激励法、信任激励法、榜样激励法等。当代提出了一些新的激励形式，主要包括绩效工资、分红、员工持股和灵活的工作日程等。

思考与练习

一、单项选择题

1. 激励过程即（　　）。

A. 需要—动机—行为—目标　　B. 目标—行为—动机—需要

C. 需要—行为—动机—目标　　D. 目标—动机—行为—需要

2. 奖励旅游属于（　　）。
A. 信任激励法　　B. 参与激励法
C. 强化激励法　　D. 榜样激励法
3. 公平理论认为影响员工工作努力程度的因素是（　　）。
A. 薪酬量　　B. 比较的结果　　C. 工作条件　　D. 晋升机会
4. 某公司今年超额完成利润指标，公司决定按员工个人工资的50%一次性发放年终奖金，结果花钱买来的是怨声载道，此现象可以用（　　）理论来解释。
A. 期望理论　　B. 公平理论　　C. 双因素理论　　D. 需要层次理论
5. 就马斯洛的“需要层次论”和赫兹伯格的“双因素理论”相比较而言，（　　）。
A. 生理需要相当于保健因素
B. 生理需要和安全需要相当于保健因素
C. 生理需要、安全需要和社交需要相当于保健因素
D. 生理需要、安全需要、社交需要和尊重需要相当于保健因素
6. 赫兹伯格的“双因素理论”中被称为激励因素的是（　　）。
A. 与工作环境或条件相关的因素　　B. 与工作内容相关的因素
C. 与个人利益相关的因素　　D. 本组织的政策和管理监督系统
7. 预先告知某种不符合要求的行为或不良目标可能引起的后果，允许人们通过按所要求的方式行事或避免不符合要求的行为，来回避一种令人不愉快的处境的激励方式属于（　　）。
A. 正强化　　B. 惩罚　　C. 负强化　　D. 自然消退
8. 以下哪种现象不能在需要层次理论中得到合理的解释（　　）。
A. 一个饥饿的人会冒着生命危险去寻找食物
B. 穷人很少参加排场讲究的社交活动
C. 在陋室中苦攻“哥德巴赫猜想”的陈景润
D. 一个安全需要占主导地位的人，可能因为担心失败而拒绝接受富于挑战性的工作
9. 下面（　　）不属于激励理论。
A. 双因素理论　　B. 需求层次理论
C. 期望值理论　　D. 权变理论
10. 挫折理论是有代表性激励理论中的（　　）。
A. 内容型激励理论　　B. 过程型激励理论
C. 行为改造型激励理论　　D. 需要理论

二、多项选择题

1. 以下关于期望理论叙述中正确的有（　　）。
A. 效价可以是负值　　B. 动力同期望值成正比
C. 期望值是一种主观概率　　D. 效价越小，则动力越大
E. 动力同期望值成反比
2. 下列属于保健因素的是（　　）。
A. 监督系统　　B. 工作条件　　C. 人际关系　　D. 工资　　E. 责任感

3. 马斯洛需要层次理论的基本出发点是（　　）。

A. 个人对工作的态度在很大程度上决定着任务的成功与失败

B. 人的行为是其所受到的刺激的函数

C. 人是有需要的动物，只有尚未满足的需要能够影响行为

D. 人的需要都有层次，某一层次需要得到满足后，另一层次的需要才会出现

E. 人的一生中，有些需要是靠后天获得的

4. 下列说法正确的是（　　）。

A. 激励产生的根本原因是内因

B. 内因由人的认知知识结构构成

C. 外因是人所处的环境

D. 激励频率与激励效果之间成正比关系

E. 激励的有效性在于对内因和外因的深刻理解，并使其达成一致

5. 行为改造型激励理论通常包括（　　）。

A. 需要层次理论　B. 双因素理论　C. 挫折理论

D. 归因理论　E. 强化理论

三、简答题

1. 什么是激励？简述激励的过程。
2. “人性”的假设包括哪些？应采取怎样的管理策略？
3. 激励有哪些作用？
4. 激励的基本理论是如何进行分类的？
5. 马斯洛的需要层次论的基本内容是什么？对管理实践有何启示？
6. 公平理论的基本内容是什么？对管理实践有何启示？
7. 强化理论的基本内容是什么？对管理实践有何启示？
8. 什么是激励机制？激励原则有哪些？
9. 常用的激励方法有哪些？当代提出了一些新的激励形式包括哪些？
10. 激励在实际运用中应该注意哪些问题？

四、案例分析

林肯电器公司

哈佛商学院向全世界出版了近 4 万个案例。被购买频率最高的案例是位于克利夫兰的林肯电器公司。该公司年销售额为 44 亿美元，拥有 2 400 名员工，并且形成了一套独特的激励员工的方法。该公司 90%的销售额来自生产弧焊设备和辅助材料。

林肯电器公司的生产工人按件计酬，他们没有最低小时工资。员工为公司工作两年后，便可以分年终奖金。该公司的奖金制度有一整套计算公式，全面考虑了公司的毛利润及员工的生产率与业绩，可以说是美国制造业中对工人最有利的奖金制度。在过去的 56 年中，平均奖金额是基本工资的 95.9%，该公司中相当一部分员工的年收入超过 10 万美元。近几年经济发展迅速，员工年平均收入为 44 000 美元，远远超出制造业员工年收入 17 000 美元的平均水平，在不景气的年头里，如 1982 年的经济萧条时期，林肯公司员工收入降为 27 000 美元，这虽然相比其他公司还不算太坏，可与经济发展时期相比就差了

一大截。

公司自1958年开始一直推行职业保障政策，从那时起，他们没有辞退过一名员工。当然，作为对政策的回报，员工也相应要做到几点：在经济萧条时期他们必须接受减少工作时间的决定；接受工作调换的决定；有时甚至为了维持每周30小时的最低工作量，而不得不调整到一个报酬更低的岗位上。林肯公司极具成本和生产率意识，如果工人生产出一个不合标准的部件，那么除非这个部件修改至符合标准，否则这件产品就不能计入该工人的工资中。严格的计件工资制度和高度竞争的绩效评估系统，形成了一种很有压力的氛围，有些工人还因此产生了一定的焦虑感，但这种压力有利于生产率的提高。据该公司一位管理者估计，与国内竞争对手相比，林肯公司的总体生产率是他们的两倍。自30年代经济大萧条以后，公司年年获利丰厚，没有缺过一次分红。该公司还是美国工业界中工人流动率最低的公司之一。前不久，该公司的两个分厂被《幸福》杂志评为全美十佳管理企业。

问题：

1. 你认为林肯公司使用了何种激励理论来激励员工的工作积极性？
2. 为什么林肯公司的方法能够有效地激励员工工作？
3. 你认为这种激励系统可能会给管理层带来什么问题？

第九章
沟　通

学习要点

◇ 理解沟通的概念、作用

◇ 掌握沟通的过程、要求

◇ 掌握沟通的类型

◇ 理解沟通障碍的原因及克服方法

◇ 了解冲突与谈判的管理

引入案例

秀才去买柴

有一个秀才去买柴，他对卖柴的人说："荷薪者过来！"

卖柴的人听不懂"荷薪者"（担材的人）三个字，但是听得懂"过来"两个字，于是把柴担到秀才前面。

秀才问他："其价如何？"

卖柴的人听不太懂这句话，但是听得懂"价"这个字，于是就告诉秀才价钱。

秀才接着说："外实而内虚，烟多而焰少，请损之。（你的木柴外表是干的，里头却是湿的，燃烧起来，会浓烟多而火焰小，请减些价钱吧。）"

卖柴的人因为听不懂秀才的话，于是担着柴就走了。

资料来源：http：//www.feel-bar.com/html/Article/2012/05472.html。

案例提示：从这个故事可以看出，沟通对人与人之间的交往非常重要。是不是一个高水平的沟通者，并不是看用的词有多华丽，说的话有多文雅，而是看其是否能准确快速地传达信息。管理者平时最好用简单的语言、易懂的言词来传达信息，而且对于说话的对象、时机要有所掌握，有时过分的修饰反而达不到目的。

第一节　沟通概述

沟通是把组织的活动统一起来的手段，也是改变行为、实现变革、使信息发挥积极作用和达到目标的手段。无论是组织与组织之间，还是个人与个人之间，沟通都是绝对必要的。

一、沟通的概念

沟通，是指信息从发送者到接收者的传递和理解的过程。在沟通过程中，由发送者发出信息，接收者收到信息并能了解发送者的意图，才是成功的信息沟通。如果接收者收不到信息，或者虽收到信息但并不了解信息的含义，不能算是成功的信息沟通。

沟通有以下三个方面的含义：

（1）沟通是双方行为。沟通必须有信息的发送者和接收者。其中双方既可以是个人，也可以是群体或组织。

（2）沟通是一个传递和理解的过程。如果信息没有被传递到对方，则意味着沟通没有发生。而信息在被传递之后还应该被理解，一般来说，信息经过传递之后，接收者感知到的信息与发送者的信息一致时，才是一个有效的沟通过程。

（3）要有信息内容。信息内容不像有形物品一样由发送者直接传递给接收者，在沟通过程中，信息的传递是通过一些符号来实现的，如语言、身体动作和表情等，这些符号经过传递，往往都附加了传送者和接收者一定的态度、思想和感情。

二、沟通的作用

（一）沟通是实现组织目标的重要手段

组织中的个体、群体为了实现一定的目标，在完成各种具体工作的时候都需要相互交流，统一思想，自觉协调。信息沟通使组织成员团结起来，把抽象的组织目标转化为组织中每个成员的具体行动。没有沟通，一个群体的活动就无法进行，特别是管理者通过与下属的沟通使员工了解和明确自己的工作任务，以保证目标的实现。

（二）沟通使管理决策更加合理有效

对信息的收集、处理、传递和使用是科学决策的前提。在决策过程中利用信息传递的规律，选择一定的信息传播方式，可以避免延误决策时间而导致的失败。管理人员通过一定的方式推动决策方案，赢得上级的支持和下级的合作，没有有效的沟通是不会达到这一目标的。

（三）沟通是企业中各部门、各成员之间密切配合与协调的重要途径

由于现代组织是建立在职能分工基础上的，不同职能部门之间"隔行如隔山"，不易相互了解和协作配合。通过有效的沟通，可以使组织内部分工合作更为协调一致，保证整个组织体系的统一指挥，统一行动，实现高效率的管理。

（四）沟通是管理人员激励下属，实现领导职能的基本途径

沟通不仅能增进员工彼此间的了解，促进彼此之间的合作，改善人与人之间的关系，也是最大限度地调动员工积极性的一种方式，管理者与员工的定期沟通会影响和改变员工的态度和行为，提高员工的满意度，从而提高工作效果，降低组织的缺勤率和流动率。

（五）沟通是企业与外部环境之间建立联系的桥梁

企业内外环境处于不断变化之中，企业为了生存就必须适应这种变化。企业必然要和顾客、政府、公众、原材料供应商、竞争者等发生各种各样的关系，它必须按照顾客的要

求调整产品结构，遵守政府的法规法令，担负自己应尽的责任，获得适用、廉价的原材料，并且在激烈的竞争中取得一席之地，这就迫使企业不得不和外部环境进行有效的沟通。不同规模和不同类型的组织沟通联络的重点也有所不同。

三、沟通的过程

简单地讲，沟通就是由信息发送者，通过一定的信息渠道，向信息接收者传递信息的过程。如图 9—1 所示。

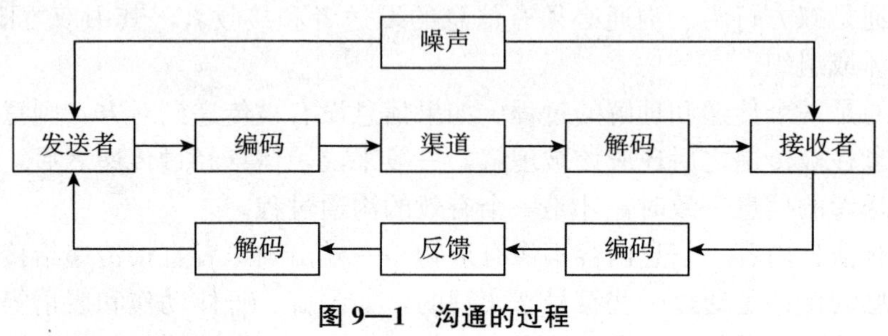

图 9—1　沟通的过程

（一）信息的发送者

发送者是信息的来源，也是信息沟通过程的起点。发送者首先要确定希望传送的意念或思想是什么。例如，无论是告诉别人某一件事，还是传达上级的命令，都需要将传送的意念用某种方式表达出来，即将意念转换成符号信息，这个过程称为“编码”。编码的方式很多，如文字、语言、图表和动作等。编码时应注意所选择的符号必须是接收者知道和懂得的符号，也就是说，必须选择接收者熟悉的符号编码。例如，如果接收者不懂法语，那你就不能用法语来编码；接收者如果是个外行，那你就应尽量避免使用专业名词或行话编码。

（二）信息的传递

信息，是指在沟通过程中传送给接收者的消息或情报，它是通过一条连接发送者和接收者的渠道传递的。传递信息的媒介可以是口头的或是书面的，如面谈、会议、备忘录和报告，也可以是各种设备，如电话、电报、电视、计算机、传真机等。

发送者可以同时采用两种或两种以上的媒介传递信息。例如，在电话中与对方初步达成协议之后，再以书面文件加以确认。由于可用的传送媒介很多，各种媒介又各有利弊，所以如何选择适当的媒介使信息沟通有效就非常重要。选择沟通媒介通常需要考虑下面三个问题：信息的重要性；是否必须有文字记录；是否必须马上得到对方的反馈。

（三）信息的接收者

在进行信息沟通时，接收者必须处于准备接收的状态，才能详解信息编码。例如，一个人的脑子里正在回想着一场精彩的足球比赛，他就不可能十分留意别人对他所说的话。当发生信息的竞争时，发送者首先必须设法让接收者能够倾听他的话，否则沟通中出现障碍的可能性就会增加。接收过程的下一步是解码，就是把信息译回原来的意思。只有在发送者和接收者对信息符号的含义都有相同的理解时，才会有准确的沟通。这里所说的“理解”是指接收者内心的理解。许多发送者忽略了理解的重要性，他们认为沟通只是将信息由一人传递给另一人，而没有考虑接收者是否理解、是否接受，这样的沟通很难有什么效果。除非接收者理解信息包含的意义，否则沟通不算完成。

（四）噪声干扰

在很多情况下，信息沟通都会受到“噪声”的影响，以致造成沟通的障碍而影响沟通的效果。噪声是指一切妨碍信息沟通的因素。信息沟通过程中的每一步都有可能发生噪声，例如，对发送者来说，嘈杂的环境可能会妨碍意念的形成，由于所用的符号不清也可能造成编码错误；对信息传递来说，由于渠道不畅可能造成信息传递中断；对接收者来说，因不注意可能造成接收不准确，因误解信息符号的含义可能造成解码错误等。噪声不仅会阻止信息的传递，也会在传递过程中扭曲信息。

（五）反馈

反馈对检验信息沟通的效能来说是必不可少的。如果没有反馈信息的证实，我们可能永远无法确定信息是否得到了有效的编码、传递、解码和理解。当发送者发出了一个信息而没有收到任何反应，可能表示接收者没有收到信息或者是为了某种理由而不愿意做出反应。有效的沟通应当是双向的，接收者应将他的想法和意见等反馈给发送者。反馈是接收者的一种反应，是了解接收者对信息理解和接受程度的最好方法。但许多发送者忽略了这一点。在其他条件相同的情况下，鼓励反馈的发送者比不注重反馈的发送者能更有效地沟通。接收者提供的反馈应当：（1）是对接收者有帮助的；（2）是描述性的而非评价性的；（3）是针对某些特定问题的而非广泛性的；（4）是在适当的时机提出的；（5）是适量的而不是超负荷的。发送者可以根据以上五点对接收者的反馈是否良好做出评价。如果接收者反馈的信息不符合上述五点，那就说明接收者可能没有理解信息的含义，或是不愿意接受信息的内容。

从上述信息沟通的过程可以看出，信息沟通要经过许多环节，每一个环节都有可能发生“噪声”，干扰信息的传递。对沟通中出现的问题如果不加以防范或解决，那么沟通的效果便会受到严重影响。

四、沟通的要求

由于组织中的成员在知识、经验、职位、对事物的看法等方面的存在差异，所以对同一信息可能有不同的看法和理解。为使信息能够被准确地理解，从而提高沟通工作的效率，力求做到以下几点：

（一）力求表达清楚

有效沟通不仅要让人们听到，还要让人们听懂。很长的话，过多的术语、行话，过多的书面语等，常常会让人不知所云。所以要注意说话的措辞和逻辑，力求使发送的信息清楚明确，用最简单、对方能够听得懂的话来表达想表达的意思。

（二）传递力求准确

管理者处于组织沟通的中心，起着接收和传递信息的作用。既接收从上级、同级和下级送来的各种信息，又要把这些信息进行加工，加工成适合于上级、同级和下级各自熟悉的语言，再向他们传递。这种加工力求接收者能够理解，但不能使信息“失真”。

（三）避免过早评价

过早评价会使信息沟通停顿或者使信息沟通失败。在信息传递过程中，应当以不带任何个人成见的态度听取信息传递人员的意见，只有这样才能全面地传递和接收信息。

（四）增强下级对领导者的信任度

下级对领导者是否信任，程度如何，对沟通效果很重要。一般来说只有受到下级高度信任的领导者发出的信息，才可能完全为下级所接受。领导者取得下级的信任，是有效沟通的基础。

（五）选择有利的时机

沟通效果不仅取决于信息的内容，还要受环境条件的制约。影响沟通的环境因素很多，如组织氛围、沟通双方的关系、社会风气和习惯做法等。在不同情况下要采取不同的沟通方式，要抓住最有利的沟通时机。时机不成熟不要仓促行事，否则会使某些信息失去意义。

（六）拓宽有效沟通渠

拓宽有效沟通渠，保证信息的畅通无阻和完整性。如减少组织机构重叠，在利用正式沟通渠道的同时，开辟高层管理者至基层管理人员的非正式的沟通渠道，以便于信息的传递和处理。

五、沟通的类型

在组织内部，沟通的方式和类型多种多样，按照不同的标准可以划分出不同的类型。

（一）按沟通的组织系统划分

1. 正式沟通

正式沟通是指通过正式组织明文规定的渠道进行信息传递和交流的方式。如组织与组织之间公函来往、组织内部的文件传递、组织中上级的指示逐级向下传送、下级情况逐级向上报告以及组织内部规定的会议、汇报、请示、报告等都属于正式沟通。

正式沟通依赖正式沟通网络来进行。正式沟通网络是根据组织结构、规章制度来设计的，用以交流和传递与组织活动直接相关的信息的沟通途径。正式沟通有五种基本的信息沟通网络形式，如图 9—2 所示。

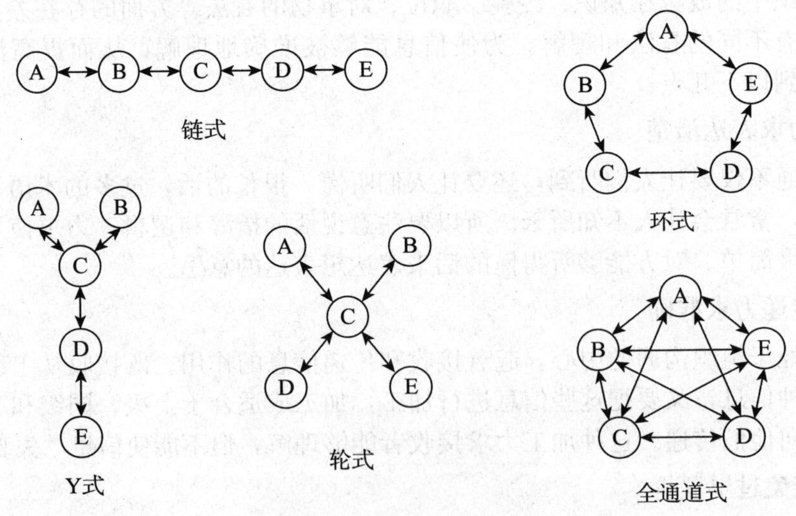

图 9—2 正式沟通网络

（1）链式沟通。

链式沟通是信息在组织成员之间进行单线、顺序传递的一种沟通网络形态，形状犹如链条，故名链式。在这种沟通网络中，居于两端的成员只能与其内侧的人联系，居中的成员则可以分别与两侧的人联系。这种沟通网络的特点是成员之间的联系面很窄，平均满意度较低。信息经过层层传递和筛选很容易失真，最末环节收到的信息往往与初始环节发送的信息有很大差距。按指挥命令系统在各级管理人员之间逐级进行的信息传递，可以看作链式沟通的一个例子。

（2）轮式沟通。

轮式沟通是信息经由中心人物向四周多线传递的一种沟通网络形态，形状犹如轮盘，故名轮式。在这种沟通网络中，中心人物是信息的汇集点和传递点，其他成员之间没有信息的相互交换关系，所有信息都是通过中心人物进行交流的。这种沟通网络的特点是信息沟通的准确度很高，解决问题的速度快，管理人员的控制能力强，但其他成员的满意度低。这种沟通网络实际上是为加强组织控制而采取的一种沟通形式。严格按职能划分部门时各部门经理与总经理之间的信息沟通，可以看作轮式沟通的一个例子。轮式网络适合于组织接受紧急任务，需要进行严密控制，同时又要争取时间的情形。

（3）Y式沟通。

Y式沟通是链式与轮式相结合的一种沟通网络形态，形状犹如英文字母Y，故名Y式。与轮式一样，Y式网络中也有一个成员位于沟通网络的中心，成为网络中因拥有信息而具有权威感和满足感的人。这种沟通网络的特点是成员的士气较低，因为增加了中间的过滤和中转环节，容易导致信息曲解和失真，因此沟通的准确性会受到影响。总经理、秘书和下属之间，当下属需要通过秘书与总经理传递信息时，就有可能发生Y式沟通的情形。秘书因为可以获得许多信息，容易掌握真正的权力，总经理被架空。这种网络形态适合于管理人员的各种任务繁重，需要有人协助筛选信息和提供决策依据，同时又要对组织实行有效控制的情形。

（4）环式沟通。

可以把环式沟通看作将链式两端连接而形成的一种封闭式的沟通网络形态，形状犹如车轮，故名环式。在这种沟通网络中，所有成员依次联络和传递信息。网络中的每一个人都同时与两侧的人沟通信息，因此大家地位平等，没有谁能够成为信息沟通的中心。采用环式沟通网络的组织，集中化程度较低，成员具有较高的满意度。但由于沟通的渠道窄，环节多，沟通的速度和准确性难以保证。如果组织中需要创造出一种能够激发高昂士气的环境来实现目标时，采用环式沟通比较好。

（5）全通道式沟通。

全通道式沟通是一种全方位开放式的沟通网络形态，所有成员之间都能进行相互的不受限制的信息沟通和联系。采用这种沟通方式的组织，集中化程度低，成员地位差异小，所以有利于提高成员的士气和培养合作精神。同时，这种方式的宽阔信息沟通渠道，使成员可以直接、自由、充分地发表意见，有利于提高沟通的准确性，对解决复杂问题有明显的促进作用。但由于沟通渠道太多，也容易造成混乱，沟通过程长，影响工作效率。委员会可以看作一种全通道式的沟通网络。

正式沟通的优点有：沟通效果好，具有严肃性，约束力较强，易于保密，可以使信息沟通保持权威性。重要的消息、文件的传达、组织的决策等，一般都采用这种方式。正式沟通的缺点有：依靠组织系统层层传递，沟通速度较慢，而且显得刻板。

2. 非正式沟通

非正式沟通，是指在正式沟通渠道之外进行的信息传递和交流。它无组织监督，自由选择沟通渠道。如员工之间的私下交谈、议论某人某事、传播小道消息、流言等均属于非正式沟通。

非正式沟通一般通过非正式沟通网络来进行。非正式沟通网络是指群体中未经批准的信息的自由传播渠道所形成的沟通结构形式。非正式沟通有四种基本的信息沟通网络形式，如图 9—3 所示。

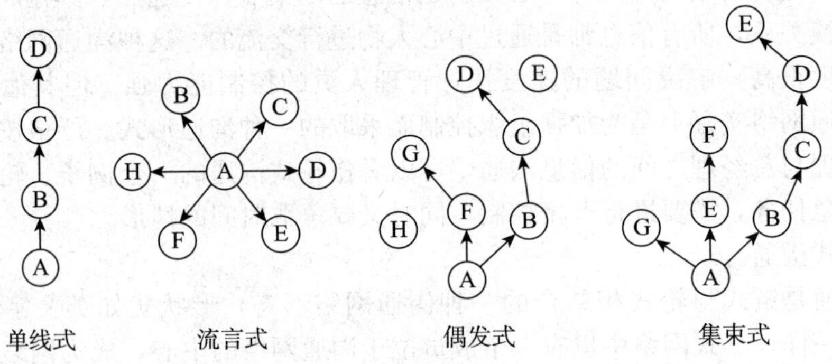

图 9—3 非正式沟通网络

（1）单线式。这种传播方式表示信息发送者通过一连串的人把消息传播给最终的接收者。

（2）流言式。或称闲谈式。这种传播方式表示一个人主动把小道消息传播给其他一些人。

（3）偶发式。这种传播方式表示信息发送者由偶然的机会将消息传给他人，他人也随机遇而传播，并非有意传播。

（4）集束式。这种传播模式表示信息发送者有选择地将消息告诉自己的朋友或有关的人，有关人员得到消息后也照此传播。

非正式沟通的优点有：沟通方式约束小，比较容易把真实的思想、情感、动机表露出来，且不拘形式，直接明了，传播迅速，沟通方便。非正式沟通往往能提供一些正式沟通中难以获得的信息，但非正式沟通发挥作用的基础是组织中良好的人际关系。非正式沟通的缺点有：难以控制，传递信息难以保证其准确性，易于失真、被曲解，而且可能导致传播流言蜚语而混淆视听，影响组织的人心稳定和组织的凝聚力。

（二）按沟通中信息流动的方向划分

1. 上行沟通

上行沟通是指下级向上级进行的信息沟通，如下级向上级汇报工作、反映意见、提出意见或建议等。上行沟通是管理者了解企业的经营状况、与下属形成良好的关系、提高管理水平的重要途径。其不足之处是在沟通过程中，下属因级别不同造成心理距离，形成一些心理障碍不愿如实反映情况，从而导致沟通的效果和效率不佳。有时，经过层层过滤，导致信息曲解，出现适得其反的结果。

2. 下行沟通

下行沟通是指上级管理者通过一定的方式传送信息到下级的沟通方式。如一个组织的上级管理者将工作计划、任务、规章制度向下级传达。下行沟通是组织中最重要的正式沟通方式。下行沟通的优点有：可以使下级主管部门和团体成员及时了解组织的目标和领导意图，增加员工的向心力与归属感。也可以协调组织各层次的活动，加强上下级的联系。缺点有：如果这种方式使用过多，会在下属中造成高高在上、独断专横的印象，使下属产生心理抵触情绪，影响团体的士气。此外，由于来自最高决策层的信息需要经过层层传递，容易被耽误、搁置，有可能出现事后信息曲解、失真的情况。

3. 平行沟通

平行沟通是指在组织内部平行部门或同一层级人员之间所进行的信息传递与交流。平行沟通的优点有：第一，弥补了纵向沟通的不足，减少了沟通环节，提高工作效率；第二，增进了组织各部门之间的相互了解和联系，减少部门之间的矛盾和冲突；第三，可以增加员工之间的关系，培养员工之间的友谊，满足员工的社会需要。平行沟通的缺点有：头绪过多，信息量大，容易造成混乱，对团队士气造成消极影响。

4. 斜向沟通

斜向沟通指的是发生在组织内部既不属于同一隶属关系的，又不属于同一层级之间的信息沟通。例如营销经理与生产车间主任之间的往来。这种沟通方式有利于加速信息的流动，促进理解，谋求相互之间必要的通报、合作和支持。这种沟通往往带有协商性和主动性。

（三）按沟通的方式划分

1. 口头沟通

口头沟通是指沟通双方以口头语言进行的直接沟通方式。如谈话、讨论、会议、电话洽谈等都是口头沟通。口头沟通是最常用的沟通方式。其优点有：沟通过程中，信息发送者与信息接受者当面接触，有亲切感，并且可以运用一定的体语、手势、表情和语气等增强沟通的效果，使信息接收者能更好地理解并接收所沟通的信息。其不足之处在于：沟通范围有限；沟通过程受时间和空间的限制；沟通完成后缺乏反复性；对信息传递者的口头表达能力要求比较高。

2. 书面沟通

书面沟通是指沟通双方以文字、图画、图表等书面形式为媒介而进行的沟通方式。如通知、文件、报表、书信等都属于书面沟通。其优点是：严肃、准确、具有权威性、不易被歪曲；信息接收者可以反复阅读以增强理解，信息传递者对要传递的信息所采用的语言可以认真推敲，以便用最好的方式表达出来。不足之处是：应变性较差，只能适应单向沟通。

3. 非语言沟通

非语言沟通是相对于语言沟通而言的，是指通过身体动作、体态、语气语调、空间距离等方式交流信息、进行沟通的过程。在沟通中，信息的内容部分往往通过语言来表达，而非语言则作为提供解释内容的框架，来表达信息的相关部分。因此非语言沟通常被错误地认为是辅助性或支持性角色。事实上非语言沟通在有效沟通中占有非常重要的地位，其并非辅助性或支持性角色。同样的几句话，让不同的人说出来就有不同的效果，这就是非语言沟通的魅力。

4. 电子媒介沟通

当今时代我们依赖于各种各样复杂的电子媒介传递信息，除了电话以外，我们还有电视、网络、传真机等一系列工具，将这些设备与语言和纸张结合起来就产生了更有效的沟通方法。电子媒介沟通的优点是：迅速而廉价，并可同时将一份信息传递给多人。缺点是：缺少反馈。

(四) 按沟通过程中信息发送者与信息接收者的地位是否改变划分

1. 单向沟通

这是指信息的发送者与接收者的地位不改变的沟通，在这种沟通中，不存在信息反馈，如广播电视信息、报告、发布指示等。其优点是：沟通比较有秩序，速度较快。不足之处是接收者不能进行信息反馈，容易降低沟通效果。

2. 双向沟通

这是指在沟通过程中信息的发送者与接收者的地位不断变化，信息在双方之间反复流动，直到双方对信息有了共同理解为止，如讨论、协商、谈判等。其优点是：信息准确性高，有反馈意见的机会，有助于双方建立良好的人际关系。缺点是：影响信息传递速度，由于要时常面对接收者的提问，发送者会感受到心理压力。

第二节　沟通的障碍及其克服

所谓沟通障碍，是指信息在传递和交换过程中，由于信息意图受到干扰或误解，而导致沟通失真的现象。在人们沟通信息的过程中，常常会受到各种因素的影响和干扰，使沟通受到阻碍。

一、造成沟通障碍的主要因素

(一) 个人因素

个人因素包括两类：一是个人有选择地接收；二是个人沟通技术的差异。个人有选择地接收是指人们拒绝接收与他们期望不一致的信息，而片面接收他们期待的信息。有人曾经说过，人们并不能看到所有的东西，而只能看到心里已经看到的东西，人们也不能听到所有的东西，而只能听到心里已经听到的东西。这表明个人初始的态度对沟通有着重大的影响。研究表明，人们往往能够听到或看到他们情感上愿意听到或看到的信息，而拒绝或回避他们不感兴趣的信息，这就是俗语中的“忠言逆耳”。但作为管理者，为了提高沟通的效率和工作的效率，必须明白“兼听则明，偏信则暗”的道理。沟通技巧的差异是指不同的人在沟通技巧的运用上有很大的不同。沟通技巧与个人的能力、个性相关，有人擅长口头表达，有人擅长文字描述，有人擅长动作，还有人擅长察言观色、随机应变等。

（二）人际因素

人际因素主要包括沟通双方的相互信任、信息来源的可靠度和发送者与接收者之间的相似程度。信息的传递是双方面的事情，因此，沟通双方的诚意和信任至关重要。上下级、同事间、朋友间相互猜疑，只会增加抵触情绪、减少坦诚交谈的机会，也不可能获得有效的沟通；信息来源的可靠性主要由诚实、能力、热情、客观四个因素决定。实际上，信息可靠与否由接收者主观决定。例如，当面对来源不同的同一问题的信息时，人们更会相信他们认为诚实、最有能力、最客观的那个来源的信息；沟通的准确性与沟通双方的相似性有直接联系。沟通双方特征的相似性影响沟通的难易程度和坦率性。如果沟通一方觉得对方与自己在身份、成长经历、性格和爱好等方面很相似，那么他将比较容易接受对方的意见，并达成共识。

（三）结构因素

结构因素包括地位区别、信息传递链、团体规模和空间约束四个方面。地位的高低对沟通的方向和频率有很大的影响。地位悬殊越大，信息趋于从地位高的流向地位低的。地位是沟通中的一个重要障碍。信息通过等级越多，它到达目的地的时间越长，信息失真程度也越大。信息连续地从一个等级到另一个等级所发生的变化，称为信息链传递现象。当工作团体规模较大时，人与人之间的沟通也相应变得较为困难。由于组织规模的增大，沟通的形式会越来越复杂，人际沟通渠道的增加速度超过不定期人数的增长。空间距离越短，交往的可能性越大，沟通也就越容易。这种空间的影响，有积极的一面，使我们与周围的人交流很紧密；它也有消极的一面，即由于空间的约束，往往会局限在一个小圈子里，眼界不宽，这样就无法从更大范围内选择更好的沟通对象、沟通方式和沟通渠道。

（四）技术因素

技术因素主要包括语言暗示、非语言暗示、媒介的有效性和信息过量。大多数沟通的准确性依赖于语言。语言和文字上，沟通双方很少是对称的，特别是在有众多的沟通者的情况下，语言的这种内在一致性就会变得很差，所以表面上语言的不准确是由于一种符号的不准确引发的，但实际上是由于语言的内在背景而引发的。一般的管理者通常会关心沟通工具的有效性。不同的沟通目的、不同的沟通内容会对应不同的沟通媒介的有效性。每一种沟通媒介都有各自的优缺点，在实际的运用中要选择恰当的形式；信息量要控制在一定的范围内，如果信息量过大，就会引起接收者的接收困难，在信息编码的过程中就会增加偏差的可能性。

二、沟通障碍的产生原因

（一）发送者的障碍

在沟通过程中，信息发送者的情绪、倾向、个人感受、表达能力、判断力等都会影响信息的完整传递。发送者的障碍主要表现在：

1. 表达能力不佳

发送信息者如果口齿不清、词不达意或者字体模糊，就难以把信息完整地、准确地表达出来；如果使用方言土语，会使接收者无法理解。在不同国籍、不同民族人员之间的交流中这种障碍更明显。

2. 信息传送不全

发送者有时人为缩减信息，使信息变得模糊不全。

3. 信息传递不及时或不适时

信息传递要及时，就如军事上的情报，不在正确的时间传递就会造成无法挽回的后果。

4. 知识、经验的局限

信息发送者和接收者如果在知识和经验方面水平悬殊，发送者认为沟通的内容很简单，不考虑对方，仅按照自己的知识和经验范围进行编码，就会使接收者难以理解，从而影响沟通效果。

5. 对信息的过滤

过滤是指故意操纵信息，使信息显得对接收者更有利。如某管理人员向上级传递的信息都是对方想听到的东西，这位管理人员就是在过滤信息。过滤的程度与组织结构层次、组织文化有关。组织纵向管理层次越多，过滤的机会也就越多。组织文化则通过奖励系统鼓励或抑制这类过滤行为。如果奖励只注意形式和外表，管理人员便会有意识地按照上级的习惯来调整和改变信息的内容，现实生活中“报喜不报忧”就是典型的信息过滤行为。

（二）接收者的障碍

从信息接收者的角度看，影响信息沟通的因素主要有六个方面：

1. 信息译码不准确

接收者如果对发送者的编码不熟悉，就有可能误解信息，甚至得到相反的理解。

2. 对信息的筛选

受主观性的影响，接收者在接收信息时，会根据自己的知识经验去理解，按照自己的需要对信息进行选择，从而可能会使许多信息内容被丢失，造成信息的不完整甚至失真。

3. 对信息的承受力

每个人在单位时间接收处理信息的能力不同，对于承受能力较低的人来讲，如果信息过量，难以全部接受，就会造成信息的丢失而产生误解。

4. 心理上的障碍

接收者对发送者不信任，敌视或冷淡、厌烦，或者心理紧张、恐惧，都会歪曲或拒绝接受信息。

5. 过早地评价

通常不完整地接收一项信息之前就对信息做出评价，将有碍于对信息的接收。价值判断就是对一项信息所给予的总的价值的估计，它是以信息的来源、可靠性或预期的意义为基础的。过于匆忙地做出评价，就会使接收者只能听到他所希望听到的那部分内容。

6. 情绪

在接收信息时，接收者的感觉会影响他对信息的理解，不同的情绪感受会使个体对同一信息的解释截然不同。狂喜或悲伤等极端情绪体验都可能阻碍信息沟通，因为这种情况下，人们会出现意识狭隘的现象而不能进行客观理性的思维活动，只能是情绪性的判断。因此，应尽量避免在情绪很激动的时候进行沟通。

（三）沟通渠道的障碍

沟通渠道的问题也会影响到沟通的效果。沟通渠道障碍主要有如下几个方面；

1. 选择沟通媒介不当

比如对于重要事情而言，口头传达效果较差，因为接收者会认为“口说无凭”“随便说说”而不加重视。

2. 几种媒介相互冲突

当信息用几种形式传送时，如果相互之间不协调，会使接收者难以理解传递的信息内容。如领导表扬下属时面部表情很严肃甚至皱着眉头，就会让下属感到迷惑。

3. 沟通渠道过长

组织机构庞大，内部层次多，从最高层传递信息到最低层，从低层汇总情况到最高层，中间环节太多，容易使信息损失较大。

4. 外部干扰

信息沟通过程中经常会受到自然界各种物理噪音、机器故障或另外事物所干扰，也会因为对方距离太远而沟通不便，影响沟通效果。

三、沟通障碍在日常管理中的表现

在企业日常管理中，经常发生一些信息沟通上的障碍，这些障碍的产生都源于下述因素的影响，具体表现为：

（1）距离。上级与下级之间的物理距离减少了他们面对面的沟通。我们知道较少的面对面的沟通可能会导致误解或不能理解所传递的信息。物理距离还使得上级与下级之间的误解不易澄清。

（2）曲解。当一个人分不清客观情况和自己的观点、感受、情绪的界限时，就容易发生曲解。很多时候，我们不仅在工作层面上进行交流，也在情感层面上进行沟通，但有时上级和下级都倾向于根据自己的观点、价值观念、意见和背景来解释信息，而不是对它做客观的解释。

（3）语义。这涉及文字、图像、身体语言等沟通语言。因为几乎所有的信息沟通都利用符号来表达一定的含义，而符号通常有多种含义，人们必须从中选择一种。有时选错了，就会出现语义障碍。比如词语这一符号，会从词的多种含义、专业术语、词语的下意识联想等方面引起沟通障碍。

（4）缺乏信任。这种障碍与上下级相处的经历有关。在以往经历的基础上，如果下级觉得把坏消息报告给上级于己无益，他就会隐瞒这些消息。另一方面，如果他觉得上级能体谅并且帮助人，他就不会把坏消息或不利信息过滤掉。

（5）不可接近性。在一些企业中，会有这样的管理人员，他们经常外出，或者把自己置身于烦琐的小事中，下级没有机会与他们进行商谈、讨论或得到他们的指导。这种难以接近上级的情形会导致沟通的失败。它会挫伤下级从上级那里寻求适当指导的积极性。不可接近并不一定是实体上的，它也可以是心理上的，由于上级采取了严厉的态度，下级们要弄懂他的观点，也许并不容易。

（6）职责不明确。当一个下级的职责不明确时，他们就会找替罪羊或者捏造理由。我们常常听人说："我以为这是你要我做的"，或者"我以为该由王伟来做"。职责不明会导致职务和作用的含糊，这恰恰意味着下级对其所处的职位以及所履行的职责不明确。

（7）个性不相容。上下级的个性不相容，常常发生冲突，也会因此而产生沟通障碍。

（8）拒绝倾听。一些管理人员，或是自高自大，或是漫不经心，拒绝倾听上级或下级的意见。这种态度阻碍了有效的沟通。拒绝倾听有两种类型：源于"我知道所有事情"的优越情绪，或者源于"我一无是处"的自卑情绪。

（9）没有利用恰当的媒介。在组织环境下进行沟通，可以利用好几种媒介。沟通的有效性依赖于管理人员如何根据自己的管理情况选择恰当的媒介。有些管理者以给下级发送充满行话的便条为豪，却不顾下级缺乏阅读和理解的技巧。

（10）沟通缺口。这指的是沟通的正式网络中所存在的缺陷与漏洞。在一些规模较大、较复杂的组织中，这种障碍是一种普遍现象。正式沟通网络是沿着组织的权责路线而建立的。随着组织的扩大，这些网络变得大而复杂，同时又没有很多的计划工作。在这种情况下，沟通网络便开始出现了缺陷，过分依赖正式沟通而不利用其他来源和方法，导致沟通系统产生缺口。

（11）方向迷失。信息内容缺乏导向可能会导致沟通障碍。有些信息分两部分内容：外显的或明显的意义，潜在的或真正的含义。在有些情况下，消息的外显意义被弄得过分吸引人，从而导致真正意义的丢失。

（12）负载过重。当人们负载的信息过重时，他们就倾向于业绩完成不佳，其绩效比接收信息不足的员工的绩效要低。

四、沟通障碍的克服

在管理活动中，人们都希望准确无误地传递信息，克服沟通的障碍，提高沟通的效果。但是沟通障碍的存在是客观的，其形成原因有主观与客观两方面因素。要取得有效的沟通效果，就需要跨越沟通中的障碍因素，主要从以下三个方面入手。

（一）信息发送者

信息发送者是信息沟通中的主体因素，起着关键性作用。要想提高信息传递的效果，必须注意下列因素：

1. 要有认真的准备和明确的目的性

信息发布者首先要对沟通的内容有正确、清晰的理解。在沟通之前，要做必要的调查研究，收集充分的资料和数据，对每次沟通要解决什么问题，达到什么目的，不仅自己心中要有数，也要设身处地地为信息的接收者着想，使他们也能清晰理解。

2. 正确选择信息传递的方式

信息发布者要注意根据信息的重要程度、时效性、是否需要长期保存等因素，选择不同的沟通形式。例如，对于有重要保存价值的文件、材料，一定要采用书面沟通形式，以免信息丢失。而对于时效性很强的信息，则要采用口头沟通，甚至运用广播、电视媒体等形式，以迅速扩大影响。

3. 沟通的内容要准确和完整

信息的发送者应当努力提高自身的文字和语言表达能力，沟通的内容要有针对性，语义确切，条理清楚，观点明确，避免使用模棱两可的语言，否则容易造成接收者理解上的失误和偏差。此外，信息发送者对所发表的意见、观点要深思熟虑，不可朝令夕改，更不能用空话、套话、大话对信息接收者敷衍搪塞。若处理不好，常常会引起接收者的逆反心理，形成沟通中不应有的壁垒和障碍。

4. 要努力缩短与信息接收者之间的心理距离

沟通是否成功，不仅与沟通的内容有关，也与信息发送者的品德和作风有很大的关系。一位作风民主、密切联系群众的领导者，常常会被下属看成是"自己人"，而愿意与其沟通，并自觉地接受他的观点和宣传内容。所以，信息发送者在信息接收者心目中的良好形象是至关重要的。

5. 要注意运用沟通的技巧

沟通要尽量使用接收者喜闻乐见的方式，必要时可运用音乐、戏剧、小品等形式，寓教于乐，达到下属接收信息的目的。根据心理学中"权威效应"的概念，尽量使各个领域的权威、专家、名人参与信息发送，通过他们的现身说法，往往可以使信息传递更具影响，达到事半功倍的效果。

（二）信息接收者

1. 要以正确的态度去接收信息

沟通的最终目的在于信息接收者对传递信息的接收和理解，否则沟通将失去意义。在管理活动中，作为领导者，应当把接收和收集信息看成是正确决策和指挥的前提，看成是与下属建立密切关系、进行交流并取得良好人际关系的重要条件。而对于被领导者，应当把接收信息看成是一次重要的学习机会。社会的发展要求人们不断地进行知识更新，而沟通就是一种主要手段。另外，通过沟通可以更好地理解组织和上级的决策、方针和政策，开阔视野，提高工作水平和工作能力。如果人们都能正确认识接收信息的重要性，沟通的效果就会大大提高。

2. 要学会"听"的艺术

在口头传递信息的过程中，认真地"听"，不仅能更多更好地掌握许多有用的信息和资料，同时也体现了对信息传递者的尊重和支持，尤其是各级领导人员在听取下级汇报时，全神贯注地听取他们反映的意见，并不时地提出问题与下属讨论，就会激发下属讨论，发表意见的勇气和热情，把问题的探讨引向深入，并能进一步密切上下级之间的人际关系。

（三）信息渠道

1. 尽量减少沟通的中间环节，缩小信息的传递链

在沟通过程中，环节和层次过多，特别容易引起信息的损耗。从理论上分析，人与人之间在个性、观点、态度、思维、记忆、偏好等方面存在巨大差别，因此信息每经过一次中

间环节的传递，将丢失30%的信息量。所以，在信息交流过程中，要提倡直接交流，作为领导者要更多地深入生产一线，多做调查研究，这对信息的传播和收集都会有极大的好处。

2. 要充分运用现代信息技术，提高沟通的速度、广度和宣传效果

现代科学技术的进步，以及广播、电视与现代通信技术的发展，为管理沟通创造了良好的外部条件和物质基础。在沟通过程中，应该充分利用这些条件，提高沟通效果。例如，运用电话或可视电话召开各种会议，既可以克服沟通活动中地域和距离上的障碍，快速传递信息，又可以减少与会者旅途时间和财力上的损失。此外，与传统的沟通手段相比，利用广播、电视进行广告、新闻发布，在速度和波及范围等方面有无可比拟的巨大优势。

3. 避免信息传递过程中噪声的干扰

组织中要注意建设完全的信息传递系统和信息机构体系，确保渠道畅通。无论是信息的发送者还是接收者，都要为沟通创造良好的环境，使信息发布者有充足的时间为信息发布做好充分的准备，也使信息接收者有更多的时间去收集、消化所得到的信息，真正做到学以致用。

第三节　冲突与谈判管理

一、冲突的内涵

在人类社会组织中，人与人、人与群体、群体与群体之间必然会发生这样或那样的交往和互动关系，在这些错综复杂的交往与互动过程中，人们会因为各种各样的原因而产生分歧、争论、竞争和对抗，从而使彼此之间的关系出现不同程度、不同表现形式的紧张状态。这种紧张状态被交往和互动双方所意识到时，就会发生被组织行为学称为“冲突”的现象。管理心理学认为，冲突是人们对重要问题意见不一致而在各方之间形成摩擦的过程，即由于目标和价值理念的不同而产生对立或争议的过程。

人们对冲突的观念是随着社会实践的发展和认识的提高而逐步变迁的，概括起来分为三种主要观念。

（一）冲突的传统观点

该观点存在于19世纪末到20世纪40年代，认为组织应该避免冲突，冲突本身表明组织内部的机能失调。换句话说，这种观点的中心是认为冲突对组织是有害无益的。

（二）冲突的人际关系观点

该观点认为冲突是任何组织不可避免的产物，但它同时指出，冲突并不一定会导致对组织的危害，甚至可能有利于组织中的积极动力。显然，这一观点因为冲突的客观存在，主张接纳冲突，使冲突的存在合理化，并希望将冲突转化为有利于组织的程序。自20世纪40年代到70年代中期，这一观点在冲突理论中占主导地位。

（三）冲突的相互作用观点

该观点是当今的冲突管理观点，认为冲突不仅可以成为组织中的积极动力，而且其中有些冲突对于组织或组织单元的有效运作是必要的。换言之，冲突是组织保持活力的一种

有效手段。因而，这种观点鼓励管理者维持一种冲突的最低水平，以使组织保持创新的激发状态。

二、冲突的特性

（一）冲突的客观存在性

冲突的客观存在性，是指任何组织、群体或个人都会遇到形形色色的冲突，冲突是一种不以人的意志为转移的社会现象，是群体或组织管理的本质内容之一，是任何社会主体无法逃避的客观现实存在。组织的冲突只有冲突程度和性质的区别，而不可能不存在冲突。

（二）冲突的主观知觉性

客观存在的各种各样的冲突必须经过人们自身去感知，去体验。当客观存在的分歧、争论、竞争、对抗等现实状况反映成为人们大脑或心理中的内在矛盾斗争，导致人们进入紧张状态时才能意识到冲突，所以冲突又具有主观的知觉性。

（三）冲突作用的两重性

冲突作用的两重性是根据冲突的相互作用观念，从冲突作用影响角度出发，对其一般特性的概括。抽象而言，冲突对于组织、群体或个人既具有建设性、有益性，有产生积极影响的可能性，又具有破坏性、有害性，有产生消极影响的可能性。以前者特性为主的冲突，人们称之为“建设性冲突”或“功能正常的冲突”；而以后者特性占上风的冲突，人们称之为“破坏性冲突”或“功能失调的冲突”。破坏性冲突多是由于冲突各方的目标和利益悬殊而引起的功能失调性冲突，会危及组织的根本利益和长远目标；建设性冲突多是由于冲突各方目标和根本利害差别不大，但手段、方式等不同而引起的功能正常的冲突，它不仅不会危害而且会促进组织的根本利益和长远目标。

三、冲突的作用

认为冲突都是好的或者都是坏的显然并不恰当也不符合实际情况，因此有必要具体分析冲突的积极作用和消极作用。

（一）冲突的积极作用

（1）冲突能够充分暴露出往常被人们忽视的问题和矛盾，促使管理者及早发现问题，正视问题，花力气去解决问题。

（2）冲突就如一个出气口，可以使冲突各方以一定的方式发泄内在的不满情绪，从而促进冲突各方的了解与沟通，降低各方由于长期压抑和怨气积蓄而酿成极端反应状态的概率。

（3）适当的冲突，即组织内部适度的分歧和对抗，能够造成一个组织内部各部门相互约束、相互制衡的组织体系，促使组织机制不断完善。

（4）适当的冲突可以促进竞争，促进人们的新思想、新视野、新建议的产生，从而给组织带来生机和动力，促进组织变革。

（5）组织间的冲突，能够降低组织内部矛盾的重要性，增加组织内部凝聚力，促使组织成员齐心协力，一致对外。

（6）冲突可以促进联合，共求生存。冲突的这种效用主要发生于两种情况：当冲突各方面临更为强大的对手或敌人的共同威胁时，彼此之间求同存异，走向团结，合力图存；

当冲突各方在冲突过程中找到了共同的更大利益时，彼此间也可能摒弃前嫌，结成联盟，壮大实力，共谋发展。

（7）当冲突各方实力相近，并保持一定程度的冲突时，可能由于冲突水平的控制，冲突能量的释放等因素，反而会减少冲突或延缓冲突的升级，并求得冲突各方的长期相对的稳定。

（二）冲突的消极作用

由于冲突产生的原因、冲突的类型和性质、冲突的水平或强度以及冲突处理方式不当等因素的影响，冲突会给组织带来以下消极的危害作用。

（1）冲突会在人们情绪和心理上产生巨大的压力，阻碍或扭曲处于冲突中的个人对于事物、矛盾的认知和判断，导致个人行为的失常和不稳定，进而降低组织效率，危害个人的身心健康。

（2）冲突会冲击组织制度和规范，离间人际关系和组织关系，紊乱组织秩序，严重影响人们的工作责任感和组织忠诚度，降低人们的工作满意度，从而导致组织整体绩效下滑。

（3）持续的冲突和难以很好解决的冲突，不仅对组织的资源浪费极大，而且会极大地“杀伤”组织绩效，损害组织整体实力。因为在这种情形中，冲突各方的最重要目标是千方百计增强自身实力去战胜对手，组织的目标、组织的利益会被抛至脑后，“你高我低”的利益比较，“你争我斗”的矛盾运动过程会蒙蔽人们的双眼，麻痹人们的思想，扭曲人们的行为，轻则大量浪费人、财、物、时间等组织资源，重则导致各种混乱、分裂和破坏活动，给组织带来难以弥补的损害。

四、冲突管理

冲突管理应有广义与狭义之分。广义的冲突管理应当包括冲突主体对于冲突问题的发现、认识、分析、处理、解决的全过程和所有相关工作，也就是对于潜在冲突—知觉冲突—意向冲突—行为冲突—结果冲突的全过程进行研究管理；狭义的冲突管理则着重把冲突的行为意向和冲突中的实际行为以及反应行为作为研究对象，研究冲突在这两个阶段的内在规律，应对策略和方法技巧，以便有效地管理好实际冲突。迄今所见的论述冲突管理的大部分文献多立足于狭义冲突管理的范畴。

（一）冲突的原因

沟通是为了降低组织的管理成本，进而降低组织之间的交易成本。但是，由于组织之间以及组织中员工之间的区别，沟通并不会达到尽善尽美的效果，因而，组织摩擦和人员摩擦不可避免地发生，带来额外的组织管理成本。这种摩擦程度越大，组织的协调成本越高。这就是冲突的由来。因此，冲突是指由于某种差异而引起的抵触、争执或争斗的对立状态。人与人之间在利益、观点、掌握的信息或对事件的理解上都可能存在差异，有差异就可能引起冲突。不管这种冲突是否真实存在，只要一方感觉到有差异就会发生冲突。显然，沟通或没有沟通，都可能导致冲突。所以，要了解冲突，前提是了解出现差异的原因及其表现形式。这些原因大体上可以归纳为三类。

1. 沟通差异

由于文化和历史背景不同、语义困难、误解及沟通过程中的噪音的干扰，都可能造成人们之间意见不一致。沟通不良是产生这种冲突的重要原因，但不是主要的。

2. 结构差异

观察管理中经常发生的冲突，绝大多数是由组织结构的差异引起的。由于分工造成组织结构中垂直方向和水平方向各系统、各层次、各部门、各单位、各不同岗位的分化，组织愈庞大、愈复杂，组织分化愈细密，组织整合就愈困难。

由于信息不对称和利益不一致，人们在计划目标、实施方法、绩效评估、资源分配、劳动报酬、奖惩等许多问题上都会产生不同看法，这种差异是由组织结构本身造成的。为了本单位的利益和荣誉，许多人都会理直气壮地与其他单位甚至上级组织发生冲突。不少管理者甚至把挑起这种冲突看作自己的职责，或作为建立自己威望的手段。几乎每位管理者都会经常面临与同事或下属之间的冲突。

3. 个体差异

每个人的社会背景、教育程度、阅历、修养，造就了各自不相同的性格、价值观和作风。人们之间这种个体差异造成的合作和沟通的困难往往也容易导致某些冲突的发生。这说明，由于沟通差异、结构差异和个体差异的客观存在，冲突也就不可避免地存在于一切组织中。

（二）冲突管理的基本策略

冲突管理的策略模式有多种，应用最为广泛的通用模式是美国行为科学家托马斯用二维空间描述的冲突模式。如图 9—4 所示。

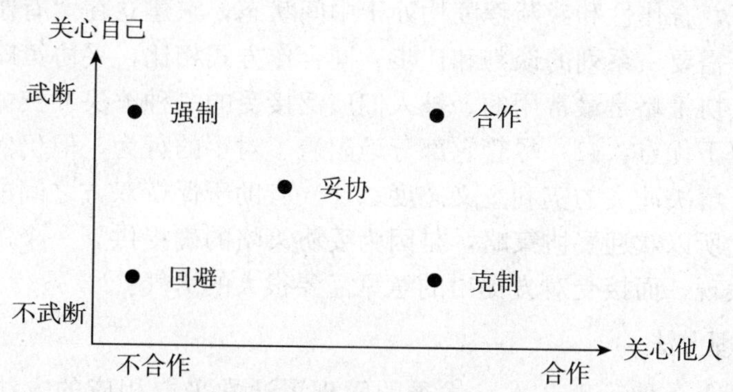

图 9—4 托马斯冲突管理的两维模式

托马斯认为至少有五种处理人际冲突的策略，每种方法都是由两个维度来确定的：关心自己和关心他人。其中，“关心自己”表示在追求个人利益过程中的武断程度；“关心他人”表示在追求个人利益过程中与他人合作的程度。五种策略即代表了合作性与武断性之间的五种不同组合。

1. 回避策略

回避策略是指既不合作又不武断的策略。这时，人们将自己置身于冲突之外，忽视了双方之间的差异，或保持中立态度。这种方法反映出当事人的态度是任冲突自然发展，对自己的利益和他人的利益均无兴趣，于是回避各种紧张的局面。回避方法的使用可以避免问题扩大化，但常常会因为忽略了某种重要的意见、看法，使对方受挫，易遭对手的非议，所以长期使用效果不佳。

2. 强制策略

强制策略是指高度武断且不合作的策略。它代表了一种“赢—输”的结果，即为了自己的利益而牺牲他人的利益。一般来说，此时一方在冲突中具有绝对优势的权力和地位，因此，一般会认为该方的胜利是必然的，而另一方则必然会以失败而告终。强制策略通常可以使人们只达到自己的目的，所以同样地不受对手的欢迎。

3. 克制策略

克制策略代表着一种具有高度合作精神而武断程度较低的策略。可以说这是无私的策略，因为当事人牺牲自己的利益而满足他人的要求。通常克制策略是为了从长远利益出发而换取对方的合作，或者是屈服于对手的意愿。因此，克制策略是最受对手欢迎的，但容易被对手认为是过于软弱或是屈服的表示。

4. 合作策略

合作策略是在高度的合作精神和武断的情况下采取的策略。它代表了冲突解决中的“双赢”局面，即最大限度地扩大合作利益，既考虑了自己的利益，又考虑了他人的利益。一般来说，持合作态度的人有几个特点：（1）他们认为冲突是一种客观的、有益的现象，处理得当会引起一些建设性问题的解决；（2）相信对手；（3）相信冲突双方在角色上是平等的，并认为每个人的观点都有其合理性；（4）他们不会为了共同的利益而牺牲任何一方的利益。

5. 妥协策略

在妥协策略下，合作性和武断程度均处于中间状态，它建立在“有予必有取”的基础之上，通常情况下需要一系列的谈判和让步。同合作方式相比，妥协策略只求部分地满足双方的要求，但妥协策略是最常用的、被人们广泛接受的一种解决冲突的策略。人们认为妥协策略至少有以下优点：（1）尽管它部分地阻碍了对手的行为，但仍然表示出合作的姿态；（2）它反映了解决冲突的实利主义态度；（3）有助于保持双方之间的良好关系。一项研究表明，人们之所以欢迎妥协策略，是因为妥协策略的确提供了一个解决办法，不能解决问题是软弱的表现，而接受对方提出的意见需要很大的勇气。

（三）冲突处理方法

冲突处理实际上是种管理艺术，优秀的管理者通常采取相应的方法处理组织内部的冲突。

1. 谨慎地选择想要处理的冲突

管理者可能面临许多冲突。其中，有些冲突非常琐碎，不值得花很多时间去处理；有些冲突虽然很重要，但不是自己力所能及的，不宜插手；有些冲突难度很大，要花很多时间和精力，未必有好的回报，不要轻易介入。管理者应当选择那些员工关心、影响面大，对推进工作、打开局面、增强凝聚力、建设组织文化有意义、有价值的事件，亲自抓，一抓到底。对冲突事必躬亲的管理者并不是真正优秀的管理者。

2. 仔细研究冲突双方的代表人物

如果管理者选择了某一冲突进行处理，仔细研究冲突双方的代表人物是十分重要的。包括：哪些人卷入了冲突？冲突双方的观点是什么？差异在哪里？双方真正感兴趣的是什么？代表人物的人格特点、价值观、经历和资源因素如何？如果管理者能站在冲突双方的立场上看待问题，则成功的可能性会大大提高。

3. 深入了解冲突的根源

冲突的出现总是有原因的，解决冲突的方法很大程度上取决于冲突发生的原因。不仅要了解公开的表层的冲突原因，还要深入了解深层的、没有说出来的原因。冲突可能是多种原因交叉作用的结果，如果是这样，还要进一步分析各种原因作用的强度。

4. 妥善地选择处理策略

处理策略通常有五种：回避、克制、强制、妥协、合作。当冲突无关紧要时，或当冲突双方情绪极为激动、需要时间恢复平静时，可采用回避策略；当维持和谐关系十分重要时，可采用克制策略；当必须对重大事件或紧急事件进行迅速处理时，可采用强制策略，用行政命令方式牺牲某一方利益处理后，再慢慢做安抚工作；当冲突双方势均力敌、争执不下需要采取权宜之计时，只好双方都做出一些让步，实现妥协策略；当事件十分重大，双方不可能妥协，就经过开诚布公的谈判，采用对双方均有利的合作策略。

五、谈判的管理

为了管理冲突，管理者必须和组织内外的人员打交道。在组织内部，冲突管理时常可以有效地通过行政手段进行。但对于组织之间的冲突，像企业之间开展的旨在拓展未来商机的战略联盟，通常出现联盟各方在协调上的困难，就不能简单地用行政干预的手段去降低管理成本，实现组织目标。相反，联盟各方必须从包括协议、信任和互惠等多方面的视角，寻求解决组织间冲突的途径。谈判作为一种实现目标的手段，必然是冲突管理的重要内容。

（一）谈判的基本方法

谈判是双方或多方为实现某种目标就有关条件达成协议的过程。这种目标可能是为了实现某种商品或服务的交易，也可能是为了实现某种战略或策略的合作；可能是为了争取某种待遇或地位，也可能是为了减税或贷款；可能是为了弥合相互的分歧而走向联合，也可能是为了明确各自的权益而走向独立。市场经济本身就是一种契约经济，一切有目的的经济活动，一切有意义的经济关系都要通过谈判来建立。谈判有两种基本方法，零和谈判和双赢谈判。

零和谈判就是有输有赢的谈判，一方所得就是另一方所失。零和谈判能够成功，在于双方的目标都有弹性并有重叠区存在，重叠区就是双方和解达成协议的基础。

双赢谈判就是找到一种双方都赢的方案。这种谈判要求双方对另一方的需求十分敏感，各自都比较开放和灵活，双方都对另一方有足够的了解和信任。在此基础上通过开诚布公的谈判，就可能找到双赢的方案，从而建立起牢固的长期的合作关系。

（二）谈判的原则

优秀的管理者实现有效的谈判，一般有如下的原则：

（1）理性分析谈判的事件。抛弃历史和感情上的纠葛，理性地判别信息的真伪，分析事件的是非曲直，分析双方未来的得失。

（2）理解你的谈判对手。他的制约因素是什么？他的真实意图是什么？他的战略是什么？他的兴奋点和抑制点在哪里？

(3) 心怀诚意开始谈判。态度不卑不亢，条件合情合理，提法易于接受，必要时可主动让步，尽可能寻找双赢的方案。

(4) 坚定与灵活相结合。对自己目标的基本要求要坚持，对双方最初的意见不必太在意，那多半只是一种试探，有极大的伸缩余地。当陷入僵局时，应采取暂停、冷处理后再谈，或争取第三方调停，尽可能避免破裂。

本章小结

沟通是指信息从发送者到接收者的传递和理解的过程。沟通的作用有：是实现组织目标的重要手段，使管理决策更加合理有效，是企业中各个部门、各成员之间密切配合与协调的重要途径，是管理人员激励下属，实现领导职能的基本途径，也是企业与外部环境之间建立联系的桥梁。沟通是由信息发送者，通过一定的信息渠道，向信息接收者传递信息的过程。沟通要求表达清楚、传递准确、避免过早评价、消除下级人员的顾虑、管理者积极进行沟通、对情报沟通过程加以控制。

按沟通的组织系统划分，可以分为正式沟通和非正式沟通；按沟通中信息流动的方向可分为上行沟通、下行沟通、平行沟通和斜向沟通；按沟通所使用的方式可分为口头沟通、书面沟通、非语言沟通、电子媒介沟通；按沟通过程中信息发送者与信息接收者的地位是否改变可分为单向沟通、双向沟通。

造成沟通障碍的主要因素有四大类，即个人因素、人际因素、结构因素和技术因素。克服沟通的障碍可以从信息发送者、信息接收者、信息渠道三方面入手。

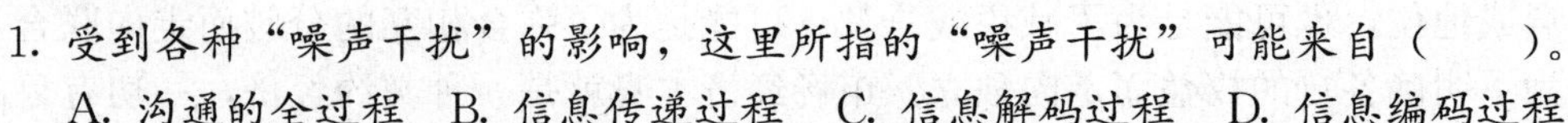

思考与练习

一、单项选择题

1. 受到各种“噪声干扰”的影响，这里所指的“噪声干扰”可能来自（　　）。

A. 沟通的全过程　B. 信息传递过程　C. 信息解码过程　D. 信息编码过程

2. 沟通过程的第一个步骤是（　　）。

A. 反馈　B. 编码　C. 传递　D. 接收

3. （　　）有助于同级部门或同级领导之间的沟通了解。

A. 上行沟通　B. 下行沟通　C. 平行沟通　D. 斜向沟通

4. “忠言逆耳”指的是影响有效沟通的障碍中的（　　）。

A. 个人因素　B. 人际因素　C. 结构因素　D. 技术因素

5. 通过组织明文规定的渠道进行信息交流和传递的沟通形式是（　　）。

A. 正式沟通　B. 非正式沟通　C. 上行沟通　D. 下行沟通

6. 下列沟通网络中传递信息速度最快的是（　　）。

A. 轮式　B. 链式　C. Y式　D. 环式

7. 某保险公司×市分公司为开发一项新业务，从不同部门抽调若干员工组建了一个项目团队，为激励他们高度热情地投身于新工作，你认为选择（　　）沟通媒介最合适。

A. 电子邮件　B. 电话　C. 面谈　D. 简报

8. 书面沟通存在的最主要的缺点是（　　）。

A. 传递中经过层次愈多，信息失真愈严重，核实愈困难

B. 效率低，缺乏反馈

C. 传递距离有限，只能意会，不能言传

D. 以上都不对

9. 下列说法不正确的是（　　）。

A. 双向沟通比单向沟通需要更多的时间

B. 接收者比较满意单向沟通，发送者比较满意双向沟通

C. 双向沟通的噪音比单向沟通要大得多

D. 在双向沟通中，接收者和发送者都比较相信自己对信息的理解

10. 管理人员要学会如何积极倾听，下列哪项不属于积极倾听的做法（　　）。

A. 该沉默时必须沉默　　B. 留适当的时间进行辩论

C. 让别人的情绪直接影响你　　D. 当发觉遗漏时，直截了当地问

二、多项选择题

1. 电子媒介沟通包括（　　）。

A. 体态　　B. 讲座　　C. 备忘录

D. 电视　　E. 传真

2. 造成沟通障碍的主要因素（　　）。

A. 个人因素　　B. 人际因素　　C. 结构化因素

D. 技术因素　　E. 传递因素

3. 完整的沟通过程包括的环节有（　　）。

A. 发送者　　B. 接收者　　C. 渠道

D. 译码　　E. 反馈

4. 按照信息流动的方向划分：沟通可以分为（　　）。

A. 上行沟通　　B. 下行沟通　　C. 平行沟通

D. 无形沟通　　E. 斜向沟通

5.（　　）属于正式沟通。

A. 组织的定期会议　　B. 按组织系统逐级上报　　C. 私下议论

D. 同学聚会　　E. 团组织生活

三、简答题

1. 什么是沟通？沟通有什么作用？

2. 简述沟通的过程。

3. 沟通有哪些要求？

4. 沟通的种类有哪些？

5. 正式沟通和非正式沟通各有何优缺点？都有哪些沟通网络形式？

6. 造成沟通障碍的主要因素有哪些？沟通障碍在日常管理中的表现有哪些？

7. 沟通障碍的产生原因是什么？如何克服沟通的障碍？

8. 造成冲突的原因是什么？冲突管理的基本策略有哪些？冲突处理方法有哪些？

9. 谈判的基本方法是什么？实现有效的谈判有哪些原则？

四、案例分析

摩托罗拉公司的沟通方式

摩托罗拉公司于 1992 年在天津经济开发区破土兴建第一家寻呼机、电池、基站等 5 个生产厂，成为摩托罗拉在本土之外最大的生产基地，投资额比最初的投资额增加了 9 倍，工人数量从不到 100 人增加 8 000 多人，年产值达 28 亿美元。这是一个在华投资成功的企业。

在摩托罗拉公司，每一个高级管理者都被要求与普通操作工形成介乎于同志和兄妹之间的关系——在人格上保持平等。"对人保持不变的尊重"是公司的文化，最能表现摩托罗拉的这一文化的是它的"Open Door"，即"所有管理者办公室的门都是绝对敞开的，任何职工在任何时候都可以直接进来，与任何级别的上司平等交流"。每个季度的第一个月的 1～21 日，中层干部都要同自己的下属和自己的主管进行一次关于职业发展的对话，回答"你在过去三个月里受到尊重了吗"等 6 个问题。这种对话是一对一和随时随地的。摩托罗拉的管理者为每一个被管理者还预备了 12 条这种"Open Door"式表达意见和发泄不满的途径，即沟通方式。

- 我建议（I recommend)。以书面形式提出对公司各方面的意见和建议，全面参与公司管理。
- 畅所欲言（Speak out)。这是一种保密的双向沟通渠道。如果员工要对真实的问题进行评论或投诉，应诉人必须在 3 日内对隐去姓名的投诉信给予答复。整理完毕后，第三者按投诉人要求的方式反馈给投诉人，全过程必须在 9 天内完成。
- 总经理座谈会（GM dialogue)。公司于每周四召开座谈会，大部分问题可以当场答复，7 日内对有关问题的处理结果予以反馈。
- 报纸与电视台（Newspaper and TV)。摩托罗拉给自己内部报纸起的名字叫《大家庭》，内部设有线电视台，起名叫"大家庭电视台"。
- 每日简报（DBS)。可方便快捷地了解公司和部门的重要事件和通知。
- 员工大会（Townhall meeting)。由经理直接传达公司的重要信息，而且有问必答。
- 教育日（Education Day)。每年在这一天重温公司文化、历史、理念和有关规定。
- 墙报（Notice board)。墙报定期更换，刊登弘扬企业文化的励志文章。
- 热线电话（Hot line)。职工遇到任何问题时，都可以向这个电话反映，昼夜均有人值守。
- 职工委员会（ESC)。职工委员会是员工与管理层直接沟通的另一个桥梁，委员会主席由员工关系部经理兼任。
- 邮件系统（E-mail)。摩托罗拉拥有自己的一套邮件体系，员工可以通过分配给自己的账户和管理者沟通。
- 589 信箱（589 mail box)。当员工的意见通过以上渠道无法得到充分、及时和公正地解决时，可以直接写信给 589 信箱。此信箱的钥匙由中国区人力资源部掌管。

资料来源：http：//club. hr. com. cn/thread—218056—1—1. html。

问题：

1. 按沟通所使用语言的方式给以上 12 种沟通方式进行分类。
2. 摩托罗拉的沟通方式有何特点?
3. 你认为这些沟通方式是否会得到满意的结果?

第十章

人员配备

学习要点

◇ 掌握人员配备的概念、内容
◇ 掌握招聘工作的流程，以及内外部招聘的优缺点、渠道与方式
◇ 了解人员招聘的甄选、人员培训方法
◇ 掌握绩效管理与薪酬管理的内容、方法

引入案例

三国之人才培养

诸葛亮七出祁山却从未打出去过，反而被魏国一攻就破，一个重要原因就是诸葛亮忽视了人才的培养。在失去荆州大片土地，损失关张两员大将，失去了“精神支柱”刘备，再平孟获，出兵伐魏，国家资源根本无法支撑，而在此期间，魏国大力开办学校，发展经济，培养了众多的人才。一个主攻，国力虚耗，人才只损失无补充；一个主守，养精蓄锐，人才辈出，胜败一目了然。人才的问题不解决就急于大动兵戈，就难免失败了。

从整体上来说，蜀国除了五虎将外，几乎无可用之将。而五虎将何许人也，赵云是刘备借来的，关羽、张飞本来就是刘备的兄弟，黄忠是刘备哭来的，马超是后来的降将，几乎都是前期随刘备打天下的猛将，试想，自诸葛亮跟了刘备后，又冒出几个人才？而且就算后期诸葛亮想尽办法赚来的姜维，也不是由蜀国内部培养的。相较之下，魏国在人才培养上就注重多了。

资料来源：http：//bbs. tiexue. net/post2 _ 7077834 _ 1. html。

案例提示：在内部人才缺乏的时候，外部招聘人才当然不失为一条捷径，如姜维的引进，但外来人才需要一段时间适用，与组织的融合需要时间，同时在一定程度上会影响内部人才的晋升机会，而且外面的人才资源始终有限，不是长久之计。要解决人才资源短缺的问题，从内部培养上着手才属上乘；否则，终究难成气候。诸葛亮死后，蜀国迅速衰败就是最好的例证。

第一节 人员配备概述

组织职能不仅要设计、构建组织结构体系，而且还必须为组织结构中的每一个职位配备合适的人员。组织中任何一项管理职能的实施，任何一项工作目标的完成都是通过人来实现的，可以说，人是组织目标实现的直接推动力。因此，组织结构中每个职位的人员配备是组织十分关心的问题。它直接关系到组织的活动是否有效、组织目标能否实现。

一、人员配备的概念

"人力资源"这一概念早在1954年就由彼德·德鲁克在其著作《管理实践》提出并加以明确界定。人力资源是指一定时期内组织中的人所拥有的能够被组织所用，且对价值创造起贡献作用的教育、能力、技能、经验、体力等的总称。

人力资源是一种特殊而又重要的资源，是各种生产力要素中最具有活力和能动性的部分，组织中的其他物力或财力资源需要通过人的积极组合和利用才能发挥效用。人员配备就是根据组织结构中所规定的职务数量和要求，对所需要的人员进行恰当而有效的选择、使用、考评和培训的职能活动。其目的是以合适的人员去充实组织结构中所规定的各项职务，从而保证组织活动的正常运行，实现组织的预定目标。

人员配备目标是确保组织在一定时间里，每一个经过科学设计的岗位都能获得适当的人员，实现人力资源的最佳配置，最大限度地开发和利用人力资源及其潜力，使组织及其成员的需要得到充分的满足。管理的首要任务是对人的管理，组织活力的源泉在于劳动者的积极性、智慧和创造力。因此，管理者在考虑管理中人的因素时，应充分重视人的作用，把管理活动放在社会政治、经济、文化、教育、科学技术等各种社会关系与人的生理、心理等的综合系统中，去进行人员的招聘、选拔、考评和培训工作。

人员配备的概念包括四个层次的内容：第一，就管理系统而言，不断地从外部环境中发现管理系统所需要的人，并吸纳到管理系统中来；第二，就管理内部而言，存在于管理系统之中的人尚未尽其才，依然是有待开发的人力资源；第三，管理系统中人的作用发挥的程度，通过考核可以了解；第四，就管理系统的发展而言，管理系统要充分发挥人的作用，还可以在进一步的学习、培训中提高其知识与技能，从而使其发挥更大的作用。

二、人员配备的原则

根据组织结构所规定的职位的数量和要求，对所需人员进行恰当而有效配备，必须坚持以下几个重要的人员配备原则。

（一）因事择人原则

所谓因事择人，是指应以所设职位和工作的实际要求为标准，来选拔符合标准的各类人员。选取人的目的在于使其担当一定的职务，并能按照要求从事与该职务相对应的工作。要使工作圆满完成并卓有成效，首先要求在保证工作效率的前提条件下安排和设置职位，其次要求占据该职位的人员，应具备相应的知识和工作能力。因此，因事择人是实现人员配备的基本要求，也是组织中人员配备的首要原则。

（二）因材起用原则

所谓因材起用，是指根据人的能力和素质的不同，去安排不同要求的工作。从组织中人的角度来考虑，只有根据人的特点来安排工作，才能使人的潜能得到最充分的发挥，使人的工作热情得到最大限度的激发。如果学非所用、大材小用或小材大用，不仅会严重影响组织效率，也会造成人力资源计划的失效。

（三）用人所长原则

所谓用人所长，是指在用人时不能够求全责备，管理者应注重发挥人的长处。在现实中，由于人的知识、能力、个性发展是不平衡的，组织中的工作任务要求又具有多样性，因此，完全意义上的"通才""全才"是不存在的，即使存在，组织也不一定非要选择用这种"通才"，而应该选择最适合空缺职位要求的候选人，有效地管理就是要能扬长避短。

（四）动态平衡原则

处在动态环境中的组织，是不断变革和发展的。组织对其成员的要求也是在不断变动的，当然，工作中人的能力和知识也是在不断提高和丰富的。因此，人与事的配合需要进行不断的协调平衡。所谓动态平衡，就是要使那些能力发展充分的人，去从事组织中更为重要的工作，同时也要使能力平平、不符合职位需要的人得到识别及合理的调整，最终实现人与职位、工作的动态平衡。

三、人员配备的职责

（一）确定人员配备计划

所谓人员配备计划，是指一个管理系统为实施组织发展战略和实现管理目标，根据内外环境及其变化的情况，运用科学的方法对组织人力资源需求和供给进行预测，并在预测的基础上制订人力资源的选聘、考核、培训等方面的专项计划。制订科学的人员配备计划，既能提高人力资源的利用率，又能使个人的行为与组织目标相一致；既能降低人力资源开发的成本，又能建立起一个人力资源信息系统，实现人力资源配置上的优化。

（二）职位分类与定编定员

职位分类与定编定员是对管理系统内部情况进行分析，其目的是为人员配备提供科学的、客观的依据。职位分类就是将所有的工作岗位，按其业务性质分为若干职位系列，然后按责任大小、工作难易、所需教育程度及技术高低分为若干职位等级，对每一个职位都做出明确的说明和描述，制成职位说明书，以此作为对人员选聘和考核的重要依据。定编定员也就是人们通常说的编制，主要包括机构内工作人员的数量定额、人员结构和职务的分配等方面的内容。

（三）人员选聘

人员选聘就是通过内部征召和外部招聘等方式去选择职位需要的组织成员的过程。具体地说，人员选聘是指在职位分类和定编定员基础上，聘用和选拔合适的人员去充实组织中各项职务，以保证组织活动的正常进行，进而实现管理目标。人员选聘满足了组织发展对人员的需求；是确保组织成员具备较高素质的基础；能在一定程度上保证组织的稳定；人员选聘的过程也是组织树立自身形象的过程。

人员选聘受到许多因素的影响，例如，组织所处的发展阶段不同，会直接影响选聘的人员类型、数量等方面的要求；人力资源供给与需求的状况也对选聘工作的难易及选聘成本的高低带来影响。因此，管理者要采用科学的方法和途径，选聘合适的人才充实组织。

（四）人员培训

人员培训是培养人才、调动组织成员积极性的重要途径，是增强组织中管理人员能力的重要手段。同时，也是提高组织运作效率和进行组织文化建设的有效方法。就整个组织而言，通过各种不同层次、不同内容的培训，可以提高人力资源的素质，部分地弥补正规教育的不足，从而增强组织的竞争力和活力。切实做好人员培训，应按照组织目标的要求，遵循科学的原则，采用有效的培训方法。

（五）人员考核与薪酬

考核就是考评、评价，是指对组织内部人员进行考评和评价。人员考核是组织对人员选聘结果加以检查的基本依据，是对组织人员进行培训、使用、调配和晋升的前提条件。人员考核，需要依据一定的考核标准，遵循严格的考评程序，运用科学的考核方法来进行。薪酬制度是组织及其成员都非常关心的问题，制定出合理的、有较强吸引力的薪酬制度，是组织吸引人才和留住人才的主要措施之一。

（六）职业生涯规划

职业生涯规划是人员配备管理中一个非常重要的问题。职业生涯，又称职业发展，是指一个人在其一生中遵循一定道路所从事工作的历程，是与工作相关的活动、行为、价值、愿望等方面的综合。职业生涯规划是指通过员工的工作及职业发展的设计，协调员工个人需求和组织需求之间的关系，实现个人和组织的共同发展。这是一种以人为中心的人本管理方法。主要包括职业选择、组织选择、组织内的工作岗位选择、职业生涯通道设计及长期的生涯发展战略与策略，组织应不断帮助员工提高自身素质，改善工作绩效，最终在组织职业生涯中实现个人职业生涯目标和组织目标。

四、人员配备的重要性

人是组织中最重要的资源，是唯一具有主观能动性的资源，是唯一具有双重身份的要素（既是管理主体，又是管理客体），是构成组织要素中最重要的要素。组织活动的进行，组织目标的实现，无一不是由人所决定的。因此，人员配备在组织职能中具有十分重要的地位。一些管理学家，甚至把人员配备从组织职能中独立出来，看作管理的另一独立职能。

（一）人员配备是组织有效活动的保证

对于一个组织来说，组织目标的确定为组织活动明确了方向，组织结构的建立，又为组织活动提供了实现目标的条件。但是，再好的组织结构，如果人员的安排不合理，那么这个组织结构也是无法发挥其正常功能的。由于人员配备不当而导致组织结构不仅不能成为实现组织目标的保证，反而会干扰组织的有效活动，阻碍和破坏组织目标的实现。因此，人员配备工作的好坏，直接影响到组织活动的成效。

在人员配备中，主管人员的配备无疑起关键作用。主管人员是组织中对他人及其工作负责的管理人员，他们的基本任务是设计和维持一种环境，使身处其间的其他成员能在组织内一起工作，以完成预期的任务和目标。由此可见，主管人员在组织活动中居于主导地位，是实现组织目标的关键人物。因而组织的有效活动往往很大程度上取决于主管人员的配备情况，取决于主管人员的质量如何。

（二）人员配备是做好领导与控制工作的关键

人员配备不是孤立的，从管理系统看，它是以计划工作为前提，以组织结构设计为基础，是计划工作与组织工作的人员落实，又为领导与控制工作奠定了基础。一个组织，如果人员配备不当，或人员配备工作不完善，例如配备的主管人员的德才与职务要求不相符，那么，这样配备出来的主管人员就无法发挥其领导才能，不可能创造出一种良好的组织环境，其成员的积极性、主动性、创造性也就得不到发挥。同样道理，下属工作人员配备得不合理，势必会给控制工作带来更大的困难，使控制的范围加大，控制的难度增加，从而加重主管人员的控制工作。

（三）人员配备是组织发展的源泉

组织发展是随着组织内外环境的变化而做出的反应。一个组织只有不断地发展，不断地获得新的生命力，才能适应内外环境的变化而立于不败之地。组织发展的能动因素是人，组织发展的动力源泉也是人。因此，人员的配备同组织发展的关系极为密切。人员配备也是一个动态的过程，它不仅要进行目前所需的各种人员的配备，而且还要着眼于未来，为组织未来发展所需的各级各类人才做好准备。人们常说，组织之间的竞争，归根结底是人才的竞争，这事实上也说明了组织职能中人员配备的重要性。

总之，人员配备在管理中占有十分重要的地位，任何组织都应充分认识到它的重要性，在实际工作中给予足够的重视。

第二节　人员招聘与培训开发

一个组织的能力大小，在很大程度上取决于组织人员的素质，保证各岗位有合适的员工，是一个组织得以成功的关键因素。组织结构的设计为贯彻落实组织目标奠定了基础，但若不能保证各岗位的要求选配到合适的人员，则再好的组织结构也无法发挥作用。因此，在设计合理的组织结构的同时，还需为所设计的各岗位选配合适的人员。

一、人员招聘

（一）人员招聘概述

人员招聘是指为了组织发展的需要，根据人力资源规划和工作分析的要求，寻找、吸引那些有能力又有兴趣到本组织任职的人员，并从中选出适宜人员予以录用的过程。因而，招聘通常包括三个必不可少的环节：招募、甄选与录用。简单而言，招聘是在合适的时间为合适的岗位寻找到合适的人选。

招聘过程是建立在两项工作基础上，一是企业的人力资源规划；二是岗位/工作分析。其中人力资源规划是对企业人力资源需求和供应的分析和预测的过程。它为招聘提供了“量”的要求，从而确定配备、补充或晋升的规模。岗位/工作分析则主要分析组织中各岗位的职责、工作任务、工作关系等，以及什么样素质的人才能胜任这一岗位，即任职资格。它为招聘提供了“质”的要求，从而明确谁适合该岗位。人力资源规划的结果能够确定组织究竟缺哪些岗位；岗位/工作分析的结果能够使管理者了解什么样的人应该被招聘进来填补这些空缺。

（二）人员招聘的标准

人员招聘是落实人员配备计划的一个重要步骤，必须依据一定的标准进行选择，总的来说应该是德才兼备。针对管理人员的选聘标准具体包括以下几点。

1. 优良的品格

优良的品格是每个组织成员都应具备的基本素质。尤其是对管理人员来说，担任管理职务意味着拥有一定的职权，而组织对权力的运用不可能随时进行严密、细致、有效的监督，权力能否正确运用在很大程度上取决于管理人员的自觉、自律行为。因此，管理人员必须是值得信赖的，并且要具有正直而高尚的道德品质。对于一般员工来说，良好的品德，意味着坚持真理、实事求是、诚实待人。品行优良意味着脚踏实地的工作。总之，优良的品质应该成为员工的基本要求，特别是在一个学习型的团队组织中，如果员工没有优良的人品就会使团队无法合作。所以，很多企业选人的标准是：品格大于能力，能力大于学历。

2. 职位要求

职位要求应当既满足实现组织目标的要求，也能满足个人的需要。通常，组织结构设计中的职位说明书就是一种关于职位要求的文件，它通过职位分析确定某一职位的具体要求，内容包括：该职位所承担的主要任务，履行的职责，享有的职权和义务，与其他职位之间的关系，有时还包括应达成的目标或预期的成果。所以职位分析明确地指明了每个工作岗位需要什么样的人才，因而可以避免或减少“大材小用”或“小材大用”的现象，在选聘时可以使最适当的人员得到最适当的职位，避免人力资源的浪费。

3. 强烈的事业心

员工要取得良好的工作绩效，不仅取决于他的品格、知识、能力水平，还取决于他做好这项工作的意愿是否强烈，即是否有足够的动力促使员工努力工作。员工的工作动力来自于组织的激励机制。对大多数员工来说，通过自己的知识和技能以及他人的合作来实现自我价值，这将获得心理上的极大满足感。能力低下、自信心不足、事业心不强或对权力不感兴趣的人，自然也就不会负责任地有效地使用权力，这就难以达到理想的工作效果。所以，在人员选聘时有必要对应聘者的敬业精神、事业心进行鉴别和测试。

4. 个人素质

个人素质在人员选聘中是一个非常重要的方面，对于管理人员来说，个人素质是很重要的，因为个人素质与管理能力密切相关，他虽然不是管理能力的决定因素，但管理能力的大小是以素质为基础的。个人素质应包括身体素质、智力素质、道德素质、文化素质、专业素质、创新素质、工作经验等。

5. 管理能力

能力通常是指完成一定活动的本领。它是引起个体绩效差异的持久性个人心理特征。能力是在个人素质基础之上，经过教育和培养，并在实践活动中吸取智慧和经验而形成和发展起来的。所谓管理能力，是指完成管理活动的本领。包括三类：第一，与人处事能力。即同员工共事的能力，它是组织协作、配合的能力。第二，决策能力。即遇到问题能从大处着眼，认清形势，统筹规划，果断地做出正确决策的能力。第三，认识、分析与解决问题的能力。由于管理能力是在实践中形成和发展起来的，因此，我们在以是否具有管理能力这一标准来选聘管理人员时，就必须从管理人员在工作中认识、分析问题以及综合处理问题时表现出来的管理能力来评价。

(三) 人员招聘的原则

组织生存与发展关键在于员工的素质，人员招聘是一项重要的管理活动，是为组织选拔优秀人才的关键，在人员招聘过程中，也要遵循以下三项基本原则。

1. 效率优先原则

该原则是指力争用尽可能少的选聘费用和时间录用到高素质、适合组织岗位需要的人员。效率优先原则体现在选聘之中，要根据不同的选聘要求，灵活选择适当的选聘形式和方法，在保证被选聘人员质量的前提下，尽可能地降低成本。

2. 双向选择原则

所谓双向选择原则是指组织根据自身的业务要求能自主地选择所需的人员，而应聘人员也可以自主地选择是否到该单位或岗位工作，双方都无权强制对方。这一原则，可以促使组织不断地提高工作效率，不断改善自身的组织形象；还能促使劳动者为自己应聘的职业或岗位而努力提高知识和技术业务等方面的素质。

3. 公开竞争、择优录用原则

实行公开竞争时，空缺的职位对任何人都是开放的，这不仅要求所选人员能够胜任空缺职位，而且要求比别人更有效地实现该职位的要求。只有进行公开公平竞争，组织才能有可能选到最合适的人选。公开竞争无论对组织内部还是外部的人都应一视同仁，机会均等。当然，要进行公开竞争，前提是人才必须能够流动，人才不流动，也就无所谓公开竞争。在人才合理流动的前提下，鼓励组织内外部所有人才进行公开竞争，这时组织有效地进行人员配备具有极其重要的意义。在遵守国家规章制度的条件下，结合各组织的特点，择优录用人才。因为组织经营成功的关键在于其组织成员的素质，组织成员素质的好坏将直接影响组织的经济效益和社会效益。因此组织在选聘的过程中，应吸引优秀人才，增强组织的竞争优势。

(四) 人员选聘的程序

人员选聘的过程根据行业的不同会有些变化，结合各种组织的共性特点，总结为以下五个步骤。具体见图 10—1。

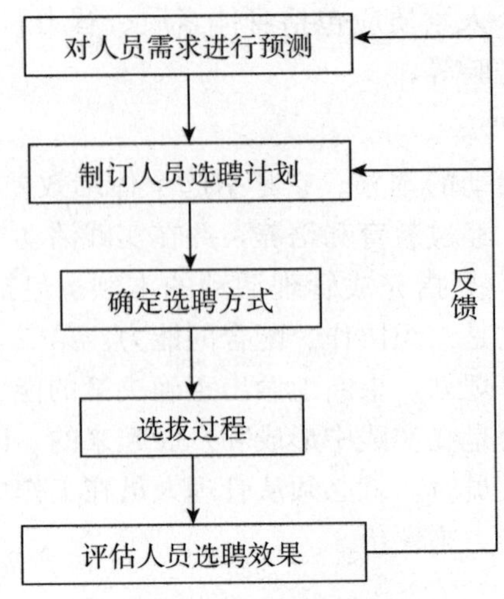

图 10—1　人员选聘的程序

1. 对人员需求进行预测

当对人员需求进行预测时，要根据组织的特点把组织的主要业务活动放在中心位置，这就要求组织成员具备较高的技能，通过定编定员方法来确定需招聘的员工数，并通过各部门的报告来确定人员空缺情况。

2. 制订人员选聘计划

人员选聘计划是指在人员配备计划的指导下，在对预期设定的职位分类和定编定员的基础上，参考人员需求预测结果，以内部或外部的候选人作为人才库而制订的一个填补未来职位的用人计划。

3. 确定选聘方式

选聘的方式有两种：内部征召和外部招聘。内部征召的来源于组织原有的内部员工；外部招聘的来自组织的外部，例如：学校，就业服务机构等。在填补职位空缺时，不论是内部征召还是外部招聘，都各有利弊。

4. 选拔过程

第一，应聘人员要填写申请表；第二，根据具体职位需要对应聘者进行测试，测试的类型有多种，如心理人格测试、书写能力测试、管理能力测试、知识测试、职业技能测试等；第三，进行面试，面试的主要目的是能够对应聘者性格和各方面能力有一个综合的评价，面试的效果取决于面试的方式和负责面试人的能力，是一种更深入的测试。通过面试，组织选聘的人员可以获得在笔试中所无法提供的信息；第四，要对应聘者进行背景考察、体格检查；第五，确定人选，发出选聘结果通知。

5. 评估人员选聘效果

人员选聘效果好与差，需要进行评价，并把评价分析报告反馈到人员选聘计划和下一轮选聘需求预测，有利于以后人员选聘工作取得更好的效果。人员选聘效果的评估一般采用录用比、招聘完成比和应聘比来测定。

(1) 录用比。公式为：录用比＝录用人数/应聘人数×100％。录用比值越小，相对来说录用者的素质就可能越高；反之，录用者的素质则可能越低。

(2) 招聘完成比。公式为：招聘完成比＝录用人数/计划招聘人数×100%。招聘完成比等于或大于100%，则说明在数量上全面或超额完成了招聘计划。

(3) 应聘比。公式为：应聘比＝应聘人数/计划招聘人数×100%。应聘比越大，说明发布招聘信息的效果越好，同时说明录用人员的素质有可能较高。

(五) 人员选聘的途径

人员选聘有两种途径：一种途径是从组织内部征召，另一种途径是从组织外部招聘。组织选聘者应将职位分类和编制与人员选聘途径相联系，判定高素质人员来源的途径，从而根据组织发展的需要，来选择合适的人员。

1. *内部征召*

内部征召是从组织内部挑选适合的人员加以聘用。具体有内部提升、内部职位转换两种形式。内部征召一般通过内部竞聘上岗、推荐选拔、工作布告、人员调动的方法从企业的内部获得需要的人员。

内部征召的优点主要有：

(1) 内部征召费用较低，手续简便，同时使过去对组织成员的培养成本获得补偿。

(2) 组织对应聘的内部人员做长期细致的考察，对其能力和素质、优点和缺点等情况很熟悉，从而判断其是否适合新的工作岗位。

(3) 应聘的内部人员对组织的基本情况非常熟悉，能够比较快地胜任新的工作。

(4) 内部提升为内部成员提供了良好的发展机会，内部调动有助于丰富组织成员的工作经验。

(5) 内部征召提供了组织内公平竞争的机会，有利于调动内部成员的工作积极性。

内部征召的缺点主要有：

(1) 组织内部所能提供的人员有限，尤其是关键的主管人员，不容易找到一流的人才。

(2) 组织成员习惯了组织内长期积累的行为方式，创新意识不够，容易造成自我封闭，“近亲繁殖”。

(3) 组织内部人员由于竞争可能会造成内部人员之间关系紧张，例如，没有被提升的人的积极性会受到挫伤等。

2. *外部招聘*

外部招聘就是根据组织制订的标准和程序从组织外部选拔符合空缺职位要求的员工。选择员工具有动态性，特别是一些高级员工和专业技术岗位，组织常常将选择的范围扩展到全国甚至全球劳动力市场。外部招聘一般通过做广告、人才招聘会、网络招聘、猎头组织、校园招聘、内部推荐或人事外包等方法，从组织外部获得需要的人员。

外部招聘优点主要有：

(1) 扩大了选择的范围，有较广泛的人才来源，有利于获得组织所需的一流人才。同时，覆盖面广，有利于提高组织的知名度。

(2) 外部招聘可以吸收外部的“新鲜血液”，为组织发展注入新的活力，防止组织的僵化和停滞。

（3）外部应聘者大都具有较强的实践经验，因而可节约人员培训方面所花费的大量费用。

（4）可避免组织内没有提升的人的积极性受挫，避免造成因嫉妒心理而引起的情绪不快和组织成员之间的不团结。

外部招聘的缺点主要有：

（1）对组织内部那些希望得到这一工作的人来说，则是一个较为沉重的打击，会影响他们的积极性和士气。

（2）应聘者对组织的情况不了解，并不一定能立即胜任工作。

（3）组织对来自外部的应聘者不了解，容易导致选人失当。

由于两种选聘途径各有优劣，所以，现代组织往往把内部征召和外部招聘结合起来，将从外部招聘来的人员先放到较低的职位上，然后根据其表现再进行提升和岗位调整。

（六）人员甄选的方法

人员甄选是指从应聘者中选出最适合组织岗位要求的人的过程。通过对申请者进行甄别、筛选，以确保最合适的候选人得到这一岗位。为了保证人员选聘工作的有效性和可行性，应当采取科学的方法来组织甄选工作。人员甄选常采用笔试、面试、心理测试和评价中心等方法对应聘者的知识、素质、能力等方面进行选拔，判断其能否胜任工作岗位。

1. 笔试

笔试是指通过纸笔测验的形式，对应聘者的基本知识、专业知识、管理知识、综合分析能力和文字表达能力进行衡量的一种方式。根据内容的不同，笔试可以分为文化知识考试、专业知识考试和具体业务知识测试。通过笔试，对应聘者的知识结构、实践经验和工作熟练程度做出初步判断。

笔试法的优点是一次能够出几十道乃至上百道试题，考试题样较多，对知识、技能和能力的考核的深度和广度都较高，因此花费时间少、效率高，应聘者的心理压力较小，较易发挥水平，成绩评定比较客观。缺点主要表现在不能全面地考察应聘者的工作态度、品德修养以及组织管理能力、口头表达能力和操作技能等。因此，笔试虽然有效，但还必须和其他测评方法结合使用。在企业选聘中，笔试成绩往往作为筛选依据，合格者才能继续参加面试或下一轮测试。

2. 面试

面试是通过主考官与应聘者面对面的信息沟通，考察应聘者是否具备与职位相关的能力和个性品质的一种人员甄选技术。面试具有直观、深入、灵活、互动的特点，不仅可以评价出应聘者的学识水平，还能评价出应聘者的能力、才智及个性心理特征等。

面试的要领有以下几点：

（1）面试准备。主考官应当提前做好面试准备。特别是要审查应聘者的申请表和履历表，设计面试问题，在面试前主考官还要安排合适的面试地点。

（2）建立和谐气氛。在面试开始时首先营造一个轻松的气氛，以降低应聘者的紧张情绪。

（3）提问。提出的问题应该使应聘者做出详尽的回答，即一定要问开放性的问题，并倾听应聘者的回答，鼓励他们充分表达自己的想法。

(4) 结束面试。在面试结束之际，应留有时间回答应聘者的问题，然后以尽可能诚实礼貌的方式结束面试。如果认为应聘者可以被录用，就告诉他大概什么时间可以得到录用通知，对于不准备录用的应聘者，也告诉他如果录用，会发通知给他。

(5) 回顾面试。应聘者离开后，主考官应当检查面试记录，回顾面试的场面。主考官应该根据应聘者现有的技能和兴趣来评价应聘者能够做什么，根据应聘者的兴趣和职业目标来评价申请人愿意做什么，并在申请人评价表上写出主考官的评价。

3. 心理测验

心理测验是观察应聘者的有代表性的少数行为，依据一定的原则或通过数量分析，对贯穿于人的行为活动中的能力、个性、动机等心理特征进行分析推论的过程。在人员甄选中较常用的心理测试有能力测验、人格测验、职业兴趣测验等。

(1) 能力测验。能力测验是直接影响活动效率，使活动、任务得以顺利进行的心理特征。我们通常所说的一个人解决问题速度快、任务完成质量高、活动效果好等，都是指这个人的能力强。能力总是在具体活动中体现出来的。

(2) 人格测验。人格测验是用来了解被测试者的情绪、性格、态度、工作动机、品德、价值观等方面。人格是一个人能否施展才能、有效完成工作的基础。一个人如果在人格方面缺陷，肯定会使其拥有的才能大打折扣。

(3) 职业兴趣测验。一个人职业上的成功，不仅受到能力的制约，而且与其兴趣和爱好有密切关系，职业兴趣作为职业素质的一个方面，往往是一个人职业成功的重要条件。了解职业兴趣的主要途径就是采用职业兴趣测验量表或问卷来进行。

4. 评价中心

评价中心是在西方企业中流行的选拔和评估管理人员，尤其是中层管理人员中的一种人员素质测评体系。它是一种综合性的人员测评方法，包括前面所介绍的人格测验、能力测验、面试等方法，但评价中心最主要的组成部分也是它最突出的特点，在于它使用了情景性测验方法对被测评者的特定行为进行观察和评价。这种方法通常是将被测试者置于一个模拟的工作情景中，采取多种评价技术，由多个评价者观察被评价者在这种模拟工作情景中的行为表现，用来识别被评价者未来的工作潜能。因此，这种方法有时也被称为情景模拟的方法。评价中心所采用的情景性测验包括多种形式，主要有公文处理、无领导小组讨论、角色扮演、管理游戏、演讲辩论、场景模拟、案例分析等。

二、人员培训

人员培训是指组织为适应业务发展和人才培育的需要，对员工进行有计划、有针对性的培养和训练，使其适应新的要求，更能胜任现职工作或将来能担任更重要职务。人员培训适应新技术革命所带来的知识结构、技术结构、管理结构等方面的深刻变化。

人员培训是现代组织人员配备职能的重要组成部分。组织发展最基本也是最核心的制约因素就是人力资源。适应外部环境变化的能力是组织具有生命力与否的重要标志。要增强组织的应变能力，关键是不断提高人员素质，不断培训、开发人力资源，组织通过培训与开发的手段，掌握用人的原则，推动组织发展。与此同时，帮助每一位组织成员很好地完成各自的职业发展道路。

(一) 人员培训的程序

人员培训通常分为培训需求分析、培训计划的制订、培训计划的实施、培训效果评估等几个阶段，如图10—2所示。

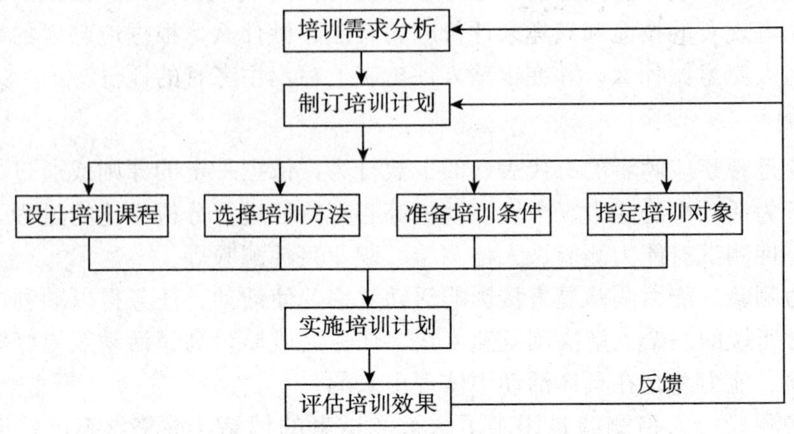

图10—2 人员培训的程序

1. 培训需求分析

人员培训必须有针对性，否则就是劳民伤财。因此在培训中要确定轻重缓急，根据需求的不同进行培训。培训需求分析通常包括以下步骤：对组织进行检查以确定完整的、有针对性的培训和发展需求；进行工作分析以确定某一工作岗位所包含的任务以及完成这些任务所需要的知识、技能及态度；对员工进行评估，找出他们工作中的不足，以确定培训重点；明确特定的培训需求。

2. 制订培训计划

组织对人员的培训计划，是以需求分析为基础的。对现职人员来说，它考虑的是目前职位对人员的要求。他的实际工作成绩与要求达到的成绩之间的差距，就是个人的培训需要。职位要求与他们现有的才能之间的差距，就是职位的培训需要。这两方面的培训需求，就构成了组织培训计划的主体。此外，组织还要根据对未来组织内外环境变化和预测，来确定对未来人员的要求，这些要求作为未来组织发展的需要，也应纳入培训计划。人员培训计划一般包括：培训目标、时间、地点、内容、对象、经费预算等内容。

3. 实施培训计划

计划制订出来以后，就要实施培训计划，即对人员进行正式培训，培训的方法有两种，一种是在职培训，另一种是脱产培训。

4. 评估培训效果

评估培训效果是培训工作的最后一个环节。评估目的是考察培训计划执行效果，即是否实现了培训的目标，从中总结经验，吸取教训，使以后的培训工作做得更加完善和更富有针对性。评估结果要反馈到培训需求分析和培训计划。

(二) 人员培训的意义

人是生产力诸要素中最重要、最活跃的因素。一个组织小到家庭、企事业单位，大到国家，其命运如何归根到底取决于人员素质的高低。人的素质的提高，一方面需要个人在实践中不断地学习和修炼，更重要的是需要有组织、有计划的培训。现代的竞争就是人才的竞争。技术进步需要人去推动，人的知识老化需要不断更新，同时员工对自身的成长与发展提出更高的要求。

1. 人员培训是迎接新技术革命挑战的需要

随着科学技术的迅猛发展，知识更新、技术更新的周期越来越短，而技术在竞争中的地位越来越重要。从本质上来讲，新技术革命在改变着社会劳动力的成分，不断增加对专业技术人员新的需求。技术创新成为企业赢得竞争的关键一环，而技术创新的关键又在于一流的技术人才的培养。通过技术培训，使组织的技术队伍不断地更新知识、更新技术、更新观念，才能走在新技术革命的前列。

2. 人员培训是提高员工素质和增强组织竞争力的根本途径之一

现代社会快速发展的一个重要趋势就是新知识、新技术、新工艺、新产品的不断涌现，特别是知识、技术的更新速度明显加快，导致组织所拥有的人力资本相对贬值，员工不能很好地胜任工作；与此同时，市场竞争激烈，这对员工的素质和职业能力提出更高更新的要求。组织的竞争力来源于四个方面：人才、技术、产品和市场，而人才是最根本的因素。因此，只有通过培训，才能提高员工的素质，使其知识技能，工作态度等跟上时代发展的步伐，适应工作岗位发展变化的新要求，增强自身的人力资本，从而提高组织竞争力。

3. 人员培训是实现人“事”和谐的重要手段

随着社会的进步，“事”对人的要求越来越高、越来越新，人与“事”的结合处在动态的矛盾之中。总的趋势是各种职位对人员的智力素质和非智力素质的要求都在迅速提高。比如，十年前你可能是一位很称职的厂长，而在市场竞争异常激烈的今天，可能会变得难当其任，无论在观念、知识和能力上都已不适应厂长职务的新要求。其他人员也是同样。这种人与“事”的不协调是绝对的，是事业发展的必然结果。要解决这一矛盾，一是人员调动，二是人员培训。人员调动是用“因事选人”的方法来实现人“事”和谐，而人员培训则是“使人适应事”的方法实现人“事”和谐。即通过必要的培训手段，使其更新观念、增长知识和提高能力，重新适应职位要求，显然，这是实现人“事”和谐的根本手段。

4. 人员培训是提高效率的重要途径

人员通过有效的培训，在生产过程中，能减少所需工作时间，从而降低人力成本；减少材料的浪费，从而降低了生产成本。由此可见生产的数量、品质和效率都与员工的知识、技术与能力有密切的关系。而通过培训可增加知识，提高能力，最终体现为劳动生产率和工作效率的提高。

5. 人员培训是调动员工积极性的有效方法

人员在社会中分工不同、层次不同、岗位不同，但都渴望不断充实自己、完善自己，使自己的潜能充分发掘出来，渴望成功。这种自我实现的需要一旦得到满足，将会产生深刻而又持久的工作动力。大量事实证明，安排人员参加培训，到先进企业学习，去外资企业任职，到国外进修，到高等学校深造等，都是满足员工这种需求的途径。经过培训的人员，不仅提高了素质和能力，也改善了工作动机和工作态度及工作动力。所以说，培训是调动人员积极性的有效方法。

6. 人员培训是员工个人发展的需要

通过培训，一方面使员工具有担任现职工作所需的学识技能；另一方面希望员工事先储备将来担任更重要职位所需的学识和技能，以便一旦高级职务出现空缺即可及时填补，避免延误时间与工作。现代的培训执行的是组织与个人双赢的理念，即组织在谋求整体利益、追求最佳绩效的同时，也要把员工个人的成长、员工自身人力资本增值和员工个人的职业发展放在重要的位置。从员工自身发展来看，随着经济的发展，在组织里工作的员工所追求的目标已经或正在超越生理、安全等低层次需要，逐渐迈向高层次目标，强烈要求实现自我价值。组织的培训工作恰恰能够满足员工自身发展的要求。员工通过参加培训，自身的知识、技术、能力等得到提升，随着自身素质的提高，员工就能够更好地适应环境变化所提出的挑战，能够跟上时代发展的步伐，从而实现自我价值和自我成长。

（三）人员培训的内容

不论是哪种类型的培训对象，人员培训都是围绕工作需要和提高工作绩效展开的，因此，培训的具体内容主要包括以下三个方面：

1. 思想素质培训

力求通过学习，使员工懂得马克思主义的基本原理，掌握和理解党和国家在某一时期的方针和政策，遵纪守法，爱岗敬业，培养崇高的道德情操，树立远大理想，从而端正工作态度。另外，每个组织都有自身特定的文化氛围及与其相适应的行为方式，如价值观、组织精神和组织风貌等。要想最大限度地提高组织绩效，必须使全体员工认同并自觉融入这一氛围之中。组织必须通过有针对性的培训，使员工个体逐渐融入组织整体，建立起组织与员工之间的相互信任关系，培养员工忠诚于组织的积极的工作态度，增强组织观念、团队意识、责任心和敬业精神。

2. 业务知识培训

业务知识培训包括基础理论知识和业务知识培训。组织应通过培训使员工具备完成本职工作所需要的基本知识，了解与本组织业务活动有关的知识和基本情况，各方面的知识面要尽可能地宽，内容主要包括：经济学、社会学、心理学、文化与伦理学、管理学、市场营销学、战略管理、人力资源管理、财务管理、组织行为学等。因此，组织在进行具体培训时，应针对不同的培训对象和不同的目标在上述内容上有所侧重。同时也要尽可能多地学习一些与以上内容相联系的其他相关知识。

3. 能力培训

能力培训包括管理能力培训和技能培训。

管理能力是管理知识运用到管理实践中的反映，主要是针对管理人员而言的。管理既是一门科学，又是一门艺术，具有很强的实践性。因此管理能力的培训就是让管理人员运用管理科学的基本原理和方法，提高在实际工作中认识问题、分析问题和解决问题的能力和技巧。但是不同层次的管理人员的工作性质、职责和职权范围等都不一样，所需的管理能力和技巧等也就不一样，所以，培训时还要注意根据层次的不同特点来进行。基层管理人员是第一线的管理人员，在他们的工作中，技术能力是很重要的。此外，他们大多以前没有系统地学习过管理的基本理论，因此，对基层管理人员培训的重点应该是技术培训和管理基本理论及方法的学习。中层管理人员一般是从生产实践的基层当中提升上来的，对于管理基本知识不仅有所了解，而且有了成功的实践。中层管理人员一般是部门负责人，他们的工作主要是信息沟通、人际交往、组织协调和决策等方面，这些工作都要求较高的人事协调能力。因此，中层管理人员培训的重点应该是人事协调能力的提高。高层管理人员处于组织的最高层，他们要照顾全局的利益，正确分析环境的变化，为组织未来的发展做出预测和决策。为了做好这些工作，就需要有较多的战略分析和规划决策的能力。因此，高层主管人员培训的重点是提高综合分析问题的能力。

技能培训是指针对员工从事本职工作需要掌握的技能而进行的培训，具体来说，主要包括各项业务操作技能即技术能力、人际交往能力、谈判技能、计算机运用技能、外语技能等。其培训目的是使员工掌握从事本职工作的必备技能，并以此培养、开发员工的潜能。

(四) 人员培训的类别

1. 岗前培训

新员工在进入组织之前，每个人的工作经历、价值观念、文化背景等各不相同，组织文化也不完全一致。新员工虽然在招聘阶段对组织形象、产品、市场及要承担的工作职责、薪酬待遇等有一定的了解，但这些了解大都是比较片面和零碎的。

新员工对于工作环境的期望与他们在组织中实际的工作还有相当大的差距。因此，管理者必须对新员工进行岗前培训教育，帮助员工积极适应新环境。岗前培训包括对新进员工的工作和组织情况作正式的介绍，让他们了解单位的历史、现状、未来发展计划，以及这些员工到组织后的具体工作、工作环境、工作要求等。同时，新员工进入组织之前，一般面临着许多困惑，如自己能否被群体所接受？关于工资、福利、假期、政策和员工所期望的是否有差距以及有多大差距？与同事的交往是否适宜、愉快等。这些都需要通过员工培训来解决。

2. 在职培训

在职培训是让员工通过实际操作，学会工作和完成任务，通常是安排一位有经验的员工或管理者，直接指导被培训员工从事一项新的工作。受训者通过观察有经验的员工或培训者，学习某项工作，或通过实际操作获得技能。这要求有经验的员工或培训者提供一个角色模型，并从原来常规的工作中脱离出来，为被培训者提供教育和指导。在职培训的方式很灵活，包括职位轮换、学徒制等。

3. 脱产培训

脱产培训是指员工离开当前工作岗位所进行的培训，这种培训方式已经被很多组织采用。有些企业每年会组织一些专门的脱产培训，包括一些拓展训练、理论学习和具有中国特色的军训等。脱产培训的作用除了让被培训者可以掌握一些技术和方法之外，还能够有效地融合企业内部的各个团队，加强员工之间的凝聚力。

另外，某些工作本身的性质也使得很多组织不得不采取脱产培训，如飞机驾驶员应在模拟室里进行培训，而不应该在实际飞行的驾驶舱中进行培训；同样，公共汽车司机在实际上路之前，必须在障碍物训练课程中进行培训。对以上工作来说，发生错误的后果将十分严重，这时采用脱产培训的方式比较合适。脱产培训经常采取的一些技巧，包括讲授法、研讨法、案例研究方法、管理游戏、角色扮演、行为示范等。

第三节　绩效管理与薪酬管理

一、绩效管理

(一) 绩效管理概述

绩效管理是指各级管理者和员工为了达到组织目标共同参与的绩效计划制订、绩效辅导沟通、绩效考核、绩效结果应用、绩效目标提升的持续循环过程。绩效管理的目的是持续提升个人、部门和组织的绩效。

绩效管理在组织的整个管理活动中有十分重要的作用，具体包括：(1) 确保员工与组织目标的一致；(2) 对员工的工作表现提供正式的反馈；(3) 调动员工的积极性；(4) 为制订薪酬计划、晋升等决策提供依据；(5) 确认员工的培训需要；(6) 帮助员工改进工作，提高效率。

组织中影响绩效的主要因素有员工技能、外部环境、内部条件以及激励效应四个方面。

(1) 员工技能是指员工具备的核心能力，是内在的因素，经过培训和开发是可以提高的。

(2) 外部环境是指组织和个人面临的不为组织所左右的因素，是客观因素。

(3) 内部条件是指组织和个人开展工作所需的各种资源，也是客观因素，在一定程度上人们可以改变内部条件的制约。

(4) 激励效应是指组织和个人为达到目标而工作的主动性、积极性，激励效应是主观因素。

在影响绩效的四个因素中，只有激励效应是最具有主动性、能动性的因素，人的主动性、积极性提高了，组织和员工会尽力争取内部资源的支持，同时组织和员工技能水平将会逐渐得到提高。因此绩效管理就是通过适当的激励机制激发人的主动性、积极性，激发组织和员工争取内部条件的改善，提升技能水平进而提升个人和组织绩效。

(二) 绩效管理流程

绩效管理活动由四部分组成：绩效计划、绩效辅导、绩效考核、绩效反馈与改进。绩效考核是绩效管理活动中最重要的也是最关键的一个环节。绩效考核的质量和效率，对整个绩效管理活动具有决定性的影响。同时，高质量、高效率的绩效管理工作，是做好绩效考核工作的前提条件和重要保障。

1. 绩效计划

绩效计划的制订一般由以下步骤构成：

(1) 准备阶段。包括工作分析、目标分解以及确定目标及标准。首先对总体目标进行分解，并确定公司部门的考核标准。其次，进行工作分析，确定目标岗位的关键职责及其内容。最后，形成员工的绩效指标与目标。

（2）沟通阶段。就拟定的绩效指标和目标与员工进行沟通，并达成共识。现代绩效管理强调员工参与和正式承诺的重要性，研究发现当人们亲身参与了某项政策的制订过程时，人们一般会倾向于支持政策。因此，绩效目标的设定应注重员工的意见及其认可，而有效的沟通是基本的手段。

（3）确认阶段。获得员工的认可与承诺，并最终形成绩效任务书。绩效管理的目的是帮助组织、部门和个人朝着一个共同的目标努力，因此，经过个人确认的目标充分尊重了员工的意见，促进员工为实现承诺的目标努力工作。

2. 绩效辅导

绩效辅导阶段主要通过持续的绩效沟通对员工的行为给予指导，同时通过绩效信息收集为绩效评价作准备。

3. 绩效考核

绩效考核是对绩效进行测定并把员工的实际绩效与期望的绩效标准进行比较。在绩效管理过程中，考核是一个连续的过程，是依据设定的评估方法和标准进行的正式评价。

4. 绩效反馈与改进

绩效反馈的目的是通过向员工提供反馈信息，使得双方对考核的结果形成一致的看法，制订下一个考核阶段的工作计划，对下一阶段工作的期望达成一致的协议。本环节既是上一阶段绩效管理的结束，也是下一阶段绩效管理的开始，起到承上启下的重要作用。

（三）绩效考核的内容和方法

1. 绩效考核的内容

绩效考核的内容主要包括业绩考评、能力考评、态度考评三项内容。

（1）业绩考评，是对组织人员担当工作的结果或履行职务工作结果的考察与评价。它是对组织成员贡献程度的衡量。直接体现出员工在组织中价值的大小，与被考评者担当工作的重要性、复杂性和困难程度呈正相关关系。通过反馈系统的反馈，业绩考评比其他考评更能体现组织的效率。

（2）能力考评，是考评员工在工作中发挥出来的能力。比如，在工作中判断是否正确、工作效率如何、工作中协调能力怎样等。根据被考评者在工作中表现出来的能力，参照标准和要求对被考评者所担当的职务与其能力是否匹配做出评定。能力考核可以继续细分为智能、体能、专业能力、管理能力等。

（3）态度考评，是考评员工为某项工作而付出的努力程度，比如责任心、主动性、执行力、协作性等。态度是工作能力向业绩转换的中介，在很大程度上决定了能力向业绩的转化。当然，还应考虑到工作完成的内部条件和外部条件。态度反映“功劳”和“苦劳”之间的关系，最大限度地使只有“苦劳”的人成为有“功劳”的人，是组织的责任，也是有效利用人力资源的诀窍。

2. 绩效考核的方法

（1）排序法，是按员工工作成绩的好坏进行排序考核的一种方法。排序法可以分为简单排序法和成对比较法。简单排序法是对一批考核对象根据他们的工作状况排列顺序，工作较好的排名在前，工作较差的排名在后；成对比较法是对员工进行两两比较，任何两位员工都要进行一次比较。两名员工比较之后，相对较好的员工记“1”，相对较差的员工记“0”。所有的员工相互比较完毕后，将每个人的得分相加，总分越高，绩效考核的成绩越好。

(2) 强制分布法，是按预先规定的比例将被评价者分配到各个绩效类别上的方法。这种方法根据统计学正态分布原理进行，即俗称的“中间大、两头小”的分布规律，预先确定评价等级以及各等级在总数中所占的百分比，然后按照被考核者绩效的优劣程度将其列入其中某一等级。例如要求考核者将10%的人评定为优秀级，40%的人评定为优良级，30%的人评为合格级，最后将10%的人评为差级。

(3) 要素评定法，是把定性考核和定量考核结合起来的方法。这种评估方法的操作形式是，给出不同等级的定义和描述，然后针对每一个评价要素或绩效指标按照给定的等级进行评估，最后再给出总的评价。

(4) 目标管理法，是以目标的设置和分解、目标的实施及完成情况的检查、奖惩为手段，通过员工的自我管理来实现企业的经营目的的一种管理方法。目标管理法是一种综合性的绩效管理方法，体现了领导者与下属之间的双向互动过程。

(5) 360度考核法，是多角度进行的比较全面的绩效考核方法，也称全方位考核法或全面评价法。它的基本原理是：员工的工作是多方面的，工作业绩也是多维度的，不同个体对同一工作得出的印象是不相同的。因此，通过上级主管、同事、下属和顾客等多个方面来考核，更能全方位、准确地考核员工的工作业绩。同时，员工通过评价了解各方面的意见，更能清楚自己的长处和短处。

(6) 关键绩效指标法，是以组织年度目标为依据，通过对员工工作绩效特征的分析，据此确定反映组织、部门和员工个人一定期限内综合业绩的关键性量化指标，并以此为基础进行绩效考核。

二、薪酬管理

(一) 薪酬管理概述

薪酬是指组织对为实现组织目标而付出劳动的员工以法定货币和法定形式定期或不定期支付给员工的一种劳动报酬。

薪酬具有广义与狭义之分。狭义薪酬，指劳动者在向组织提供有效劳动后，从组织获得的全部显性现金收入。在企业中则表现为具体的若干项目构成，如工资、奖金、津贴等。现在，一般意义上薪酬指广义薪酬，也称为整体薪酬或全面薪酬，是指员工从事组织所需要的劳动，而得到的以货币形式和非货币形式所表现的补偿，是组织支付给员工的劳动报酬。与传统的工资概念所不同的是，薪酬还包含了非货币形式的报酬。

(二) 薪酬设计的原则

1. 公平性原则

公平性原则是薪酬设计的核心原则，所谓“不患寡而患不均”正是针对公平性原则而言。薪酬设计的公平性原则，按分类方式的不同可分为外部公平性、内部公平性和个人公平性；横向公平和纵向公平。

外部公平性是指同一行业或同一地区或同等规模的不同组织中类似职务的工资应该基

本相同，因为要求的技能、知识、贡献大致相同，否则，将留不住人才。内部公平性是指同一组织中不同的职务所得的工资应与贡献成正比。个人公平性是指个人的薪酬变动应与个人绩效或团队绩效、个人资历等因素紧密结合，体现对工作差异的补偿。

横向公平即组织所有员工之间的薪酬标准、尺度应该是一致的；纵向公平即组织设计薪酬时必须考虑到历史的延续性，一个员工过去的投入产出比和现在乃至将来都应该基本上是一致的，而且还应该是有所增长的。

2. 激励性原则

激励性原则就是强调组织在设计薪酬时必须充分考虑薪酬的激励作用，即薪酬的激励效果。这里涉及薪酬（人力资源投入）与激励效果（产出）之间的比例关系，各级岗位的工资，不仅要与贡献成正比，还要拉开距离，建立激励机制。

3. 竞争性原则

竞争性原则强调组织在设计薪酬时必须考虑到同行业薪酬市场的薪酬水平和竞争对手的薪酬水平，保证组织的薪酬水平在市场上具有一定的竞争力，能充分地吸引和留住所需要的关键性人才。

4. 经济性原则

薪酬设计的经济性原则强调组织设计薪酬时必须充分考虑自身发展的特点和支付能力。它包括两个方面的含义，短期来看，组织的销售收入扣除各项非人工费用和成本后，要能够支付起所有员工的薪酬；从长期来看，组织在支付所有员工的薪酬，及补偿所用非人工费用和成本后，要有盈余，这样才能支撑组织的可持续发展。

5. 合法性原则

我国各类组织的工资制度必须符合国家的政策与法律。

（三）薪酬的形式

薪酬可以分为两大部分：一部分是直接货币报酬形式支付的工资，包括基本工资、奖金、绩效工资、激励工资、津贴、加班费、佣金、利润分红等；另一部分则体现为间接货币报酬的形式，间接地通过福利（如养老金、医疗保险）以及服务（带薪休假等）支付的薪酬。

1. 直接薪酬

（1）基本薪酬，是根据员工所承担或完成的工作本身或者员工所具备的完成工作的技能向员工支付的稳定性报酬，是员工收入的主要部分，也是计算其他薪酬性收入的基础。

在西方国家，传统上来讲基本薪酬分为薪金和工资两种类型。薪金是管理人员和专业人士（即白领员工）的劳动报酬。一般实行年薪制或月薪制，这些职员的薪金额并不直接取决于工作日内的工作时间的长短，加班没有加班工资。工资则是体力劳动者（即蓝领员工）的劳动报酬，一般实行小时工资制、日工资制或月工资制。员工所得工资额直接取决于工作时间的长短。法定工作时间以外的加班，必须付加班工资。但是现在随着蓝领与白领的工作界限的日益模糊，并且许多企业为了培养员工的团队精神，不再把员工分成薪水阶层和工资阶层。

（2）奖金，是为了奖励那些已经或超标实现某些绩效标准的完成者，或为了激励追求者去完成某些预定的绩效目标，而在基本工资基础上支付的可变的、具有激励性的报酬。是对员工超额工作部分或工作绩效突出部分所支付的奖励性报酬，旨在鼓励员工提高工作效率和工作质量。它是对员工过去工作行为和已取得成就的认可，通常随员工业绩的变化而调整。

(3) 津贴，是对劳动者在特殊条件下的额外劳动消耗或额外费用支出给予补偿的一种工资形式。津贴分配的唯一依据是劳动所处的环境和条件的优劣，而不与劳动者劳动的技术业务水平及劳动成果直接对应和联系。津贴是一种补充性的工资分配形式，有相对均等分配的特点。

(4) 股票、股权或期权，是一种长期激励手段，目的是能让员工为企业长期发展而努力工作。

2. 间接薪酬

(1) 福利，这部分薪酬通常不与员工的劳动能力和提供的劳动量相关，而是一种源自员工组织成员身份的福利性报酬。一部分福利为法定福利，具有政府强制性的，如失业保险、社会保险等；另外一部分是自愿性的非固定福利，可由组织自行设置福利项目以作为对法定福利的补充，如各种员工服务以及企业补充养老保险、医疗保险之类的福利项目。

(2) 服务，是指组织为员工及其家庭提供补助或帮助。包括：报销学费（非公司培训项目）、交通服务（支付交通费用或提供班车）、住房福利（提供宿舍、住房补贴或公积金计划）、饮食福利（免费午餐、午餐补贴）、健康防护计划（如体检、资助员工运动健身活动的举办等）、家庭援助计划、灵活的工作时间和请假制度（如弹性工作制）等。组织所提供的服务实际上是为了帮助员工更好地平衡工作和生活。

本章小结

人员配备就是根据组织结构中所规定的职位数量和要求，对所需要的人员进行恰当而有效地选择、使用、考评和培训的职能活动。人员配备工作任务主要是制订人员配备计划、职位分类与定编定员、人员选聘、人员培训、人员考核和薪酬制度以及职业生涯规划等。

人员选聘主要有内部征召和外部招聘两种途径，两者各有利弊。人员选聘主要有笔试、面试、心理测验和评价中心等方法。人员培训是指组织为适应业务发展和人才培育的需要，对员工进行有计划、有针对性的培养和训练。培训的具体内容主要包括思想素质培训、业务知识培训、能力培训三方面。培训工作也要遵循一定的程序，采用科学的方法进行开展。

绩效管理是指各级管理者和员工为了达到组织目标共同参与的绩效计划制订、绩效辅导沟通、绩效考核、绩效结果应用、绩效目标提升的持续循环过程。绩效管理的目的是持续提升个人、部门和组织的绩效。组织中影响绩效的主要因素有员工技能、外部环境、内部条件以及激励效应四个方面。绩效管理活动由绩效计划、绩效辅导、绩效考核、绩效反馈与改进四部分组成。绩效考核的内容主要包括业绩考评、能力考评、态度考评三项内容。绩效考核的方法包括排序法、强制分布法、要素评定法、目标管理法、360 度考核法、关键绩效指标法。薪酬是指组织对为实现组织目标而付出劳动的员工以法定货币和法定形式定期或不定期支付给员工的一种劳动报酬。薪酬设计时必须遵循一定的原则，这些原则包括公平性、激励性、竞争性、经济性和合法性原则。薪酬的形式有基本薪酬、奖金、津贴、股票、股权或期权等直接薪酬方式和福利、服务等间接薪酬。

思考与练习

一、单项选择题

1.（　　）对一个组织来说，是各类资源中最重要的资源。

A. 人力资源　　B. 物质资源　　C. 财政资源　　D. 信息资源

2. 下列不属于内部提升制度的弊端的是（　　）。

A. 可能造成"近亲繁殖"　　B. 组织对晋升者的情况不能深入了解

C. 选择余地小，候选人不足　　D. 可能造成内部矛盾冲突

3. 外部招聘的缺点主要是（　　）。

A. 难以在质与量两方面均满足对管理人员的需要

B. 对应聘者的了解少，容易做出错误的招聘决策

C. 有可能打击未被提升者的积极性

D. 容易造成"近亲繁殖"的现象

4. 下面属于外部招聘的方法的是（　　）。

A. 推荐选拔　　B. 工作布告　　C. 人员调动　　D. 人才招聘会

5.（　　）直接影响组织人员的输入和引进质量，是人员配备工作的基础。

A. 绩效管理　　B. 人员招聘　　C. 人员配置　　D. 薪酬管理

6. 学徒制属于（　　）手段。

A. 岗前培训　　B. 在职培训　　C. 脱产培训　　D. 其他培训

7. 在影响绩效的四个因素中，（　　）是最具有主动性、能动性的因素。

A. 员工技能　　B. 外部环境　　C. 内部条件　　D. 激励效应

8.（　　）是对绩效进行测定并把员工的实际绩效与期望的绩效标准进行比较。

A. 绩效计划　　B. 绩效辅导　　C. 绩效考核　　D. 绩效反馈与改进

9. 薪酬设计的（　　）原则强调组织设计薪酬时必须充分考虑自身发展的特点和支付能力。

A. 经济性　　B. 激励性　　C. 竞争性　　D. 公平性

10. 下列薪酬的形式属于间接薪酬的是（　　）。

A. 福利　　B. 奖金　　C. 津贴　　D. 股票

二、多项选择题

1. 人员配备职能包括（　　）原则。

A. 因事择人　　B. 用人所长　　C. 因人设岗

D. 因材起用　　E. 动态平衡

2. 招聘通常包括（　　）环节。

A. 招募　　B. 培训　　C. 甄选

D. 评估　　E. 录用

3. 人员甄选的方法包括（　　）。

A. 笔试　　B. 面试　　C. 心理测验

D. 工作布告　　E. 评价中心

4. 员工培训的方式主要有（　　）。

A. 新进员工培训　　B. "师带徒"培训　　C. 职位轮换

D. 拓展训练　　E. 企业文化培训

5. 绩效考核的方法包括（　　）。

A. 排序法　　B. 强制分布法　　C. 要素评定法

D. 360 度考核法　　E. 关键绩效指标法

三、简答题

1. 什么是人员配备？人员配备的原则有哪些？
2. 人员配备的职责包括哪些？人员配备有什么重要性？
3. 什么是人员招聘？人员招聘有哪些标准和原则？
4. 人员选聘的途径有哪些？各有什么优缺点？
5. 人员甄选的方法有哪些？
6. 人员培训的程序有哪些？人员培训有什么意义？
7. 人员培训的内容包括哪些？按培训的手段进行分类，人员培训可分为哪几类？
8. 什么是绩效管理？组织中影响绩效的主要因素有哪些？
9. 绩效管理活动由哪几部分构成？绩效考核的内容和方法有哪些？
10. 什么是薪酬管理？薪酬设计有哪些原则？薪酬的形式有哪些？

四、案例分析

远翔机械有限公司人员招聘的难题

远翔机械有限公司最近几年在物色中层管理干部中遇到了一些两难的困境。该公司是制造、销售高精度自动机床的，目前重组成六个半自动制造部门。高级管理层相信这些部门经理有必要了解生产线和生产过程，因为许多管理决策需要在此基础上做出。公司以往一直是严格地从内部提升中层管理人员。但后来发现这些从基层提升上来的中层管理人员缺乏相应的适应他们新职责的知识和技能。因此，公司决定从外部招募，尤其是那些工商管理专业毕业的优等生。通过一个职业招募机构，公司得到了许多有良好工商管理专业训练的毕业生作为候选人。从中录用了一些，先在基层管理职位锻炼，以备经过锻炼以后提升为中层管理人员。但在两年之中，所有的这些人都离开了该公司。公司又只好回到以前的政策，从内部提拔，但又碰到了与过去同样的素质欠佳的老问题。不久就有几个重要职位的中层管理人员退休，亟待称职的后继者来填补有关空缺。面对这一问题，公司想请有关咨询专家来出些主意。

资料来源：http：//www.doc88.com/p－6324189535101.html。

问题：

1. 你认为造成此公司招募中层管理人员困难的原因是什么？

2. 从公司内部提升基层管理人员至中层和从外部招聘专业对口的大学应届毕业生，各有何利弊？

3. 如果你是咨询专家，你会给该公司提出什么建议？

参考文献

1. 陈力华，邱羚. 组织行为学. 北京：清华大学出版社，2005.

2. 冯国珍. 管理学习题与案例. 上海：复旦大学出版社，2008.

3. 黄涌波、王岩. 管理学基础——理论、案例、实训. 大连：东北财经大学出版社，2014.

4. 李新建. 企业薪酬管理. 天津：南开大学出版社，2003.

5. 惠亚爱、包节. 管理学基础. 北京：人民邮电出版社，2014.

6. 刘昕. 人力资源管理. 北京：中国人民大学出版社，2012.

7. 罗珉. 管理学. 北京：机械工业出版社，2008.

8. 倪荣. 管理学原理与实践技能. 徐州：中国矿业大学出版社，2006.

9. 潘栋梁. 管理学原理. 北京：中国出版集团现代教育出版社，2012.

10. 斯蒂芬·P·罗宾斯. 管理学（第7版）. 北京：中国人民大学出版社，2004.

11. 龚丽春. 管理学原理. 北京：冶金工业出版社，2008.

12. 苏勇，何智美. 现代组织行为学. 北京：清华大学出版社，2007.

13. 肖海林. 企业战略管理：理论、要径和工具. 北京：清华大学出版社，2013.

14. 闫树全. 管理学原理. 北京：人民邮电出版社，2014.

15. 杨士文等. 管理学原理（第二版）. 北京：中国人民大学出版社，2004.

16. 季辉、杜旭林. 管理学基础. 北京：人民邮电出版社，2010.

17. 姚月娟. 管理学. 大连：东北财经大学出版社，2014.

18. 俞文钊. 现代激励理论与应用. 大连：东北财经大学出版社，2006.

19. 蒋永忠、张颖. 管理学基础. 大连：东北财经大学出版社，2014.

20. 张肖虎. 薪酬合约的激励有效性研究. 北京：经济科学出版社，2010.

21. 赵慧军. 管理沟通. 北京：首都经济贸易大学出版社，2003.

22. 周三多，陈传明等. 管理学——原理与方法（第四版）. 上海：复旦大学出版社，2006.

23. 朱吉玉. 世界500强经营管理之道. 大连：东北财经大学出版社，2011.

24. [美] 斯蒂芬·P·罗宾斯等. 管理学. 黑龙江：东北财政大学出版社，2004.

25. 闫海峰、王端旭. 现代组织理论与组织创新. 北京：人民邮电出版社，2003.

26. [美] 加雷恩·琼斯. 当代管理学. 北京：人民邮电出版社，2003.

图书在版编目（CIP）数据

管理学基础/刘艳主编. —北京：中国人民大学出版社，2016.7
21世纪高职高专规划教材·经贸类通用系列
ISBN 978-7-300-17819-6

Ⅰ.①管… Ⅱ.①刘… Ⅲ.①管理学-高等职业教育-教材 Ⅳ.①C93

中国版本图书馆CIP数据核字（2015）第298926号

21世纪高职高专规划教材·经贸类通用系列
管理学基础
主　编　刘　艳
副主编　李力峰
Guanlixue Jichu

出版发行	中国人民大学出版社		
社　址	北京中关村大街31号	邮政编码	100080
电　话	010－62511242（总编室）		010－62511770（质管部）
	010－82501766（邮购部）		010－62514148（门市部）
	010－62515195（发行公司）		010－62515275（盗版举报）
网　址	http://www.crup.com.cn		
	http://www.ttrnet.com（人大教研网）		
经　销	新华书店		
印　刷	北京东方圣雅印刷有限公司		
规　格	185 mm×260 mm　16开本	版　次	2016年7月第1版
印　张	15.25	印　次	2016年7月第1次印刷
字　数	362 000	定　价	32.00元